플로어타임 학습교육과정으로

발달장애아동 학습문제 극복하기

학습나무 접근법

Stanley I. Greenspan
Nancy Thorndike Greenspan 공저
정희승 역

학지사

The Learning Tree: Overcoming Learning Disabilities from the Ground Up
by Stanley I. Greenspan and Nancy Thorndike Greenspan

역자 서문

한 사람의 헌신은 셀 수 없이 많은 이의 헌신을 불러일으킨다고 생각한다. 이 책을 통해 플로어타임치료의 창시자인 스탠리 그린스펀(Stanley Greenspan, MD, 1941~2010)을 추모하고 싶다.

이 책은 플로어타임치료 이론을 기반으로 학습나무 개념을 사용하여 플로어타임이라는 사회적 상호작용과 의사소통 기법을 통해 정상발달아동, 발달지연 및 발달장애 아동들이 어떻게 발달을 저해하는 증상에서 벗어나 자신의 강점에 기반하고 삶의 주도권을 잡기 위해 누락된 발달 단계를 찾는 방법을 보여 준다.

현재 한국에서 많은 임상가와 부모들이 이 아름답고 존중 어린 사랑의 치료를 사랑하고 지지하는 사실을 저자가 알고 느낄 수 있다면 기쁘고 행복할 것이다. 저자가 하늘의 별만큼 많은 아동과 그들의 가족에게 별이 되고 있음을 저 하늘에서 볼 수 있기를 바란다. 그리고 그들을 돕는 많은 소아정신과 의사 및 다양한 분야의 치료 전문가들에게도 별이 되었음에 기뻐하기를 바란다.

나는 한국인으로서 첫 번째 ICDL의 국제 공인 트레이너로 플로어타임치료 강좌를 오픈했다. 많은 임상가와 함께 한국어로 플로어타임을 알릴 수 있어 가슴 벅찼던 그때가 떠오른다.

현재 한국 플로어타임의 모든 역사와 여정에서 플로어타임클래시스의 연구원들과 함께 이 아름답고 존중 어린 플로어타임치료를 한국 임상 적용을 위해 헌신할 수 있는 상황과 여건에 대해서 하나님께 감사하다. 그리고 백석대학교 장종현 총

장님과 보건학부 작업치료학과 동료 교수님들, 사랑하는 제자들에게도 감사한 마음을 전하고 싶다. 언제나 그들로부터 많은 것을 배우고 익힐 수 있음에 감사하다.

한국에서 다양한 치료 분야의 전문 지식을 훈련받고 임상에서 정상발달아동, 자폐 스펙트럼 장애와 같은 발달장애를 겪고 있는 아동 및 다양한 원인으로 발달지연을 경험하고 있는 아동들을 22년 동안 연구 및 치료하고 그들의 가족과 함께하면서 느낀 점이 있다. 실제로 자신의 삶 속에서 아동들이 주인공으로서 선택하고 의사결정하는 것에 대한 도전을 지속적으로 받고 있으며, 이를 위해서 뇌의 신경생물학적 발달 순서에 맞춘 치료 가이드를 발견할 수 없어서 가슴이 아팠다. 뇌를 재성장시키는 것은 무엇인가? 중추신경계의 신경가역성을 촉진시키는 발달치료는 무엇인가에 대한 고민이 있었고, 현장에서 올바른 방향성을 제공하는 발달치료가 무엇인지 늘 목말라했다.

발달장애 및 발달지연 아동들이 삶의 많은 문제를 스스로 해결하기 위해서는 몇 가지 필요한 기능이 있을 것이다. 먼저, 세상에 대해 관심을 가져야 하며, 관계를 맺고 서로 사랑의 신호를 읽어 내야 하며, 이를 통해 안정감 있는 자기 조절 기능을 확보해야 할 것이다. 이후 모든 인간은 목적 지향적이고 복합적인 의사소통을 통해서 환경을 탐색 및 추론하며 추상적인 것들에 대해 그들의 삶 속에서 많은 정신적 표상을 코딩하게 된다.

누가 코딩시키는가? 부모와 교사, 임상가들……. 바로 당신이다. 당신의 코딩이 아동들의 뇌 속에서 지도를 만든다는 것을, 그리고 삶에 대한 정신적 표상의 기초가 된다는 것을 꼭 기억해 주기를 바란다.

이 책은 발달장애 및 발달지연 아동들이 자신의 증상과 발달기 적응행동 문제들에 대해서 어떤 필수 기술을 강화해야 하는지 알려 준다. 또한 나무의 비유를 사용하는데, 뿌리 개념을 통해 아동들이 세상의 지식을 습득하는 방법을, 몸통 개념을 통해 학업적 · 정서적으로 성장하는 사고력의 방법을 어떻게 해야 발달시킬 수 있는지 설명한다.

부모와 교사 및 임상가들은 모두 학습과 발달 문제를 조기에 발견하고 해결하는 부분을 특히 환영할지도 모르겠다. 아동들이 다시 읽고 쓰고 셈하며 자신의 일을 조직화하는 기본 능력을 가져 삶의 주도성을 얻는 데 플로어타임치료 이론에 기반한 학습나무 접근법이 큰 도움이 될 것이라는 기대로 가슴 벅차게 행복하다. 또한 이 책을 통해 발달장애 및 발달지연 아동들의 잠재력을 끌어내어 삶에 대한 상한선을 높이는 여정에 함께할 수 있다면 감사할 것이다.

이 책은 제1부 플로어타임치료 이론에 근거한 '학습나무 접근법', 제2부 '나무 몸통', 제3부 '뿌리', 제4부 '가지'의 순서로 구성되어 있다. 이 책의 여정을 여러분과 함께할 수 있어 큰 영광이다. 이 책을 번역하면서 부족한 문구들은 겸손하게 수정하며 더 좋은 책이 될 수 있도록 노력하였다.

이 책을 소장하고 플로어타임을 실시할 부모와 임상가 및 전문가들이 무엇보다 플로어타임 시간을 사랑에 기초한 정동 반응으로 가득 차게 만들어야 함을 잊지 않기를 소망한다. 이 마음을 가장 대표하는 성경 구절을 여러분과 공유하고 싶다. 무엇보다 인내심과 관용이야말로 아동들에게 필요한 것임을 기억해 주기 바란다.

> 사랑은 오래 참고 사랑은 온유하며 투기하는 자가 되지 아니하며 사랑은 자랑하지 아니하며 교만하지 아니하며 무례히 행치 아니하며 자기의 유익을 구치 아니하며 성내지 아니하며 악한 것을 생각지 아니하며 불의를 기뻐하지 아니하며 진리와 함께 기뻐하고 모든 것을 참으며 모든 것을 믿으며 모든 것을 바라며 모든 것을 견디느니라 사랑은 언제까지든지 떨어지지 아니하나 예언도 폐하고 방언도 그치고 지식도 폐하리라(고린도전서 13:4-8 KRV).

나는 플로어타임치료가 언제나 사랑과 관용으로 가득 찬 시간이길 진심으로 바란다. 당신과 아동, 당신과 자녀의 시간이 풍성한 관계 맺기를 통해 모든 것을 함께 공유하고, 아동의 리드를 존중하고 따르며, 그들의 흥미와 관심에서 시작하여 사회적 세상을 인도하는 그 길이 언제나 변치 않는 하나님의 말씀처럼 지극한 사랑이 실천되는 장이길 기도하고 싶다.

끝으로, 오랜 시간 책의 출판에 많은 관심과 도움을 주신 학지사 김진환 사장님과 편집부 조은별 선생님께 진정한 감사의 말씀을 드린다. 또한 한국형 플로어타임 발달치료 모델을 함께 연구하고 늘 학문과 인생의 멘토가 되어 주시는 연세대학교 세브란스병원 소아정신과 신의진 교수님께도 깊은 감사의 마음을 전하고 싶다. 늘 바쁜 엄마를 사랑해 주는 나의 아들 김태인과 무엇보다 인생에서 진정한 사랑과 존중의 의미, 삶의 성장과 관용을 알게 해 준 진실한 친구이자 키다리 아저씨께 존경, 사랑, 감사를 전하고 싶다. 정말 고맙습니다. 나의 키다리 아저씨!

2023년 3월

백석대학교 보건학부 작업치료학과 조형관 연구실에서
플로어타임클래시스 대표
정희승 교수(KAOT, Ph.D)

소개

놀라움, 기대감, 기쁨과 흥분으로 커진 눈, 놀라움으로 벌어진 입, 공기 중에 퍼지는 밝은 웃음소리. 이는 아동이 삶에서 놀라운 발견을 한 순간이다.

아동들은 배우는 것을 좋아한다. 배움은 하루의 시작부터 모든 순간에 가득 차 있다. 아동의 감각은 경계 태세를 갖추며 더 많은 것을 흡수하려고 열망한다. 모든 기회에서 그들은 새로운 만남과 도전을 찾는다. 자신들의 세상을 넓히기 위해 무엇이든 더 많은 것을 원할 것이며, 배우고 싶어 한다.

하지만 많은 아동에게 이 열정은 오래가지 않는다. 일단 학교에 가면, 그들은 만지작거리고, 몸을 가만히 두지 못하고, 친구들에게 속삭이고, 주의를 기울이지 않고, 배우지 않기 위해 할 수 있는 모든 것을 하는 듯하다. 어떤 스위치가 뒤집혀 버린 걸까? 어떤 변화가 이 모험적인 작은 존재들을 외적으로 덜 호기심 있게 만들었을까? 특히 그들의 세계가 더 복잡하고 매혹적으로 변하고 있음에도 말이다.

과거에는 학생들이 어린 시절의 모험심 넘치는 순간을 거의 겪지 못했고, 대부분 반복과 훈련을 통해 학습했다. 잘못된 행동을 하면 체벌을 받기도 했다.

최근 교육자들은 소리의 패턴과 기본적인 운동 기술을 파악하는 것과 같이 읽기 및 쓰기에 필요한 몇 가지 기본 능력에 중점을 두고 통찰력을 얻었다. 이 기술들이 중심을 잡을 때면 아동들은 본인의 본질적인 학습 스타일에 조금 더 가까이 다가가지만, 많은 아동의 경우 계속 팽창하는 세상에 대한 놀라움과 호기심이 점차 사라지게 된다.

만약 자녀 또는 당신 교실의 아동에게서 이런 일이 일어나는 것을 느낀다면, 우리는 이 책에서 제시된 새로운 접근법이 그들의 학습에 대한 기쁨과 즐거움을 다시 불붙게 할 수 있기를 바란다.

이 새로운 접근법을 유도한 연구는 1975년에 소아과 의사, 소아 정신과 의사 및 심리학자 집단이 모여 초기 아동기의 지적 및 정서적 성장에 대한 논의를 하면서 시작되었다. 개척자 중 베리 브라젤톤(Berry Brazelton), 레지 루이에(Reg Lourie), 셀마 프레이버그(Selma Fraiberg) 및 에드 지글러(Ed Zigler)와 그다음 젊은 세대(저자 포함)는 어린 아동들에 대한 이해에 있어 새로운 시대를 열고자 했다. 개척자들은 이러한 이해를 위한 기반을 다지기 시작했다. 프레이버그의 『마법의 시간(The Magic Years)』은 아동의 지식이 어떻게 성장하는지에 대한 예리한 통찰력을 제공한다. 예를 들어, 아동이 어떻게 패턴을 인식하는지 배우고, 어떻게 논리를 습득했는지 말이다. 그럼에도 불구하고, 여전히 대중의 인식에 어린 아동과 아기를 작은 성인으로 보는 개념이 스며들어 있다.

우리의 작업은 갓 태어난 영아의 지점부터 시작해야 했다. 연구의 목적을 다른 발달 전문가에게 설명할 때, 그 반응은 종종 "아기에게 어떻게 감정이나 인지적 문제가 있을 수 있습니까?"였다.

우리의 초기 목표는 아동의 지적 및 정서적 발달의 성장에 있어 기본적인 요소를 발견하는 것이었다. 많은 동료와 함께 정상 발달이 어떻게 진행되고, 또한 왜 문제가 발생하는지를 이해하기 위해 중재의 시간을 보냈다. 이제 우리는 몇 가지 해답을 가지게 되었다.

일단 기초가 어떻게 맞아떨어지는지를 보면, 우리는 아동들이 어떤 나이든 그들이 무엇을 필요로 하는지 알 수 있었고, 각각의 아동들에게 어떤 기본 구성 요소가 강화되어야 하는지 알 수 있었다[본문의 1인칭 대명사는 스탠리 그린스펀(Stanley Greenspan) 박사를 지칭함].

『플로어타임 학습교육과정으로 발달장애아동 학습문제 극복하기: 학습나무 접근법』은 이러한 오랜 세월의 연구를 바탕으로 한다. 이 유산으로 인해 '학습나무(learning tree)'는 발달적 관점을 가진다. 기본적인 학습 기술을 넘어서고, 이후 읽기에 사용될 소리와 모양을 인식하는 것과 같은 기반 능력조차도 넘어서 우리는 학습 능력 자체가 어떻게 발달하는지를 보여 준다.

배움에 대한 발달적 접근법은 아동의 모든 감각과 운동계를 고려한다. 가장 중요한 것은 이러한 타고난 감각을 사용하고 통합하는 데 있어 감정의 역할을 인식한다는 것이다. 초기 발달과정에서 아동이 보고, 듣고, 냄새를 맡고, 맛보고, 만지는 것을 사용하도록, 그리고 움직임을 계획하도록 이끄는 것은 정서이다.

정서는 생리학적 체계로부터 입력을 받는 것으로 시작한다. 그런 다음에 대인관계의 경험을 통해 그것은 세상에 대한 아동의 관심을 유도하고 내면의 정신적인 삶을 창조한다. 즉, 그의 정서는 마음의 다른 부분들에 대한 '오케스트라 지휘자'이다. 정서가 어떻게 아동의 마음을 통합된 형태로 형성하는지를 이해하는 것이 발달적 접근법의 핵심이다.

발달적 접근법은 우리의 IQ가 얼마나 높은지에 상관없이 지적 능력에 있어 약점과 강점을 가지고 있기 때문에 모두의 잠재력을 확대할 수 있다. 알베르트 아인슈타인(Albert Einstein)을 보라. 그는 영어를 사용하는 나라에서 20년 이상 살았음에도 영어 회화를 잘하지 못해 영어로 말하는 것을 회피했다. 대부분의 평범한 독일 난민이 크게 노력하지 않아도 습득할 수 있는 이 기술을 세상에서 가장 뛰어난 사람 중 한 명인 아인슈타인이 습득하지 못했던 것이다. 하나를 선택해야 할 때, 우리는 아마도 아인슈타인의 문제를 가지고 싶을지도 모른다. 만약 우리 아동이 상대성 이론을 발견한다면, 우리는 제2외국어를 배우는 것과 같은 사소한 일에 신경 쓰지 않을 것이다. 하지만 외국어에 대한 아인슈타인의 어려움은 확실히 천재에게도 항상 약점이 있다는 것을 야기한다. 능력이 계발되면 뇌에서는 새로운 신경 경로가 형성된다. 초기에 문제를 발견하고 배우기 힘든 기술을 숙달할 수 있도록 충분히 연습을 도와준다면, 아동의 타고난 생물학적 측면은 더 이상 정해진 운명이 아니게 된다.

학문적으로 혼란을 보이거나 호기심 자체가 없어 보이는 아동은 초기 기쁨과 흥분을 회복할 수 있다. 우리의 발달적 접근법에서 지식을 습득하는 아동들의 타고난 방식, 아마도 부모의 모습을 처음 본 이래로 계속 연습해 왔을 그 방식은 미래의 학습을 위한 기초를 형성한다. 아동의 학습 방법이 수십 년의 연구를 통해 어떻게 구축되고 확장되는지를 관찰함으로써, 우리는 사고와 문제 해결과 같은 중요하고 우선적인 기술을 구축하는 근본적인 능력의 성장을 설명하는 발달적 '지도'를 그려 보았다. 학교에서 길을 잃은 것처럼 보이는 아동들을 위해, 이 발달과정에 대한 우리의 이해는 이들이 놓칠 수도 있는 단계를 정확하게 집고 기초를 단단히 굳힐 수 있도록 그 단계에 집중할 수 있게 한다.

모든 것은 아주 단순하게 시작된다. 궁극적으로 아주 어려운 교육 목표조차도 말이다. 새로운 지식 덩어리는 결국 이전에 습득한 지식을 기반으로 하고 있기 때문이다. 읽는 법을 생각해 보자. 우리의 집단에서, 그리고 다른 사람들도 보았듯이, 유아들은 양육자가 만드는 서로 다른 소리를 인식하는 법을 빨리 배운다. 그런 다음 그들은 이 소리를 통해 패턴을 만들고, 그들이 성장함에 따라 이것을 사용하여 누군가가 말하고 언젠가는 글로 쓴 단어를 해독하게 된다. 우리의 지도는 단어가 의미를 갖게 되는 방법을 보여 준다. 아동과 유아는 '사랑'이라는 단어가 무엇을 의미하는지, 또는 '원하다'와 '필요하다'는 뜻이 비슷하지만 같지는 않음을 이해하게 된다. 이 과정에 대한 통찰력은 우리가 모든 아동의 독해력을 키울 뿐만 아니라 언어를 더욱 깊이 이해할 수 있도록 하는 것을 도와준다. 이 시기에 대한 우리의 지도와 그 사이에 있는 다른 많은 단계는 그 어떤 어려움을 겪고 있는 아동도 수월하고 손쉽게 글을 읽는 독자가 되도록 도울 수 있다. 모든 건 약점을 보완하고 장점을 강화하는 것이다.

이와 비슷하게 수학적 · 과학적 추론을 세우기 위한 우리의 지도는 초기에 시작된다. 우리는 아동들을 지켜보면서 그들의 '많이'는 '그들이 필요로 하는 것보다 더 많은 것', '조금'은 '그들이 원하는 것보다 적다는 것'을 배우고, 어떻게 서로 다른 양의 물품을 정량화하고 조작하는 수와 다른 기호를 이해하는지를 알게 되었다.

우리의 연구에서 가장 소중한 교훈은 영아, 유아기 및 소아기 아동이 생각하고 문제를 해결하는 것을 배우는 단계에 대한 통찰력일 것이다. 이러한 단계는 모든 연령대의 아동과 성인의 학습 경험 및 잠재력을 새롭게 정의한다. 사고력은 학문의 원초적인 근본이다. 하지만 요즘엔 이 근본이 종종 목표보다는 교육의 부산물이 되어 버렸다.

때로는 교사와 학부모가 사고 중심 학습보다 기억 중심 학습에 초점을 두는 경우가 있다. 아동들은 종종 곱셈표나 수학 개념을 빠른 속도로 읊어 내지만 거의 이해하지는 못한다. 만약 아동이 '2 더하기 3은 5' 또는 알파벳을 처음부터 끝까지 읊으면 아동은 할 일을 다 했다고 믿을 것이다. 그러나 만약 아동이 5가 2보다 많은 양이라는 것을 실제로 인식하지 못했다고 하면 어떨까? 이를 이해하기 위해서는 상대적인 양에 대한 이미지를 머릿속에 떠올릴 수 있어야 한다. 기억에 기초한 학습은 초등학교 2학년까지만 끌어 줄 뿐이다. 사고하기를 더해서 암기를 하는 것은 문제가 없으나 사고하기 대신에 암기를 하는 것은 문제가 된다. 아동은 학교에서 발달함에 따라, 그들은 한 구절에서 사실 이상의 것을 이해해야 한다. 그들은 아이디어를 찾아내고 분리하며 조작하는 것, 즉 생각을 할 수 있어야 한다. 모두에게 주어지는 이 재능이 발달하는 단계는 시작부터 형성되며 어떤 단계에서든 강화될 수 있다.

이 책에서 우리는 '학습나무'라는 은유를 사용하여 학습의 세 가지 필수 요소를 구체화한다. 뿌리는 아동이 정보를 수집하고, 행동을 계획하는 다양한 방식을 나타낸다. 예를 들어, 그들이 듣고, 보고, 냄새를 맡고, 만지는 것을 어떻게 해석하는지 말이다. 나무 몸통은 사고 능력, 점점 더 복잡한 사고방식의 발달 그리고 중요한 것은 학업 과목뿐만 아니라 우정과 가족관계와 같은 분야에서도 적용을 나타낸다. 가지들은 읽기, 수학, 말하기, 쓰기 및 조직화와 같은 필수적인 학업 능력을 나타낸다.

뿌리는 항상 영양분을 찾고, 정보를 받아들여 처리한다. 이 단계에서 청각(청력) 또는 시각(시각적 공간)처럼 어려운 처리과정이 작업되어야 한다. 아동의 핵심인 몸통은 정보를 통합하고 재구성하여 생각할 수 있도록 한다. 사고력은 지적 · 정서적 · 사회적 기능을 구성하게 한다. 화려한 꽃이 피고 열매가 열리는 가지는 어려움이 더 쉽게 발견되는 특정한 학문적 기술 분야를 나타낸다. 그들이 꽃을 피우려면 나무의 다른 부분이 강하고 건강해야만 한다. 다른 접근법들은 종종 이 사실을 무시한다.

'학습나무'의 의의는 모든 아동을 위한 것이다. 학습에 어려움을 느끼는 아동들은 이를 강점으로 바꿀 수 있고, 이미 학습 강점이 있는 아동들은 점점 발전할 수 있다. 지시사항, 읽기, 쓰기, 수학 및 과학, 역사 및 사회, 즉 모든 종류의 학습으로 이어지는 학습 단계의 구성 요소를 확인하면서 우리는 학습에 어려움을 갖고 있는 아동들을 도울 수 있는 새로운 방법들을 찾았다. 사고력과 문제 해결 능력을 강화하면 어떤 아동도, 심지어 가장 심각한 학습장애가 있는 아동이라도 창의적이고 성찰적인 사람이 될 수 있다.

우리의 설명은 유아기의 가장 초기부터 시작되는데, 배움의 구성 요소가 이때 형성되기 때문이다. 우리는 이 책에서 다음과 같은 것들을 이야기한다.

- 아동의 결정적인 능력과 기술은 어떻게 발달하는가?
- 아동의 감정이 어떻게 자신의 흥미와 동기를 동원할 뿐만 아니라 학습을 조절할 수 있는가?
- 아동은 사고의 각 단계에서 어떻게 모든 감각과 운동 능력을 사용하는가?
- 아동이 어떻게 모든 상황에 이성과 사고를 작용하는 법을 배우는가?

이 책에서는 대부분 부모를 대상으로 이야기를 전개한다. 그러나 우리의 정보는 교사들에게도 그만큼 중요하다. 특히 마지막 장이 그렇다.

당신의 구체적인 질문에 대한 대상인 당신의 아동은 학령기일 가능성이 높다. 그러나 이 책은 초기의 학습부터 시작한다. 어린 시절의 발달 지도는 당신에게 무관하게 보일 수도 있지만 이를 다룬 장들을 주의 깊게 읽어 보길 바란다. 아동의 읽기, 수학 또는 지시사항 따르기를 개선시키기 위해 강화할 필요가 있는 단계들은 보통 초기에 구축된다.

우리가 나누는 정보는 여러 방법으로 사용할 수 있다. 하나는 단지 발달을 이해하기 위함이고, 다른 하나는 자녀의 초기 행동 패턴을 반영하는 것이다. 당신의 아들이나 딸의 초기를 생각하면, 그때의 몇 가지 징후를 인식하고 현재 학습에 방해가 되는 문제의 원인을 파악하는 데 도움이 될 수 있다. 비록 지금 당장은 아무것도 떠오르지 않더라도, 이 학습 구성 요소 중 하나는 현재의 문제를 푸는 열쇠일 가능성이 높다.

전통적으로 학습에 문제가 있는 아동을 돕는 것은 시력과 같은 감각체계를 개선하거나 독서와 같은 특정 문제에 대한 연습을 강화하는 것을 의미했다. 이 모든 것은 유용했으나, 우리의 강조점은 아동이 어떻게 생각하는 것을 배우냐는 것이다. 여기서 설명하는 발달적 접근법은 사고하기가 어떻게 만들어지는가에 대한 새로운 이해와 감각체계를 통합한다. 이 조합에서 대부분의 학교 문제의 핵심에 대응할 수 있는 해결책이 나온다. 일단 확립되면 역동적인 사고과정은 모든 근본적인 기술을 포함하고 있으므로 아동이 발달함에 따라 함께 성숙해진다. 따라서 나무의 은유가 나오는 것이다. 뿌리가 영양분을 가져와 나뭇가지를 지탱하는 몸통에 공급하는 것이다. 그들이 함께 일할 때 나무는 번성하게 된다.

이 책의 제1부에서는 샐리가 학교 그리고 친구들과 있었던 어려움을 소개하고, '학습나무' 접근법이 어떻게 도움이 되는지 보여 준다. 시험은 저학년에서조차 많은 사람이 염두에 두고 걱정하는 것이기에, 그다음에는 시험의 사용 용도 및 오용에 대해 논의할 것이며, 이 안에는 IQ 검사도 포함된다.

제2부에서는 학습에서 놀이의 역할과 일상적인 상호작용 그리고 놀이를 사용하

는 방법을 소개한다. 우리는 이 방법을 플로어타임(floortime)이라고 부르며, 모든 단계에서 아동의 학습을 지원한다. 그다음 나무 몸통, 즉 사고 단계를 강화하는 방법을 다룬다.

제3부에서는 사고 단계에 대한 장들과 뿌리에 대해 이야기한다. "조니는 읽지를 못한다."에 대한 진짜 이유를 찾기 위한 기반을 다져 준다. 각 장마다 상자에 표시된 질문들은 이에 대한 작업이 더 필요한지를 생각해 보도록 해 준다.

제4부에서는 가지나 마찬가지인 학교와 성인기에서 성공하기 위해 필요한 학업적인 기술에 대해 이야기한다. 여기에 특정 문제, '3R'에 대한 구체적인 해결책을 찾을 수 있다. '3R'이란 읽기 및 독해에 대한 어려움, 에세이를 쓰는 방법, 수학 및 비언어적 문제, 이에 더해 체계화를 위한 'O' 등이 있다. 자녀가 지금 당장 겪고 있는 어려움에 대한 답변을 원하기 때문에 이 책의 가장 뒷부분에서 시작하고 싶은 마음이 클 수도 있다. 하지만 그 밑에 깔려 있는 근본적인 문제를 이해하지 못하면 원인에 도달하지 못하게 된다. 제4부에서 나오는 해결책은 기본적인 사고 능력과 아동의 감각 프로파일에 대한 이해를 필요로 하는데, 이는 우리가 제3부에서 파악할 수 있도록 도움을 주고 있다.

또한 책 중간중간에 이러한 사고 수준이 학교교과과정에서 어떻게 받아들여지는지에 대한 예가 나온다. 이 예들은 워싱턴 DC에 있는 시드웰 프렌즈 저학년 학교(Sidwell Friends Lower School)의 교사들로부터 나왔다. 이 예들을 제공하고 이 장들을 작성해 준 학교의 교장과 초등학교의 장인 리처드 로디시(Richard Lodish) 박사에게 감사를 표한다. 직접 만든 풍부한 학습 환경을 공유해 주신 교사들에게도 감사하다.

좋고 의미 있는 교육은 각 아동이 있는 곳에서 아동을 만나야 한다. 올바른 발달 경험이 주어진다면 아동은 교육용 사다리를 막힘없이 오를 것이다. 궁극적으로 우리는 아동이 인생을 준비하고, 그들이 사상가, 올바른 의사 전달자, 그들의 가족과 직장 및 지역사회에서 잘 구성된 문제 해결사가 되도록 돕기를 원한다. 이를 달성하기 위해 아동을 이끌어 풍부하고 복잡한 아이디어의 세계를 아동이 즐기고 포용할 수 있도록 기본 학습 기술을 충분히 익히도록 도와야 한다. 아동이 읽기를 좋아하지 않는다면, 그건 그 아동이 읽기를 어렵게 느끼기 때문일 것이다. 6세인 아동은 읽기가 얼마나 어렵거나 쉬워야 하는지에 대한 감각이 없다. 아동이 알고 있는 건 단순히 재미가 없다는 것이고, 차라리 더 쉬운 것, 무언가 성취할 수 있을 만한 것을 하고 싶다는 마음만 있을 것이다. 우리는 아동이 독서에서도 성취를 하고 독서를 즐기길 바란다.

차례

제 3 부 | 뿌리

제 1 부

학습나무 접근법

01

샐리의 이야기

이 장에서는 샐리(Sally)의 이야기를 제공한다. 샐리의 이야기는 문제와 원인을 배우는 우리의 접근법을 보여 준다. 다음 장에서는 개념을 설명하고 특정 문제와 해결책을 보다 깊이 있게 다룬다.

9세의 샐리는 학교에서 돌아오는 길에 보도를 따라 걸어 다녔다. 샐리는 평상시처럼 생각에 빠져 있었다. 특별히 행복한 생각은 아니었다. 오늘도 다른 날들과 마찬가지로 학교는 힘들었다. 샐리는 마음속에서 반복해서 말했다.

'소리 내어 읽어 보라고 선생님이 나를 부르지만 않으면' 하고 생각했다. '그러면 어쩌면 그렇게 나쁘지 않을 수도 있어. 꼭 그 이후로 모든 일이 나빠져. 특히 내가 실수를 많이 했을 때 난 정말 바보야! 난 글을 빨리 읽지를 못해. 선생님의 지시를 잘 못 따라. 난 가끔 어떤 것도 똑바로 못하는 것 같아.'

샐리는 책을 완벽하게 읽지 못한 것 때문에 자기 자신을 무척이나 혹독하게 대하고 있었다. 읽는 것이 어려워 친구들 앞에 서는 것도 창피했다. 선생님의 지시를 따르는 것도 도움이 되지 않았다. '선생님이 내가 어떻게 하길 바라는지 이해하기 너무 어려워.' 샐리는 혼자 생각했다. '단계가 너무 많아. 지시사항에 대해 도와달라고 선생님께 여쭤 보면 다른 친구들은 내가 정말 멍청하다는 것을 알게 될 거야. 걔네는 날 어떻게 생각할까? 내가 없을 때 나를 비웃을지도 몰라.'

이 생각은 다른 반에 있는 여자애들에 대한 생각을 쉽게 자극했다. '그 애들은 나를 별로 안 좋아하겠지? 내게 잘해 주지만 가끔 그렇지 않을 때도 있어. 날 좋아하나? 모르겠어. 정말 친구로 지내고 싶은데. 쉬는 시간에 같이 놀게 해 줄까? 이렇게까지 무서워하지 않았으면 좋았을 텐데. 그 애들에게 결국 한 마디도 못 걸지도 몰라.' 샐리는 걱정했다. 수많은 걱정이 마음속을 휘저었다.

샐리가 집에 도착했을 때까지도 여전히 우울한 구름이 샐리 위에 맴돌았다. 샐리의 엄마는 오늘도 학교가 즐겁지 못했음을 알아챘다. 엄마는 공감해 줄 경청의 자세가 준비되었고, 아동의 실망감은 우르르 쏟아져 나왔다. 소리 내어 읽어야 했던 활동에 대한 수치스러움과 지시사항에 대한 좌절과 친구 몇 명이 샐리를 대하는 방식에 대한 혼란을 들어 주었다. "가끔은요, 쉬는 시간에 여자애들이 나를 놀리는데, 친해지려고 그러는 건지 진짜로 나쁜 마음인 건지 모르겠어요. 한 번 말을 해 봐야 할지 잘 모르겠어요. 게다가 쉬는 시간엔 너무 시끄러워요."

불쌍한 샐리! 엄마는 샐리를 안아 주었다. 엄마도 자신의 어린 딸이 슬퍼하는 모습을 보는 것 또한 쉽지 않았다. 엄마는 샐리가 자신의 문제와 감정에 대해 이야기하고, 잘한 일을 하도록 격려하는 것을 제외하고는 어떻게 도와야 할지 몰랐다.

샐리에게는 재능이 있었다. 샐리는 그림 그리기를 사랑했고, 아주 훌륭한 예술가가 되었다. 샐리는 자연스러운 방향감각을 갖고 있어 엄마가 찾기 어려운 목적지에도 도달하고 돌아올 수 있도록 도와주었다. 집에서 샐리는 항상 사려 깊은 의견을 가지고 있어서 샐리와 오빠는 저녁 식사 시간에 활발히 대화를 나누었다. 그리고 학교에서의 스트레스에도 불구하고 온화한 성정을 갖고 있었다.

그러나 엄마는 샐리가 어려움을 겪고 있다는 것을 알고 있었다. 샐리의 신체적 협응력은 그리 잘 발달되지 않았기 때문에 춤과 체육에서 열악한 성적을 보였다. 신체 조절 및 인지에 대한 어려움으로 인해 몸의 왼쪽과 오른쪽을 헷갈려 했다. 체육 수업을 듣고 스스로가 어수룩하다고 느끼며 한쪽 발로 서서 균형을 잡거나 눈을 감은 채로 자세를 유지해야 하는 순간이 되면, 샐리는 독서 재앙 이후만큼이나 자신을 많이 괴롭혔다.

샐리의 독서에는 몇 가지 문제가 있었다. 둘 이상의 음절로 된 단어는 샐리를 혼란스럽게 만들고, 불안해지면 휘청거렸다. 선생님이 "글쓴이가 말하는 것이 뭘까요?" 또는 "여기서 주제는 무엇일까요?"와 같은 질문을 할 때 샐리의 이해력은 떨어졌다. 선생님은 반에서 더 많은 연습을 하면 도움이 된다고 생각하여 샐리에게 자주 시켰다.

샐리의 이야기는 많은 아동에게 공유된다. 학습문제, 학교에서의 당혹감, 급우와의 어색함, 실패감이 말이다. 샐리와 같은 상황에서 부모는 독서 전문가와 자주 상의한다. 그러나 독서에 어려움을 겪고 있는 아동들은 종종 독서와 관련이 없어 보이는 더 근본적인 문제가 있다. 이러한 심층적인 문제는 정서적 · 사회적 분야뿐만 아니라 다른 학문 분야에서도 영향을 줄 수 있다. 이 문제를 해결하지 않으면 특정 교정 치료 기술로 얻는 개선 효과는 제한적일 것이다.

이 모든 이야기에 대한 의의는 바로 학교에서 나타날 수 있는 특정 학습 문제가 빙산의 일각에 불과할 수 있다는 것이다(하지만 불안해하기 전에 작은 빙산을 떠올려라). 그렇기 때문에 그것을 극복하기 위해 아동 그 자체가 존중되고 이해되어야 할 필요가 있다. 각 아동의 독창성과 학습 기초를 구성하는 기본 구성 요소를 감안할 때, 모든 조각을 하나로 모으고 아동을 위한 적절한 해결책을 찾으려는 사람에게는 체계적인 접근이 필요하다.

따라서 학습나무는 단계별 방법을 제공한다. 하지만 어떻게 이를 해결하는지를 논의하기 전에 샐리의 문제를 좀 더 자세히 살펴보자.

샐리의 문제 점검하기

첫째, 그녀의 독서를 보자. 샐리는 새로운 단어를 소리 내어 보는 법을 배우는(즉, 음소를 읽는) 기초를 놓치고 있었다. 예를 들어, 'buh(버)'와 같은 소리를 문자 'b(ㅂ)'의 시각적 이미지에 연결하려면 'buh(버)'와 'duh(더)', 'guh(거)' 또는

'huh(허)'의 글자 차이를 눈으로 알아야 한다. 강세가 있는 음절이거나 강세가 없는 음인지를 들을 수 있어야 하며, 단어의 리듬을 이해해야 한다. 몇몇 아동과 심지어는 성인들도 이러한 차이를 들어서 찾는 것을 어려워한다. 지금의 나도 그렇다고 고백하지만, 만일 당신이 '음치'라면 읽는 법을 배우는 것이 더 힘들어진다.

기억력이 좋은 아동은 단순히 단어 전부를 암기하기 때문에 종종 이 기술을 연습하는 것을 건너뛴다. 그러나 이런 아동조차도 귀를 새롭게 하고 서로 다른 소리를 구분하기 위해 연습하는 것이 가치 있고 중요할 수 있다. 자녀가 여러 가지 언어를 구사해야 하는 외교관이나 오페라 가수가 되기를 원한다면 어떨까? 여러 가지 억양을 갖고 있는 프랑스어 'e'를 구별하는 것은 모국어가 아닌 이상 좋은 귀를 가진 사람들조차도 괴로운 일일 수 있다.

샐리의 소리를 구별하는 문제는 시작에 불과했다. 이것은 다른 문제들을 일으켰다. 샐리는 3단계 또는 4단계 소리 순서(즉, 다중 음절 단어)를 기억할 수 없었다. 샐리는 순서를 기억할 만큼 특정 소리를 충분히 들을 수 없었기 때문에 일련의 많은 소리를 연속적으로 배열하는 것이 어려웠다. 그래서 샐리는 정보 처리 측면에서 두 가지 문제점을 가지고 있었다. 서로 다른 소리를 구별한 다음 이 소리를 순서화(sequencing)하는 것이다. 이는 보통 일반적으로 순서화와 같은 더 근본적인 문제가 있다는 징조이다.

비록 명료하게 무엇이 문제라고 콕 집어 말하지는 못해도 샐리는 자신이 순서화에 문제가 있다는 것을 알았다. 샐리는 선생님이 여러 단계로 지시를 내렸을 때 그것을 기억하며 다음에 해야 할 단계를 생각해 내는 데 어려움을 겪었다. 그것이 작문 과제든 숙제에 대한 지시든 말이다. 샐리의 엄마가 숙제를 정리하는 데 도움을 주었기 때문에 선생님은 아동의 체계화에 대한 문제의 정도를 깨닫지 못했다. 물론 수업에서 소리 내어 읽을 때 했던 실수들이 이런 문제를 악화시켰다. 지시를 따르고 생각을 정리하기 위해, 샐리는 할 수 있는 최대의 집중력을 짜내야만 했다. 불안은 샐리의 순서화에 대한 문제를 더욱 악화시켰다.

어느 날 수업 시간에 샐리는 『허클베리 핀의 모험(Huckleberry Finn)』의 한 구절을 낭독해야만 했고, 다른 누군가는 『톰 소여의 모험(Tom Sawyer)』의 한 구절을 읽었다. 그러고 나서 모든 아동은 지문을 비교하여 두 소년에 대해서 한 페이지 분량의 에세이를 써야 했다. 읽은 것을 이해하는 데 있어 확신이 없었음에도 불구하고 샐리는 흥미를 끈 톰과 허클베리 사이의 눈에 띄는 차이를 볼 수 있었으나, 독서에 대한 트라우마로 인해 서로의 차이를 비교하기 위한 생각들을 정리하고 체계화하는 것이 너무 어렵게 느껴졌다. 그래서 그 대신 샐리는 허클베리에 대해서만 썼다(잠시 여기서 덧붙이자면, 톰과 허클베리는 친절하게도 이 장과 예제에 종종 등장한다).

지금까지 우리는 샐리의 학교에서의 어려움이 소리를 구분할 수 없는 것에서 시작하여 소리를 배열할 수 없는 것까지 확장해, 결국 지시를 따를 수 없고 자신의 일의 체계를 잡을 수 없다는 것까지 왔다는 것을 알게 되었다. 샐리는 또한 인생의 다른 영역에서 연관 있는 문제를 겪었다. 샐리는 글자를 읽을 때처럼 사람의 의도 속 미묘한 음색을 읽는 데 많은 어려움을 겪었다. 이것은 다른 여자아이들이 샐리를 좋아하는지 여부에 대한 샐리의 당혹감을 불러일으켰다.

당신의 자녀에게 학습 문제가 있다면, 자녀 또한 다른 아동보다 더 과한 우정 문제로 고심이 있을 수 있다. 이는 학습에 영향을 미치는 동일한 문제가 관계에도 영향을 줄 수 있기 때문이다. 샐리의 경우, 소리와 단어의 미묘함을 구별하는 것에 있어 어려움을 겪었던 청각 처리(auditory processing) 문제가 학교 공부에 영향을 주었고, 특히 놀이터나 파티에서와 같이 빠르고 시끄러운 언어적 자극이 있는 대집단에서는 더욱 사회적 기술에 영향을 미쳤다.

샐리는 따뜻하고 다정다감한 아이였고, 친구도 있었다. 특히 유치원 시절부터 친했던 친구 두 명이 있었다. 그러나 샐리가 말하는 놀이터의 '잘나가는 아이들'은 더 복잡했다. 샐리는 그들이 언제 자신을 깔보는지, 언제 농담을 하는지, 언제 그들이 친절하게 구는지를 알 수가 없었다. 그리고 때때로 사람들이 자신을 좋아하지 않는다고 생각했고, 나중에 다른 사람을 통해서 그것이 사실이 아니었음을 알게 되고는 했다. 샐리는 자기 친구들이 그 아이들과 편하게 지내는 것을 알 수 있었지만, 그녀는 그들 가까이에 가면 긴장이 되었다.

비록 샐리의 학문적 문제와 사회적 문제들 사이의 연관성이 처음에는 당연해 보이지 않을지도 모르지만, 생각해 보면 말이 된다. 누군가가 못되게 굴거나 그저 놀리는 것인지 알아내는 것은 좋은 귀를 필요로 한다. 목소리 톤의 가장 미세한 차이에도 의미는 바뀐다. 샐리는 들은 것을 해석하는 것을 어려워했다. 당연히 샐리는 리듬 감각이 좋지 않았다. 샐리가 말의 리듬과 사람들의 의도에 '음치'인 것처럼, 또한 피아노를 연주하려는 샐리의 노력이 좌절됨에서 알 수 있듯이 음악에 대해서도 '음치'였다.

샐리의 문제 정리하기

샐리의 독서 문제는 다소 복잡한 그림이다. 나의 경험상 이것은 학습장애를 가진 아동들의 특징이다. 그런 아동들의 프로파일은 일반적으로 복잡하고 상대적인 강점과 약점을 가지고 있다. 샐리 또는 학습장애를 가진 그 어떤 아동이든 돕기 전에 우리는 모든 영역에서 샐리의 강점과 약점을 알아야 한다. 수면에 드러나는 표면적 문제를 해결하는 것은 겨우 조금의 도움만 되거나 전혀 도움이 되지 않을 수 있기 때문이다. 앞서 언급했듯이, 독서, 수학, 말하기 또는 글쓰기, 주의(attention) 또는 체계화하기(organization)와 관련된 문제는 종종 빙산의 일각이다.

그러면 샐리의 문제는 어디에 놓여 있을까? 학습문제의 원인을 밝히고 해결책을 찾아내기 위해 나는 일상생활에서 어떻게 아동이 정서적 · 사회적 · 지적으로 기능하는지에서부터 시작하고 싶다. 샐리의 일반적인 강점과 약점을 재 보면 큰 그림이 힐끗 그려진다. 여기서 실질적인 강점이 있다면 그것을 이용하여 문제 해결 방법을 찾을 수 있다.

샐리의 이야기에서 우리는 샐리에게 강점이 있음을 알 수 있다. 정서적인 면에서 샐리는 아주 따뜻한 사람이며 자신의 감정에 대해 이야기할 수 있었다. 사회적 측면에서는 친구, 가족과 친밀한 관계를 갖고 있다. 지적인 면에서는 논리적이고 창의적일 수 있다. 지지적인 환경에서라면 샐리는 집중하는 것에 아무런 문제가 없었고, 복잡한 단계의 사고에 참여할 수 있다.

학습나무의 세 부분, 즉 몸통 또는 사고 단계, 감각체계인 뿌리 그리고 구체적인 학문적 기술인 가지에 맞춰 샐리의 능력과 문제를 나눠 보자.

몸통

아동의 사고 능력은 우리가 학습나무의 '몸통'이라고 부르는 것이다. 이어지는 3개의 장에서는 아홉 가지 단계의 사고에 대한 모든 설명을 제공하지만, 지금은 우선 당연히 2세 아동의 사고가 9세의 사고만큼이나 정교하지 않을 거라고 해 두자. 우리는 나이가 들면서 끊임없이 더 높은 수준의 사고를 만들어 낸다. 때때로 어느 단계에 갇혀 있거나 스트레스를 받는 시기에 우리의 정교한 사고능력을 잠깐 잃기도 한다. 여기서 후자의 문제는 학습장애를 가진 아동에게 더 확연한 문제가 된다.

샐리의 나이인 아홉 살이 되었을 때, 우리는 아동의 가장 높은 수준인 성찰하기가 시작되었기를 기대한다. 예를 들어, 아동이 "평소엔 기분 상할 일은 아니지만, 오늘은 공놀이 팀을 짤 때 내가 제일 마지막으로 뽑힌 것이 너무 속상해."와 같이 말하기를 바란다. 샐리는 성찰적인 사고를 향해 갈 수 있는 역량을 갖추고 있었다. 샐리가 학교에서 돌아와 엄마에게 한 말을 기억해 보자. "여자애들이 나를 놀리는데, 친해지려고 그러는 건지 진짜로 나쁜 마음인 건지 모르겠어요." 이 말은 그저 샐리가 정말 혼란스러워하는 것으로만 보일 수 있지만 이건 그림의 일부일 뿐이다. 샐리는 단순히 한 가지 가정에 따라 "그 애들은 전부 못됐고 날 싫어해요."라고 하지 않았고, 또한 "얘네 다 내 친구야. 얘네는 날 좋아해."라고 하지도 않았다. 이러한 종류의 반응은 세계를 바라보는 흑백의 양극화된 방식을 의미할 것이다. 대신 샐리는 “정말 혼란스럽다.”라고 말하면서 자기 인식을 하고 있음을 나타낸다.

따라서 샐리는 기본을 갖추고 있었지만, 그 능력은 우리가 원하는 만큼 안정적이거나 광범위하지 않았다. 불안해하고 확신이 없을 때 샐리의 사고 수준이 떨어졌기 때문이다. 그렇게 되면 모든 것이 도 아니면 모와 같은 사고로 양극화될 수 있다. 다른 여자애들과의 관계에 대해 성찰할 수 있었고 심지어 자신을 좋아하는지에 대한 여부에 대해 생각할 수 있었지만, 자신의 지성에 대해 생각할 때는 이런 성찰적인 능력을 잃고는 했다. 예를 들어, 샐리가 독서 문제에 속상할 때면 퇴화하여 다음과 같은 말을 한다. “나는 다른 누구처럼 빨리 읽지를 못해서 멍청해.” 또는 “나는 시험에서 C를 받아서 바보예요.” 샐리의 사고력은 본래 그랬던 만큼 유연하고 안정적이지 못했지만 다른 순간에 종종 보였다는 사실은 샐리에게 많은 잠재력이 있음을 알려 준다.

뿌리

다음으로, 감각계인 학습나무의 ‘뿌리’를 살펴보아야 한다. 거기서 우리는 샐리가 소리의 미묘함을 구분하고 순서화하는 것을 어려워하는 모습을 보았다. 이 순서화 문제는 지시사항을 따르는 것에 대한 어려움으로 확장되어 있었다.

샐리는 글을 읽을 때 그 소리를 글자에 맞게 연결하는 것을 어려워했다. 이것 때문에 샐리는 뜨문뜨문 소리를 내어 가며 읽는 독자가 되었고, 자신이 받아들일 수 있는 정보의 속도를 늦춘 것이다.

또한 샐리는 전반적으로 큰 소리에 과민 반응을 보이는 것으로 밝혀졌다. 운동장과 같은 시끄러운 상황은 쉽게 과부하되게 하고 생각을 혼란스럽게 하며 생각을 더 쉽게 퇴보시킬 수 있다. 샐리의 운동 계획(motor planning)과 공간 내에서 몸이 느끼는 감각(체육수업을 잘하지 못하는 것)까지 함께하여 스트레스가 많은 노는 시간을 만들어 낸다.

다행히도, 다른 뿌리의 역할을 하는 상대적으로 강한 시각적-공간 능력이 너무 방황하거나 분열되지 않도록 해 주었다(샐리는 엄마가 마을을 쉽게 돌아다니도록 안내자 역할을 아주 잘했다). 샐리가 과부하되었을 때 샐리는 여전히 자신이 누구인지, 어디에 있는지 감을 잡을 수 있었다.

나뭇가지

샐리의 몸통 및 뿌리 체계를 분석하면 초기 문제인 읽기장애(reading disorder)를 이해하게 된다. 이는 '나뭇가지' 혹은 특정 학업 기술 중 하나라고 할 수 있다. 샐리가 어려움을 겪고 있는 것은 이 가지뿐만이 아니다. 샐리의 순서화 문제는 말하기와 쓰기뿐만 아니라 지시사항 따르기에 대한 어려움을 겪게 했다. 다른 가지나 마찬가지인 아동의 조직화 또는 체계화(organizational) 문제는 어머니가 숙제와 공부하는 것을 도왔기 때문에 학교에서 발견되지는 못했으나 중요한 부분이다. 반면, 샐리의 공간 감각은 좋았고 그건 수학에 대한 감각이 좋았다는 것을 의미했다. 샐리는 양과 공간 그리고 과학의 특정 측면을 머릿속으로 그려 낼 수 있었다. 그리고 잘 발달된 정밀한 운동 제어(motor control)로 필기하기와 그리기가 쉬워졌다.

뿌리에서부터 끝까지 샐리 돕기

이렇게 그려 낸 그림이 어떻게 샐리의 포괄적인 개입 프로그램으로 바뀔까? 학교 과업인 나뭇가지를 튼튼하게 하기 위해 우리는 뿌리와 몸통을 동시에 강화해야 한다.

1. 성찰적 사고 능력을 강화한다

첫 번째 단계는 샐리가 불안할 때 낮은 단계의 사고로 퇴보하지 않도록 샐리의 성찰적 사고능력을 발전시키는 것이다. 샐리가 혼란스럽거나 불안해할 때, 우리는 샐리가 스스로에게 다음과 같이 말하기를 바란다. "이런 느낌이 들 때, 나는 선생님과 선생님의 말에 좀 더 집중해야 한다는 것을 기억해야 해. 선생님이 같은 말을 한 번 더 반복할 때나 내가 손을 들 때 바보같이 보일까 걱정하지만 않는다면 뭘 해야 할지 알 수 있을 거야." 우리는 샐리가 "나는 바보야."라고 자신을 비판할 때 자신에게 어떤 느낌의 변화가 일어나는지 인식하고, 그 감정을 신호처럼 이용해 더 집중하며, 자신에겐 멋진 강점이 많다는 것을 기억할 수 있도록 도움이 되길 바란다.

샐리가 놀이터에 있을 때도 같은 일이 일어나기를 바란다. 샐리가 과부하 상태가 되어 가고 있거나 자기에 대한 확신이 없을 때, 우리는 샐리가 다른 친구들이 하고 있는 말에 더 귀를 기울여서 웃을 만한 말인지, 혹은 반대로 경쟁적으로 그걸 맞받아쳐야 할지(때로는 자신을 보호해야 하니) 판단하길 바란다. 기본적으로 우리는 샐리가 더 많은 시간 동안 성찰적인 사고를 하는 사람이 되도록 돕고 싶다. 그렇다면 샐리는 공놀이를 계속하면서 심지어 계획과 순서화 문제들에 대한 어느 정도의 절충도 할 수 있다. 예를 들어, 샐리의 강점인 시각 기술을 사용하여 에세이에 샐리가 증명하고자 하는 주제를 상기할 수 있도록 작은 상자 도표를 그려 넣거나 숙제에 대한 계획을 그려 볼 수 있다.

2. 청각 처리와 순서화를 강화한다

그러는 동시에, 우리는 샐리의 청각 처리를 발전시키기 위해 일련의 연습을 통해 샐리의 감각계를 강화하고자 한다. 우리라면 재미있는 게임 프로그램을 사용하여 소리를 구별하고 시각적 이미지에 연결하는 기본 기술을 향상시킬 수 있는 연습을 할 것이다. 이것은 샐리의 독서에 큰 도움이 될 것이다. 또한 우리는 점점 더 복잡한 지시를 따라야 하는 보물찾기를 통해 아동의 순서화 기술과 지시사항을 따르는 기술에 대한 작업을 할 것이다. 이것은 그에 더해 샐리의 총체적인 운동 능력에 도움이 되어서 샐리가 자신의 신체에 대해 더 자신감을 갖게 해 주며, 몸의 왼쪽과 오른쪽 방향을 알게 되고 균형, 신체적 통합, 춤과 운동 실력을 향상 시킬 것이다. 아동의 시각적-공간 강점, 즉 대상의 그림을 머릿속에 잘 그린다는 사실을 아주 많이 사용하여 다른 뿌리들을 강화하도록 할 것이다.

3. 감각 과민증을 완화시킨다

뿌리를 강화하는 또 다른 측면으로는 샐리의 감각 과민반응을 줄이는 것이다. 샐리는 자신의 환경을 통제하고 그에 압도당하지 않도록 전략을 개발해야 한다. 감각 과민반응의 문제 중 하나는 소리, 촉각, 시각 또는 후각에 압도당하면서 느끼게 되는 이차적인 불안이다. 일단 불안해지면 훨씬 더 민감해진다. 샐리가 짧은 시간이라도 소음에서 벗어나는 법을 배우면, 통제 감각이 생겨 이차적인 불안을 느끼지 않을 것이다. 그에 더하자면, 시간이 지남에 따라 이차 불안이 줄어들기 때문에 예민함이 감소할 것이다.

학습나무 접근법을 통해 샐리의 즉각적인 문제를 해결할 뿐만 아니라 모든 단계에서보다 강력한 기능을 수행할 수 있는 토대를 마련할 것이다. 다음 장에서 이 작업을 수행하는 방법에 대해 알아보겠다. 앞서 언급된 영역 중 이 책에서 더 이상 논하지 않는 영역은 사회적 관계의 영역이다. 이 주제는 우리의 책인 『놀이터 정치(Playground Politics)』에서 다루고 있다. 이 영역을 샐리의 이야기에 소개한 이유는 이 분야가 전체 발달 파노라마를 완성시키고 학습 문제와 연관이 있을 수 있기 때문이다. 따라서 학습나무의 사고 능력을 숙달하면 사회적 기술을 만들어 가는 데 도움이 될 수 있다.

02

IQ 검사: 사용과 오용

학습장애가 있는 학령기 아동이 있다면 IQ 및 IQ 검사에 관한 말을 많이 접하게 된다. 당연한 말이지만, 부모는 이에 대해 걱정한다. 아동이 읽는 것을 어려워한다면, 부모는 이것이 아동이 극복할 수 있는 장애인지, 지능이 부족하다는 것을 의미하는지 궁금해한다. 이것은 어떤 부모든 고민하기엔 참으로 힘겨운 질문이다.

수년 동안 교육체계는 IQ 점수에 의존하여 아동의 지능을 요약하고, 아동이 '인지적 결손'을 갖고 있는지의 여부를 결정했다. IQ 검사에서 약 100점을 얻은 아동은 평균으로 간주된다. 110점은 평균보다 높은 편에 속하고, 120점은 상위 범위에 들어간다. 130점 이상은 매우 우수한 범위에 있다. 점수가 약 90점인 아동은 낮은 평균 범위에 있으며, 약 80점은 매우 낮은 평균에서 중증의 인지적 결핍에 이르는 회색 영역(gray area)이고, 그 이하는 다른 수준의 '정신지체'가 있다. 이 모든 것이 학습장애를 가진 아동에게 어떠한 의미가 있을까?

IQ 검사가 무엇인지 살펴보자. 기본적으로 일련의 표준화 된 검사이다. 일부는 시각적 시스템을 보고, 일부는 언어 관련, 일부는 운동 계획 및 순서화(sequencing), 일부는 운동 시스템의 속도와 관련된다. 그렇다, 학습나무의 모든 인지 능력은 IQ 검사를 통해 조정된다. 하지만 문제는 IQ 검사에 포함된 과제들이 이러한 각 측면에 대한 최상의 평가일까? 대답은 확실한 "아니요."다. 아동의 운동 능력과 공간 문제 해결을 평가하기를 원한다면 우리는 한두 가지가 아닌 그 영역에서 열 가지, 열

다섯 가지 과제를 제공해야 한다. 따라서 이 검사는 특정 운동이나 특정 기술 기반 항목에 대해 자녀가 얼마나 잘하는지 그 이상을 알려 주지 않는다. 그러한 정보를 얻는 것이 유용할 수 있으며, 때때로 추론을 하거나, 어쩌면 강점이나 약점에 대한 힌트를 얻을 수는 있다. 예를 들어, 한 아동이 어휘 및 그림 순서화 검사에서는 잘하지만 물체 조립(assembly) 검사에서는 부진하다면, 그는 아마도 좋은 기억력을 가지고 있지만 공간적 문제 해결 능력은 별로 좋지 않은 것이다.

간결하게 말하자면, IQ 검사는 완벽한 프로파일이 아니며 총 점수가 평결을 내리는 것이 아니다.

자녀의 지능 수준을 알아볼 때 또 무엇을 고려해야 할까? 학습나무 몸통의 관점에서 볼 때, 우리는 아동이 사고능력 단계 그리고 그와 동반된 사회적이고 정서적인 역량을 살펴볼 필요가 있다. 이것은 우리에게 더 넓은 의미에서의 지성에 대해 생각할 수 있는 틀을 제공한다. 한 번의 검사에서 얻은 IQ 점수가 아니라, 넓은 범위에서의 학문적 · 비학문적인 노력 속에서 인지력, 감각, 정서 발달을 관찰함으로써 아동의 지능 수준을 평가할 수 있다. 아동이 도움을 필요로 하는 곳을 파악하기 위해 뿌리체계와 몸통체계의 각 기능을 분석한 다음 다양한 가지에서 자녀의 수행 방식을 살펴보는 것이 훨씬 낫다.

정신 기능은 역동적이고 성장하는 과정이다. 지금 아동이 뒤처져 있다고 내년이나 5년 뒤에도 뒤쳐져 있을 것임을 의미하는 것이 아니다. 우리는 시간이 지남에 따라 아동의 학습곡선을 관찰해야 한다. 특정 사고력을 습득할 기회가 없었다면 그 분야에서 유능해야 할 이유가 없다. 우리는 아동에게 그 기술을 개발하고 그의 학습곡선에 어떤 일이 일어나는지를 지켜볼 수 있는 풍부한 환경을 제공해야 한다. 흥미롭게도, 이 견해는 알프레드 비네(Alfred Binet)의 것과 매우 유사하다. 비네는 그 이름 자체로 IQ 검사와 밀접하게 관련되어 있다. 그는 사고력이 고정된 수치라고 생각하지 않았으며, 교정 치료를 통해 약한 부분이 개선될 수 있다고 생각했다. 그리고 IQ를 결정적인 점수로 보는 견해를 분명히 반대했다.

> 최근의 몇몇 철학자는 개인의 지능이 증가할 수 없는 고정된 양이라는 것을 주장하며, 이 슬픈 평결에 대해 도덕적인 지원을 한 것으로 보인다. 우리는 이 잔인한 비관주의에 항의하고 반발해야 한다. 우리는 그것이 아무것도 아닌 것에서부터 만들어졌다는 것을 증명하려고 노력해야 한다(*Les ideés modernes surles enfants*, 1909).

일반적으로 나는 적어도 2년 동안 아동의 학습, 성장 및 발달을 동원할 수 있는 이상적인 프로그램을 조율할 순간까지는 인지적 결손 또는 정신지체에 대한 진단을 거부한다. 그 2년 동안 학습곡선이 위쪽으로 기울어지기만 했다면 일시적인 의미 이외의 인지적 결핍과 정신지체에 대한 이야기가 나와선 안 된다. 물론 영구적인 것을 암시하는 정신지체도 아니다.

자녀가 견고한 사고능력을 발전하고 모든 감각체계를 강화한다면, 즉 다른 말로 훌륭한 뿌리체계를 가진 강한 나무의 몸통이 생긴다면, 아동은 학교 학습을 할 준비가 된다. 학문 과목을 능숙히 숙달하기 위한 실제 노력은 큰 어려움 없이 매끄럽게 진행될 것이다. 아동이 여전히 감각 기술의 일부에 대한 연습이 필요하다고 해도 괜찮다. 아동이 읽기, 수학, 쓰기, 의사소통 또는 조직화를 배우는 중 장애물을 만날 때마다 몸통과 뿌리 체계로 돌아가 더 근본적인 작업이 필요한지를 확인해야 한다. 만일 그렇다면, 우리가 이 책에서 나누게 될 연습 훈련으로 돌아가서 그 감각을 강화하라.

제2부

나무 몸통

03

놀이와 학습: 플로어타임

놀이는 어린이의 세계이다. 상상과 환상, 타인과 함께하고 즉흥적인 호기심의 시간이다. 놀이는 인형, 꾸며 입기, 숨바꼭질과 사방치기의 이미지를 연상케 한다. 또래와 함께 노는 5세 아동들, 모래사장에 있는 2세 아동들, 마르코 폴로 게임을 하는 10세 아동들의 장면도 떠오른다. 표면적으로, 놀이는 그저 재미있고 인생의 홍미진진한 부분이다.

이 순간을 엿볼 수 있도록 전형적인 어린이 모험물인 〈꾸러기 클럽(Little Rascals)〉을 생각해 보아라. 하지만 다시 봐라. 연을 날리거나, 철없는 활동들을 조직하거나, 해적에게서 탈출하거나, 탐정 대행사를 시작하는 등 이들은 통제권을 행사하고 결정을 내렸고 모든 걸 헤쳐 나갔다. 매우 빠르게! 일상적인 놀이에서 아동의 지성은 성숙하고 성장한다.

최근에 놀이는 겉보기에 초라했던 시작을 감안할 때 거의 마법의 경지에 이른 것으로 인정받고 있다. 상상력, 자기 통제 및 계획은 자유롭고 창조적인 놀이와 관련된 자질 중 일부에 지나지 않다. 이 평가는 뒤뜰로의 극적인 도주와 마찬가지로 바위 아래쪽을 뒤집어 보고 바위 밑에서 바쁘게 돌아가는 세상을 보는 것과 같은 점이 있다. 아동들이 자신의 놀이 장치에 맡겨지면 상상력을 마음껏 펼치게 된다. 장난감, 수업, 컴퓨터 게임 및 요즘 TV의 도움 없이도 말이다.

부모도 아동의 세상에 들어가게 된다. 함께 달리고 공을 던지고 그네를 타고 즐거워한다. 놀이는 자녀와 부모가 서로 연결되고, 공유하며, 유대감을 가질 수 있는 기회다. 이 시간 그대로도 충분히 특별하지만, 더 큰 것이 있다. 우리가 볼 수 있듯이, 놀이는 추가적인 차원과 향상된 의제를 더해 줄 수 있다. 이것은 모든 아동에게 좋지만 학습장애를 가진 아동에게 특히 좋다.

어린 아동들과 하는 이 특별한 종류의 놀이는 바닥에 내려앉는 것부터 시작되기 때문에 이름을 플로어타임(floortime)으로 지었지만, 바닥이 아니라 서 있거나 앉아서도 작업이 가능하다. 플로어타임의 첫 번째 목표는서 성인이 아동의 세계에 쉽게 초대될 수 있도록 하는 것이다. 두 번째 목표는 이 책의 목표로서 아동의 사고를 지원하는 것이다. 이것은 놀이하는 동안 매우 혹은 놀이만큼이나 중요한 평상시의 일상적인 교류에서 구체적인 방법으로 자녀에게 주의를 기울이는 것을 의미한다.

모든 아동은 이 추가 북돋움(boost)에서 많은 것을 얻는다. 그러나 학습에 어려움을 겪고 있는 아동들은 이를 통해 가장 많은 것을 얻고 그걸 필요로 하고 있다.

플로어타임은 정확히 무엇인가

이름에서 알 수 있듯이, 우리가 바닥에 내려와 노는 것이지만 특별한 종류의 놀이다. 플로어타임에서는 놀이가 아동의 관심사를 자극하고, 당신과 연결하도록 이끌어 내고, 창의적이고 호기심 있으며 즉흥적이게 되도록 도전을 안겨 준다. 이 모든 것은 아동이 지성적, 정서적으로 나아가게 한다. 플로어타임은 당신이 있는 곳 어디에서나 함께할 수 있는 방법이다. (자녀의 연령이 높아지면서, 플로어타임은 놀이에서 함께 이야기 나누고 노는 시간으로 변한다.) 어떤 나이의 아동이든 당신은 세 가지 일을 한다. ① 자녀의 주도를 따른다. 다른 말로는, 놀이 또는 게임을 주도하려고 하지 않는다. ② 아동이 창의적이고 즉흥적일 수 있도록 도전을 준다. ③ 모든 감각과 운동 능력뿐만 아니라 다른 감정을 포함하도록 행동과 상호작용을 확장한다.

이 모든 것을 하면서, 아동의 초점에서 벗어나지 않은 채 당신은 아이가 기본적인 사고 능력을 연습하는 것을 돕는 것이다. 이러한 기술을 숙달하고 학습 문제를 개선하려면, 이 책이 설명하겠지만, 감각, 감정 및 운동 능력을 전부 사용해야 한다.

때로는 놀이가 당신이 아니라 아동이 지휘해야 한다는 것을 잊기 쉽다. 아동이 주연 역할이며 당신은 단순히 재미있고 방해하지 않는 조연 배우이다. 대부분의 부모에게 이것은 자신의 유형에 반대되는 역할이며, 우리 대부분이 오스카상을 수상하지 못할 정도로 역할에 충실하기 어려울 것이다. 특히 남을 잘 따르지 못하는 부모에게는 연습이 필요할 수 있다. 지시자 역할을 내려놓는 것은 어려울 수 있지만 당신이 해야 할 일이다. 그러나 당신이 지시자가 아니더라도, 당신은 극적인 요소를 더하는 보조 역할이 될 수 있다. 당신은 수동적인 파트너가 아니다. 당신의 자녀가 드라마를 감독하는 동안, 당신은 드라마가 더욱 풍부해지도록 조용히 도움을 줄 수 있다.

플로어타임과정을 배우는 것은 외국어를 배우는 것과 유사하다. 처음에는 효과적으로 의사소통을 하기 위해 생각하고, 계획하며, 노력해야 한다. 하지만 일단 새로운 맥락에서 생각하기 시작하고 새로운 패턴에 익숙해지면 결국 자연스러워지고 그 과정 자체가 보상이 된다.

브래들리와의 플로어타임

5세의 브래들리(Bradley)는 바닥을 따라 불도저를 밀고 있었고, 앞에 달린 작은 삽이 길을 막는 모든 장애물을 밀어내고 있다. 매치박스 차량, 지.아이.조와 트랜스포머는 그 뒤를 쫓고 있다. 동력의 덜거덕거리는 소리와 엔진의 시끄러운 소음(브래들리가 내는 효과음)은 방안을 가득 채웠다. 엄마가 들어와서 인사를 했지만 완전히 무시당했다. 브래들리는 엄마의 말을 듣기에 너무 그의 불도저에 너무 몰두한 것인지 혹은 그저 응답을 하고 싶지 않은 건지에 대한 여부는 분명하지 않고, 이는 엄마에게도 중요하지 않다. 엄마도 재미있게 놀 기회를 보았다.

그녀는 킥킥거리며 조심스럽게 불도저가 가는 길에 발을 올려두었고, 어깨를 펴고 낮은 목소리와 견고하게 다문 입술로 말했다. "호, 호, 대단한 불도저 씨. 나는 커다란 쓰레기 더미다. 너는 나를 옆으로 밀어 넣을 수 없다." 브래들리는 다소 놀랐지만 과업을 위해 무엇을 해야 할지 알아내려고 한다. 불도저가 발/쓰레기를 움직일 수 있을까? 아니면 그것을 넘어가야 하거나 돌아가야 할까? 시도해 볼 만한 가치가 있으므로 자신의 결정에 따라 불도저에게 엄마의 신발을 밀어붙이라고 지시한다. 물론 엄마는 강력한 불도저에게 상대가 안 된다. 그녀의 발이 길을 양보해 주고, 브래들리는 반짝이는 눈빛을 보이면서 불도저 목소리로 "나는 대단하다!"라고 외치며 모든 장난감을 휘두르며 쌩 하니 날려 버린다.

이제 바닥에 앉은 엄마는 지.아이.조를 잡고, 다른 쪽은 트랜스포머를 집어 든다. 둘 다 브래들리에게 달려들며 말한다. "우리는 진짜 빠르다! 대단한 불도저 씨에게 달려들어야지!" 불도저가 "너는 나를 잡을 수 없다."라고 말하면서 브래들리는 빗나가도록 휘두른다. "앗!" 그리고 "아아아!" 하는 소리가 두 명의 추적자로부터 들려온다. 아무리 노력해도 불도저를 따라잡을 수가 없다. 마침내 그들이 "기권!"이라고 선언한다. 굉장히 열심히 노력했기 때문에 묻는다. "그럼 그냥 재미로 우리 한번 태워 줄 수 있어?" 브래들리는 몇 초 동안 고민하더니 말한다. "좋아, 대신 잠깐이야." 엄마는 지.아이.조와 트랜스포머를 브래들리에게 건네서 불도저에 올려 놓는다. 엄마는 두 자동차가 매달려 있기 위해 도움이 필요하거나 스스로 균형을 유지할 수 있는지 궁금해했다. 브래들리는 엄마에게 도움을 줄 필요 없다고 한다. 둘 다 불도저 위에서 균형을 잡을 수 있다. "대단한 불도저 씨는 더 느리게 갈 거야."라고 그는 말한다. 그들은 잘 매달려 있지만 불도저가 조금 더 빨리 달리는 순간 쾅! 소리와 함께 두 차가 날아갔다. 엄마는 "와, 얘네 참 대단하다. 다치지는 않았지만 피곤해 보여. 잠시 앉아 있어야 할 것 같아." 브래들리가 동의하자, 엄마는 얘네가 충분히 쉬었을 때 나중에 다시 올 것이라고 말한다. 브래들리는 괜찮다고 생각한다.

자, 그럼 어떻게 엄마와 함께한 플로어타임이 브래들리의 생각을 발달하는 데 도움이 되었을까? 엄마는 브래들리와 함께 많은 멋진 일을 해냈다. 그녀는 아동의 주도를 따랐고, 창의력을 발휘하도록 도전을 주었으며, 그들의 상호작용을 확대했다. 그녀는 브래들리의 놀이를 풍성하게 하여, 다음 장에서 자세히 설명할 사고의 첫 6단계를 장려했다.

첫 번째 단계에서 엄마는 브래들리의 집중과 관심을 얻었다. 이것은 사고의 첫 단계로 세상에 관심을 갖는 단계다. 엄마는 '쓰레기 더미'를 만들어 즐거운 방식으로 자신과 자신의 아이디어를 놀이에 포함하여 아들의 관심을 넓혔다. 동시에 그녀는 아동이 자신과 함께 놀도록, 그리고 끝까지 즐기도록 유도했다. 다른 사람과의 관계에 참여하는 것은 두 번째 단계다. 이 과정이 진행되는 동안 엄마와 브래들리는 단어뿐 아니라 생기 가득한 표정, 팔 동작 등을 교환했으며, 목소리로 여러 가지 억양을 내었다. 다시 말하자면, 생생하고 비언어적인 몸짓과 풍부하고 표현력 있는 음성이 있었고, 우리는 이것을 상호작용(양방향 의사소통) 또는 세 번째 단계라고 부른다. 엄마는 브래들리를 네 번째 단계인 문제 해결에 참여하게 했다. 브래들리는 쓰레기 더미를 뚫고 나와야 하는지 돌아서 가야 하는지와 지.아이.조와 트랜스포머가 불도저에서 어떻게 균형을 유지하게 할지를 알아내야 했다.

또한 엄마는 아동이 아이디어를 더 의미 있고 창의적으로 사용할 수 있는 기회를 주었는데, 이것이 다섯 번째 단계이다. 브래들리가 혼자서 놀고 있을 때처럼 그저 주변을 휭하니 돌아다니며 물건을 두드리기보다는 대단한 불도저 씨가 쓰레기 더미를 뚫고 들어오고, 두 명의 추격자로부터 도망쳐 그를 붙잡으려는 추격자들의 노력을 좌절시켰다. 브래들리와 엄마 사이에서 오고 간 드라마는 새로운 생각을 함께 묶어 가며 생겨났다. 아이디어를 논리적으로 연결하는 것은 여섯 번째 단계이다.

엄마와의 가상놀이는 브래들리의 모든 감각과 처리 영역을 필요로 했다(이 부분은 아동의 뿌리임을 기억하면 좋다). 즉, 청각, 언어, 시각-공간 지각력, 감각 조절 그리고 운동 계획과 순서화를 동시에 강화하는 것이다(이 부분은 제3부에서 별도로 다룬다).

엄마가 즐겁게 놀고 아동의 주도를 따르고 아동이 엄마와 함께 즐거운 시간을 보내도록 하면서, 동시에 아동의 상호작용과 드라마를 확장시키도록 이 모든 것을 했다는 것은 엄마의 기술과 타고난 능력의 증거이다. 나는 엄마에게 한 가지 제안할 것이 있다. 마지막에 엄마는 이야기 흐름을 주도해 버렸다. 어떤 부분을 말하고자 하는지 눈치 챘을지도 모른다. 마지막에 엄마가 지.아이.조와 트랜스포머의 휴식을 권했지만, 더 나은 제안은 "브래들리, 이렇게 짜릿한 추격전을 끝냈는데, 얘네들은 이제 무엇을 하고 싶을 것 같아?"라고 묻는 것이다. 그렇게 되면 브래들리는 감독이자 대본작가, 즉 이야기의 주인이 될 것이다. 브래들리는 그들이 피곤하고 지치고, 지는 것에 분노하거나 더 많은 것을 하고 싶어 한다고 말했을지도 모른다. 만약 아동이 계속 놀고 싶어 하는 데 엄마는 누나를 학교에서 데려와야 하는 상황이라면, 엄마는 아동에게 그 상황에 대해 설명하고 자신이 없는 짧은 시간 동안 지.아이.조, 트랜스포머와 불도저가 무엇을 할 수 있는지 물어볼 수 있다. 아동에게 그의 장난감들을 위한 계획을 세울 수 있는 기회가 주어지는 것이다.

그러나 완벽할 필요는 없다. 엄마는 정말 잘 해냈다. 부모가 이러한 기회를 인지하는 한, 놀이나 일상생활 속 활동과 가정 내의 상호작용을 통해 학습 요소를 강화할 수 있는 기회는 끝없이 올 것이다.

도전의 중요성

플로어타임은 단지 도구이자 과정이며, 자녀의 세계에 들어가 아동의 사고 단계를 강화하는 데 도와주는 것일 뿐이다. 다시 말해서, 세 단계는 ① 따르기(follow), ② 도전(challenge), ③ 확장(expand)이다.

여기에서는 두 번째 단계인 '도전'을 강조하도록 하겠다. 종종 나는 플로어타임을 '놀이하는 동안 아동의 주도에 따르는 것'이라고 묘사하는 것을 본다. 이 기본 요소는 필요한 것이긴 하지만, 플로어타임을 정의하지는 않는다. 아동이 문제 해결 단계에 도달하면 새로운 단계의 사고를 계속하기 위해 아동과의 상호작용에서 가벼운 도전이 필요하다. 아동에게 당신이 해야 할 것을 물어보고, 장난감이 뭘 해야 하는 건지 헷갈린다는 듯이 행동해도 되며, 때로는 모르는 척이나 이해 못하는 척을 하는 등 아동이 자신의 아이디어를 만들도록 격려할 수 있다. 이것은 모든 아동의 생각을 격려하는데, 특히 아이디어를 서로 연결하지 못하는 8세 아동에게는 매우 중요하다.

이렇게 생각해 보자. 즉, 아동을 위한 소크라테스식 플로어타임이다. 아동이 생각하게 하기 위해 질문하는 것이다. 비언어적인 몸짓도 포함된다. 지나치게 유추할 필요는 없다. 아동이 스스로 생각하게 하고, 자신의 의견을 만들어 낼 정도의 질문 정도면 충분하다. 그것은 아동이 주도자가 되고, 문제를 해결해 내며, 자신의 행동에 대한 책임을 지게 한다.

이러한 소크라테스식 순간은 플로어타임 회기뿐만 아니라 자연스러운 상호작용 내에서도 가질 수 있다. 아동이 깨어 있는 시간 동안 가족과의 모든 일상생활 속 상호작용을 통해 배움의 순간을 만들어 낼 수 있다. 저녁을 먹거나, 학교 갈 준비를 하거나, 집안일을 돕거나, 강아지와 산책하거나, 쇼핑하거나, TV쇼를 보면서 토론하는 등 이 모든 순간이 아동의 생각이 풍성해질 수 있는 기회이다. 차를 타고 어딘가에 가는 순간은 가벼운 담소를 나누고 많은 질문을 할 수 있는 큰 기회이다. 아동에게 무언가를 왜 하고 싶은지, A와 B 중 어떤 간식을 원하는지를 물어볼 수 있으며, 활동에 대한 선택권을 주고, 자신의 선호도를 설명할 수 있도록 할 수 있다. 이것은 훈련이나 반대 심문이 아니다. 어떻게 보면 우리가 좋아하는 사람, 친해지고 싶은 사람을 만났을 때와 비슷하다. 관심을 갖고 그 순간에 참여하며 질문을 던지는 것이다. 새로운 친구가 있으면 우리는 그 사람에 대해 알고 싶고 신뢰관계를 형성하고 싶어 한다. 이건 경이롭고 지속적으로 발달하는 우리 아이와도 마찬가지이다. 아동들에게는 이점이 이중으로 존재한다. 우리는 아동에게 생각을 하고 아이디어를 확장할 수 있는 기회를 제공하기도 한다.

이러한 일상적인 교류는 자녀가 하는 말에 주의를 기울이고(따르기), 더 이해하기 위해 질문하고(도전), 우리의 질문에서 오는 아동의 새로운 아이디어를 지원하는(확장) 기회가 될 수 있다.

구름사다리에서의 플로어타임

앞서 들었던 브래들리의 예시에서 엄마는 이미 전개되고 있는 이야기를 발견하고 참여했다. 그렇게 쉽게 했듯이, 브래들리와 엄마는 놀이터에서도 함께할 수 있다. 브래들리가 구름사다리의 맨 끝 쪽의 철봉을 움켜쥐고 잠시 매달려 있다가 엄마의 도움을 받아 그의 발을 밑으로 내려놓는 것이다. 이건 놀이터에 갈 때마다 브래들리가 좋아하는 놀이다. 브래들리는 나이치고는 신체협응력이 좋고 힘이 세지만 이보다 더 나아가지는 않았다. 어느 날 엄마는 그가 새로운 무언가를 할 수 있도록 도와주려고 한다.

"브래들리, 사다리를 올라가고 매달려 있는 것도 잘하는구나." 엄마는 그가 그의 발을 사다리에 올려놓을 때 말했다. "다음번엔 다른 두 번째 철봉을 잡아 볼래?"

"아니요." 그는 대답했다. "전 이게 좋아요."

"그래 아가야, 근데 너에게 한 가지 부탁할 게 있어. 내가 이 철봉에 매달려 있도록 도와줄래? 난 이걸 오랫동안 하지 않아서 혼자서 어떻게 해야 할지 생각이 나질 않아. 네가 나를 도와준다면 정말 큰 변화가 있을 거야."

브래들리는 잠시 멈췄다. 그는 엄마를 도와주는 것을 좋아한다. 특히 자신이 할 수 있는 일이라면 더 좋아한다. "네." 자신이 책임자가 된 것 같은 기분이다. "도와줄게요."

브래들리는 구름사다리에서 내려오고 엄마는 조심스럽게 세 번째 단을 밟았다. "이제 여기서 어떻게 해야 하지?" 엄마가 말했다.

"한 손으로 위에 있는 바를 잡고 그 다음 다른 손으로도 잡아요." 브래들리가 엄마에게 말했다. 그녀는 조심히 움직였다. "엄마, 꽉 잡고 사다리를 밀어 내세요." 그녀는 바로 철봉에 매달리게 되었다. "잘했어요."

"음." 엄마가 소리쳤다. "정말 잘 알려 주는구나! 나는 다음 바로 넘어가고 싶어. 어떻게 해야 할지 모르겠어. 도와줄래?"

"네, 제가 엄마 다리를 잡고 밀어드릴게요."

"내 손은 어떻게 해야 해?" 엄마가 그에게 말했다.

"아까랑 똑같아요. 먼저 한 손으로 위에 잡고 그다음 다른 손으로 잡아요."

"알았어. 꽉 잡아 줘!" 엄마가 다음 바에 손을 얹고 소리쳤다. "우와, 내가 해냈어. 이제 다시 돌아가고 싶어. 다시 내 다리를 잡으면 되는 걸까?"

"네." 그리고 브래들리가 도와줬다.

엄마는 발을 사다리에 올려놓고 물었다. "어떻게 했길래 이렇게 나를 잘 도와줬니?"

"아, 저는 단지 엄마 다리를 잡았을 때 그냥 조금 밀었을 뿐이에요."

"음, 효과가 있었어, 잘했어. 재미있었어. 이제 네가 사다리 올라갈래?"

"제 차례에요." 브래들리가 말했다. 그는 뒤로 물러나서 첫 번째 바에 올라가기 위해 그의 평상시 자세를 취했다. 그는 밀어 내고, 내려놓았다.

엄마는 물었다. "네가 나를 위해 했던 것처럼 내가 너의 다리를 꽉 붙잡아 준다면 다음 바를 잡아볼 수 있을 것 같아? 네가 나한테 했던 것처럼 나도 잘 잡아 줄게. 어떻게 생각해?"

대담해진 브래들리는 "네, 도와주세요."라고 한다. 그리고 엄마가 그를 잡아 준 상태에서, 그는 몸을 흔들어 다음 바에 도달했고 곧이어 사다리의 첫 번째 바로 돌아갔다. 이 커다란 돌파구 이후, 브래들리는 놀이터에 갈 때마다 처음에는 엄마의 도움을 받으며, 나중에는 혼자서 그다음 바를 가로질러 더 멀리 나아갈 수 있도록 흔들리는 박자를 연습했다.

이 놀이 시간 동안은 모든 게 조금 달랐다. 처음에는 엄마와 브래들리가 놀이터에서 즐거운 시간을 보냈다. 문제가 있다면 조금 두렵고 조심스러운 브래들리는 단순히 같은 동작을 반복하는 것이었다. 엄마는 그의 협응력과 운동 순서화가 계속 성장할 수 있도록 그에게 도전을 줄 수 있는 방법을 찾아야 했다. 놀이 시간의 주도권을 빼앗지 않는 방식으로 말이다. 이 경우에 엄마는 문제를 만들기 위해 쓰레기 더미인 척을 할 수 없었다. 대신에 엄마는 자신 스스로의 문제를 만들었다. 문제를 해결하기 위해 브래들리에게 도움을 요청했고, 그것은 그가 주도권을 가질 수 있게 해 주었으며 다음 동작을 보여 줄 수 있도록 했다. 엄마는 브래들리에게 보여 준 후 모방할 수 있는 기회를 주었다. 만약 브래들리가 독자적으로 개시를 했다면 엄마는 단순히 같이 노는 친구였을 것이다. 모두가 하듯이 아들에게 구름다리를 건널 때 타잔처럼 소리 질러도 되는지, 아니면 원숭이는 어떻게 가로질러 갈 것 같은지를 물어보았을 것이다. 재미와 상상력은 자연스럽게 나온다.

어떤 아동은 첫 번째 기회에 위험을 감수하는 것을 동의하지 않을 수도 있지만, 지원을 받고 선택을 스스로 할 수 있다면 결국 하게 될 것이다. 따르고, 도전하고, 확장하는 원칙은 그대로이다.

다음 두 장에서는 통찰력 있고 사려 깊은 어른이 되기 위해 아동이 지나는 사고의 단계를 설명한다. 어느 곳에서나 아동은 다음 단계로 나아가는 데 장애물을 만날 수 있으며, 도움이 필요할 수 있다. 플로어타임은 이러한 장애물을 극복하기 위한 도구이다.

04

기본 사고력 세우기

제1장에서 언급했던 샐리의 이야기는 학습문제, 친구에 대한 불안, 학교에 대한 염려 등 매우 전형적이다. 우리의 발달적 접근법을 통해 우리는 이러한 문제 내면을 살펴 아동이 도달한 사고력의 단계와 그 기초가 얼마나 견고한지를 확인해 볼 수 있다. 가장 중요한 것은, 샐리와 마찬가지로, 우리는 무엇이 기초를 수립하는지를 찾아 더 높은 사고 단계를 달성함으로써 아동이 문제를 극복하도록 도울 수 있다.

아동이 새로운 단계의 사고로 나아가는 것은 신체적으로 성숙함에 따라 겪는 경험과 유사하다고 생각하면 된다. 어느 날 아기가 몸을 뒤집는다. 이는 새로운 이정표다. 처음에는 한 측면과 앞과 뒤 방향만이 가능하지만 곧 양측과 양방향 모두가 가능하다. 처음에는 조금 힘들어해도 자세는 곧 유동적으로 변하고, 아기는 손에 무엇이든 집은 채로 우아하게 몸을 뒤집게 된다. 가장 처음으로 해낸 어색한 뒤집기는 평온하고 편안하며 복잡함이 확장되어 다음 이정표 단계로 나아갈 준비를 한다. 그다음 네 발로 움직이는 것이 안정화되어 기어 다니고, 당기고, 마지막으로 걷게 되는 것이다. 이렇게 각각의 이정표는 다음 단계가 오기 전까지 더 확신 있게 쟁취되고 점점 더 복잡해지는 것을 알 수 있다.

아동은 새로운 단계로 첫 도약을 하고, 그 다음부터는 가능한 모든 방법으로 그 단계를 연습한다. 그들은 더 심화된 능력을 사용해 주변 환경을 새롭게 탐색하며, 새로운 경험에 기존에 갖고 있던 기술인 만지기, 쿡 찌르기, 움켜쥐기, 들어올리기,

입에 넣기를 사용한다. 그들은 새로운 기술뿐만 아니라 기존 기술도 새로운 맥락에서 추구하고, 노력하며, 연습한다. 예를 들어, 어느 시점에서 아동은 바닥에 앉아 아빠에게 공을 밀어줄 수 있게 된다. 아동이 한 번 일어서는 법을 배우면 어느 정도 후에는 발로 공을 밀어낼 수 있게 된다. 공을 구르게 하는 같은 목표를 갖고 있지만 완전히 다른 경험이 되어 끊임없이 개선되는 신체협응력 그리고 균형과 함께 아동의 발달은 계속 진행된다.

사고하는 법을 배울 때도 정확히 같은 과정을 겪는다. 아동의 신경계와 감각계가 발달함에 따라 아동은 사고력에 있어 새로운 이정표에 다다르게 된다. 각각의 새로운 중요한 단계를 통해 아동은 아동과 같은 세상을 경험하지만 새로운 방식으로 경험하게 된다. 2세 아동은 새가 날아다니는 것을 바라보며 즐긴다. 같은 새를 바라보는 4세 아동은 새가 어떻게 날아다니는지를 궁금해할 것이다. 아동은 더 높은 생각의 단계에 도달했으며, 그럴 때마다 그 감각이 가져오는 것을 재조직하고 재경험한다. 이 재조직은 아동의 생각을 키우고 아동의 세상을 더 크고 풍부하며 복잡하게 만든다.

새로운 이정표인 단계의 사고를 가능한 한 튼튼하게 만드는 것은 아동이 자기 주변의 모든 것에 그걸 적용하며 실험해 볼 필요가 있다는 것을 의미한다. 기존의 것과 새로운 단계 모두 말이다. 여기에는 학교 그리고 그 외 모든 장소에서 아동이 보고, 듣고, 계획하고, 해 보고, 느끼고, 배우는 것에 대하여 어떻게 생각하는지가 포함된다. 아동이 새로운 생각 기술을 친숙한 상황에 적용하고 확장하면서, 아동의 이해는 깊어지고 점점 더 복잡한 문제를 해결한다. 아동의 사고력은 성숙해진다.

적절한 돌봄와 함께, 아동의 학습나무 몸통은 성숙한 지적 발달에 필수적인 9개의 중요한 이정표 혹은 생각의 단계를 합동시키게 된다. 우리는 이 장과 다음 장에서 사고력의 아홉 단계를 서술할 것이다. 각 단계는 이전 단계보다 더 복잡해진다. 이 장에서 다루는 것들은 초기 단계들로 다음과 같다. 참석하고, 참여하고, 상호작용하고, 문제 해결을 하고, 순서화를 해 내고, 아이디어를 창조적이고 의미 있게 사용하고, 논리적으로 생각하는 능력이다. 단계의 서술은 뚜렷하게 경로를 배치하기 위해 일반적인 개념들을 먼저 연령에 맞도록 제시하기로 했다. 비록 나이가 더 많은 아동들에도 이러한 개념들이 연장되지만, 각 단계의 설명 끝에 주어진 질문들은 당신의 자녀가 이 단계들을 얼마나 숙달을 했는지 생각해 보도록 해 줄 것이다. 보면 알게 되겠지만, 처음의 몇 가지 질문은 아직 이 단계에서 연습이 더 필요한 아동들을 위한 것이고, 그 뒤의 질문들은 더 많은 역량을 가진 아동들을 위한 것이다. 이 정보는 당신의 아동이 어느 정도의 단계에 도달했는지를 알아내는 데 도움이 된다. 그 단계에 도달하는 것은 그 단계를 숙달하는 세 가지 차원 중 첫 번째 차원이다. 다른 두 차원은 그 단계의 범위를 넓히는 것과 안정성을 유지하는 것이다. 당신의 아동이 어딘가를, ① 올라가고, ② 폭넓은 곳에 서 있고, ③ 안정된 플랫폼에 서 있는 것을 상상해 보아라.

우리는 특정 감각(뿌리)의 발달에 대해 논의할 때 우리는 그 단계의 폭과 범위를 탐구한다. 당신의 아동이 얼마나 다양한 단계에서 감각을 잘 통합했는지에 대한 뿌리 부분의 질문에 대답하는 것은 때때로 한 단계 혹은 전체 단계의 일부에서 고르지 못하게 발달된 기술이 있다는 것을 드러내게 될 수 있다. 예를 들어, 일반적으로 강한 것처럼 보이는 특정한 사고 단계를 볼 때 시각적 공간 인지 영역은 강하지만 청각 처리는 약하다는 것을 깨달을 수도 있다. 이것은 종종 아동이 수학에서는 강하고 독해력 혹은 사회과학에서는 약하다는 것으로 해석된다.

세 번째 차원은 단계의 안정성과 관련이 있는데, 즉 당신의 아동이 불안, 분노, 혹은 흥분과 같은 강한 정서 안에서도 일정한 생각 단계를 유지할 수 있는가에 대한 것이다. 우리는 뿌리 부분에 대한 결론으로 이 차원을 탐구한다.

1단계: 집중력

가장 초기의 사고 단계는 태어났을 때에 발달하기 시작한다. 그 예시로 아기가 중요한 이정표를 처음 접하게 될 때를 묘사한다. 당신의 아동은 아마 예시에 나오는 아동들보다 더 나이가 많을 것으로 추정되지만, 이는 어디서 생각의 단계가 시작되는지에 대한 예시를 보여 주기 위함이다. 우리가 말하는 기술들은 모든 연령대에 필요하다.

어떤 설명들은 더 어린 나이의 자녀의 모습을 떠올리게 할 수도 있다. 심지어 아동이 이전에 어려워했던 생각의 측면을 알아차릴 수도 있다. 이것은 무엇이 필요한지를 정확히 파악하는 데 도움이 될 수 있다.

신생아가 눈을 뜨고 새로운 세상을 받아들이게 될 때, 신생아가 받은 첫인상 중 하나는 바로 당신, 엄마 아빠가 신생아를 향해 기대며 자신의 존재에 대한 감탄을 하고 있는 모습일 것이다. 아동은 당신의 냄새 맡았고, 당신의 손길을 느꼈으며, 당신의 목소리를 들었고, 시간이 흐를수록 뚜렷하게 보이는 당신의 얼굴을 보았다. 당신의 부드러운 목소리, 손길 그리고 얼굴 표정이 아이로 하여금 당신에게 마음을 주고 즐거움을 주었다. 당신이 아동에게 일으킨 이 감정, 그가 느낀 이 기쁨이 그를 당신에게 계속 다가가게 해 주었고, 그가 관심을 기울이게 만들었다. 아동은 모든 감각을 사용해 당신을 받아들이고 발견했다. 아동의 세상에서 가장 흥미로운 것은 바로 다른 사람이라는 존재이기 때문이다. 더 많은 볼거리와 소리, 냄새, 촉각 그리고 움직임 패턴과 다른 감정들을 만나면 만날수록 아동의 집중력은 점점 더 좋아진다. 그럼에도 한동안은 당신이 아동의 우주 속에서 가장 경이로운 존재로 남을 것이다.

교사가 왜 그리고 어떻게 달이 지구를 도는지를 설명하는 것을 열중해서 듣는 9세의 아동이든, 엄마 아빠의 입술이 움직이는 것을 바라보며 목소리를 듣는 한 달 된 아동이든 집중을 하는 것은 사고에 있어서의 첫 단계이다. 아동은 다른 사람과 관련이 생기고 참여할 준비가 된다. 그렇지 않다면 아동은 자신의 내면세계에 빠져 미아가 되었을지도 모른다.

1단계: 집중력

1. 아동은 집이나 학교에서 원하는 활동을 하고 있을 때 자기 연령에 맞는 방식으로 일상적인 과제에 집중하고 침착하게 수행할 수 있는가(예: 당신과 함께한 체크 게임을 할 때)? 아동은…….
   ① 일상적인 과제에 집중하고 수행할 수 없다.
   ② 일상적인 과제를 거의 집중하고 수행할 수 없다.
   ③ 때로는 일상적인 과제에 집중하고 수행할 수 있다.
   ④ 일반적으로 일상적인 과제에 집중하고 수행할 수 있다.

2. 아동은 집이나 학교에서 다른 사람이 지시한 활동을 하고 있을 때 자기 연령에 맞는 방식으로 일상적인 과제에 집중하고 침착하게 수행할 수 있는가? 아동은…….
   ① 일상적인 과제에 집중하고 수행할 수 없다.
   ② 일상적인 과제를 거의 집중하고 수행할 수 없다.
   ③ 때로는 일상적인 과제에 집중하고 수행할 수 있다.
   ④ 일반적으로 일상적인 과제에 집중하고 수행할 수 있다.

3. 아동은 자신의 충동, 두려움 그리고 불안감을 제어할 수 있고 약간의 지원을 받으면 진정될 수 있는가? 아동은…….
   ① 자기 조절을 할 수 없다.
   ② 만약 감정이 강렬하지 않다면 비로소, 드물게 자기 조절을 할 수 있다.
   ③ 때로는 강한 감정에도 자기 조절을 할 수 있다.
   ④ 스트레스를 받더라도 자기 조절을 할 수 있다.

2단계: 세상에 참여하기

2개월이 되면 당신의 아동은 당신과 함께 참여할 준비가 되어 있다. 참여란 당신이 미소를 지으면 아동이 반응을 하거나, 아동이 애정이 가득한 소리를 내면 당신이 답해 주어 리드미컬한 음성 상호작용을 하는 것이며, 이는 앞으로의 시간 동안 더 계발해 갈 유대감을 형성하는 것이다. 이것은 즐거움을 주고받는 친밀한 관계의 시작이다. 관계에서 참여는 우리 자신보다 더 큰 세상이 밖에 있다는 것을 배우는 방법이다. 우리가 정서와 사회적 상호작용에 대해 배우는 방법이다. 당신과의 지속적인 관계는 신뢰, 안정감 및 친밀감이 형성되게 한다. 우리 모두가 성취하고 완전해지고자 추구하게 하는 기본 구조이다.

조금 더 나이가 있는 7세 정도의 아동에게 참여는 무엇을 의미할까? 만약 아동이 교사와 관계를 맺고 정서적으로 연결되어 있다면, "조지 워싱턴이 누구였니?"라고 교사가 물었을 때 아동이 대답하는 데 어려움을 느끼더라도 교사의 생각에 자신의 아이디어가 연결되기를 원할 것이다. 아동이 교사와 형성한 긍정적인 관계는 아동을 노력하게 만들 것이다. 실제로 역사 속의 인물(또는 일상생활)에 대한 의견을 갖는 능력은 다른 사람들의 감정에 대해 배우는 관계의 일부분이 되어 본 적이 있는가에 달려 있다. 아빠를 보자마자 크게 뜬 눈과 미소가 행복을 드러내는 4개월 된 아기의 모습도 마찬가지이다. 이 몸짓, 아빠를 위한 특별한 이 미소는 자기 감정에 차이를 두고 아빠와 관계를 맺는 것으로, 비록 아직은 단어로 생각하지 못할 정도로 어리지만 사고에 있어 중요한 요소이다.

조나

11개월 된 조나(Jonah)는 엄마 무릎에 앉아, 엄마의 귀를 탐구하고, 바라보고, 살짝 잡아당기고, 까르륵거리며 그에 대한 경이로움을 표현한다. 엄마는 아동의 호기심에 대한 공감과 감탄을 암시하듯 아동이 내는 소리에 억양을 바꿔 가며 모방한다. 엄마는 조나가 자신의 귀를 더 쉽게 볼 수 있도록 머리를 더 숙이고 서로 비슷함을 보여 주기 위해 조나의 귀를 부드럽게 만진다. 조나가 엄마와 자신의 귀에 손을 얹고, 각자의 귀를 충분히 탐색하고 난 후에 엄마는 다른 쪽 귀를 보여 준다. 그러는 동안 내내 부드러운 소리를 내며 아동의 음성에 대해 반응해 주고, 눈을 맞추며, 눈썹을 들어 올리고, 기분 좋은 놀라움을 얼굴로 표현하며 귀의 딱딱하고 부드러운 촉감을 발견해 간다.

엄마는 조나의 주도를 따르고 끊임없이 조나와의 시각적, 음성적, 몸짓 연결을 유지한다. 엄마는 좋은 플로어타이머[혹은, 이 단계라면 더 정확히 말해 무릎에서 이루어지니 랩타이머('Laptimer')]이고, 자녀가 지속적으로 참여하게 만든다. 이런 방식의 다양한 게임을 통해 두 사람은 귀와 코, 무릎과 팔꿈치 그리고 발과 손을 함께 탐구할 수 있다. 놀이 중에 조나는 많은 감각과 운동 기술을 사용한다. 열정적인 상호작용을 통해, 엄마는 세상을 향한 조나의 호기심을 사로잡는다. 바로 이 호기심이 발견과 모험심에 대한 아동의 감각을 자극한다.

아주 어리다고 하더라도 아동이 관계를 맺고 있는지의 여부는 다음의 질문들로 알아볼 수 있다. "내 아이가 나랑 놀고 싶어 하는가? 아이는 듣고 입으로 소리를 내는가(혹은 약간 나이가 있다면 말을 하는가)? 아이가 나를 향해 움직이고, 나를 만지고, 내 냄새를 맡는가(혹은 심지어 입에 넣고 맛보려고 하는가)? 우리는 서로 동기화되어 있는가?" 이러함 감각은 우리가 보게 되듯이 배움의 뿌리가 되고, 아이디어가 형성될 수 있는 정보를 가져온다.

아동을 자극하고 관계를 맺기 위해 지나치게 열심히 노력함으로써 당신이나 아동이 그 힘겨움에 압도되는 일은 누구도 원치 않는다. 처음에는 어떤 나이의 아동과 있든 우리의 가장 중요한 작업은 재미를 느끼고 아동의 주도를 따라가는 것이다. 리듬을 생성하는 것은 나머지 필요한 모든 것을 나타나게 해 준다. 이렇게 하려면 약간의 조정이 필요할 수 있다. 우리 중에 좀 더 움직임이 적은 성향의 사람들은 조용한 아기의 관심을 끌 만큼 충분히 움직이지 않을지도 모른다. 에너지가 넘치는 활동가 유형은 아동의 생각을 충분히 발전시키지 못하게 할 수 있어 속도를 늦출 필요가 있을 수도 있다. 지금 당신과 자녀의 성향을 생각해 보고, 자녀의 관심을 연결하고 참여시키기 위해 무엇을 해야 할지 고려해 보아라. 필요한 것이 무엇인지 알고 있다면 그 누구든 변화를 만들 수 있다.

모든 연령에 참여하기

나무 몸통은 이른 나이에 매우 빠른 속도로 크기 때문에 당신의 아동은 곧 다음 단계의 사고를 하게 될 것이다. 그러나 기억하라. 아동의 나이에 상관없이 당신과 놀거나 수다를 떨 때마다 보다 복잡한 상호작용에 들어가기 전에 아동이 주의를 기울이고 관여를 하는지 확인해야 한다. 당신이 바닥에 앉아 있거나, 식탁이나 차 안에 앉아 있을 때, 당신 스스로에게 가장 먼저 물어볼 질문은 다음과 같다. "나는 아동의 관심을 받고 있는가? 아동은 나와 함께 참여를 하고 있는가?"

나이가 조금 더 있는 아동들을 위한 몇 가지 예들이 있다. 방학 날, 친구들이 바빠서 4세 아동이 하루 종일 혼자서 놀고 있다. 이 시점에서 아동은 자신의 조랑말이 주변을 뛰게 만들고 있다. 엄마는 다른 조랑말을 집어 들고 조랑말이 얼마나 귀여운지에 대해 이야기하며 열광적으로 "멋진 조랑말이야."라고 말을 건네고, 아동의 조랑말과 함께 달려도 되는지 물어본다. 이야기나 주제를 바꾸기보다는 엄마가 놀이 시나리오의 일부가 되어 자녀가 조랑말과 함께 노는 것을 유지하고 드라마에 들어갈 수 있게 하는 것이다.

만약 아빠가 매일 빈둥거리며 공상하기를 더 좋아하는 8세 아들과 놀기를 원한다면, 아빠는 스스로에게 질문을 먼저 던져 볼 수 있다. "무엇이 내 아들로 하여금 나와 시간을 보내고 싶게끔 끌리게 만들 수 있을까? 학교 친구, 반려동물, 스포츠 행사?" 가장 가능성이 높은 것을 선택하고 그것에 관해 대화를 시작하면 아들을 끌어들일 수 있다. 만약 이번에 잘 안 풀렸다면, 아빠는 잠시 기다리고 도입부와 접근법을 바꾸어 나중에 다른 주제를 시도할 수도 있다.

만약 당신이 잔소리를 하거나 아동이 관심 없는 주제로 시작한다면 지게 된다. 아동의 긍정적인 관심사에 맞추라. 거기에 그들의 정서가 있다. 정서는 모든 것을 연결하고 실행하는 본질이다. 이것은 각각의 사고 단계 모두에 해당된다. 정서를 이용하는 것의 효과는 초기 단계에서 가장 발견하기 쉬운데, 이때 아동의 관심사를 예측하기가 더 쉽기 때문이다. 하지만 거기서 비롯된 정서와 관계는 우리를 어떤 나이든 간에 상관없이 세상에 연결시켜 주며, 이를 통해 우리는 계속해서 더 많은 정보를 얻고 더 높은 사고 단계를 만들어 낸다.

2단계: 세상에 참여하기

1. 아동이 속상해하거나, 감정적으로 벅차거나, 어떤 종류의 불편함을 느낄 때, 전형적으로 아동은…….
   ① 물러난다.
   ② 위안을 얻기 위해 누군가를 찾아보지만 없고 자신감이 없다.
   ③ 누군가를 찾아보지만, 과한 상태에선 세상을 차단하고 물러난다.
   ④ 친밀감을 느끼는 누군가에게서 위안을 찾는다.

2. 또는 당신의 아동이 속상해하거나, 감정적으로 벅차거나, 어떤 종류의 불편함을 느낄 때, 전형적으로 아동은…….
   ① 과도하게 활동적이며 정신이 없다.
   ② 주위에 있는 사람이면 누구든 위안을 갈구한다.
   ③ 양육자를 찾지만 감정이 심하게 벅찬 상태에서는 적극적이고 무분별해지며, 아무나에게 친밀감을 갈구한다.
   ④ 양육자 혹은 익숙한 사람을 찾는다.

3. 당신이 아동과 상호작용할 때, 전형적으로 아동은…….

① 참여하지 않고 또는 차갑고 냉담하다.

② 아동은 무언가 원할 때 더 많이 참여한다.

③ 일부 시간 동안은 따뜻하고 관심을 보인다.

④ 따뜻하고 관심을 보인다.

3단계: 상호작용과 의사소통

아동의 사고는 매우 빠르게 발전한다. 4개월 정도 지나면 벌써 단계를 하나 더 추가할 준비가 되어 있다. 이 단계는 상호작용의 단계인데, 그저 상호작용을 한다는 사실에 그치는 것이 아니라 어떻게 상호작용하는지가 중점이다. 아동은 이미 상호작용을 한다는 전자를 이루어 냈다. 이제 아동은 신호를 읽고 그에 반응한다.

상호작용이란 언어적이든 비언어적이든 간에 대화의 순환은 연속적인 흐름이고 소통의 순환이 만들어지는 것을 의미한다. 당신이나 자녀는 소리 또는 몸짓으로 소통의 순환을 연다(나이가 더 많은 아동들은 분명히 코멘트나 질문을 함으로써 시작할 것이다). 그리고 함께한 대상은 직접적으로 노력에 대한 반응함으로써 의사소통의 순환을 닫는다. 의사소통의 순환은 당신 또는 자녀가 어떤 것을 단순히 말하는 것보다는 항상 양방향으로 의사소통하는 것이다. 놀이나 즉흥적인 상호작용을 하는 동안에 당신은 단어 혹은 몸짓으로 의사소통의 순환을 열거나 닫고 있는지에 대해 의식할 수 있으며(만약 아동이 언어를 사용한다면 단어와 몸짓을 둘 다 사용하는 것이 이상적일 것이다), 지속적으로 소통의 순환을 열고 닫으며 수많은 소통의 순환을 이어가고 있음을 알 수 있다.

비언어적 의사소통

아직 언어가 불분명한 어린 아동이라면 우리의 상호작용은 연속적인 많은 몸짓으로 이루어질 것이다. 예를 들어, 아동이 공을 가지고 있고 아빠가 손을 내밀며 공을 달라고 한다. 아동은 아빠의 손에 공을 올려놓는다. 아빠는 공을 아동에게 돌려주고, 아동은 공을 가져간다. 이때 두 개의 순환이 만들어졌다. 각 순환마다 아빠가 순환을 열고 닫았으며 지속적인 흐름으로 주고받았다. 이러한 활동을 몇 차례 반복한 후에, 아빠는 아동이 공을 볼 수 없도록 손바닥을 뒤집어 변화를 줄 수 있다. 아동은 공이 어디로 갔는지 궁금해한다. 그러면 아빠는 다시 아동에게 공을 보여주고, 아동은 공을 가져간다. 더 긴 순환이 만들어진 것이다. 8개월 된 빌리(Billy)가 딸랑이를 달라고 손을 내밀 때와 똑같다. 엄마는 딸랑이를 좀 더 높이 들고, 빌리는 그것을 잡으려고 더 멀리 뻗는다. 엄마는 빌리가 그것을 잡을 수 있게 해 준다.

의사소통의 순환, 즉 열고 닫는 것, 지속적으로 주고받고 흐르는 것은 아동들에게 의도적이거나 논리적으로 되는 법과 세상에서 일이 어떻게 일어나는지를 가르쳐 준다. 그것은 원인과 결과를 이해하는 것의 시작이며, '내가 손을 뻗으면 나는 딸랑이를 잡을 수 있다.'고 깨닫게 되는 순간이다. 처음 두 개의 이정표와 마찬가지로, 대화의 기반은 정서적인 연결이며 이 연결이 순환을 계속 돌게 한다.

언어적 의사소통

더 나이가 있는 아동이라면 이러한 대화의 순환들은 진정한 대화가 된다. 6세의 모니카(Monica)는 수업 중에 손을 올리며 질문하는 것으로 순환을 연다. 그러면 교사는 "그래, 무슨 말을 하고 싶니?"라고 말한다. 모니카가 대답하며 순환을 닫는다. "어제 제가 무엇을 했는지 반 친구들과 나누고 싶어요." 아주 간단한 순환이다. 아동은 손을 들고, 교사가 질문을 하면 아동은 말하게 된다. 그러나 이렇게 기본적인 의사소통들이 정교한 대화와 높은 수준의 사고로 이어지게 해 준다.

정말 좋고 잘 흘러가는 대화는 아동이 이미 관심을 갖고 있는 것으로 시작된다(아동의 주의를 끄는 것으로 시작한다). 공룡일 수고 있고 생일선물로 받고 싶은 것에 대한 것일 수도 있다. 새로 만난 강아지나 축제에서 탈 수 있는 조랑말일 수도 있다. 왜 부모는 늘 불공평한지 혹은 왜 학교는 이리 끔찍한지에 대해 말할 수도 있다. 아동의 관심, 경험 및 감정적인 참여가 있는 지점에 가면 대화가 오랫동안 지속될 수 있다. 더 길수록 좋다. 바닥에 앉아서 대화하든, 혹은 저녁식사 시간이든, 또는 차 안이든, 공원에서 산책할 때든 몸짓과 단어로 오랫동안 대화할 때, 아동은 수많은 아이디어를 연속적이고 순서화하는 방법을 배운다. 그리고 의미 있고 타인과 주제에 반응하는 방식으로 배우는 것이다.

사만다

5세의 사만다(Samantha)는 집으로 데려오기로 한 토끼에 대해 아빠와 이야기하고 있다. 아빠는 사만다에게 토끼의 이름을 묻는다. “모르겠어요.”라고 사만다는 말한다.

“아마 나는 풀썩이 또는 복실이 같은 이름으로 지을 것 같아요.”

“선택하기 어렵네. 왜 풀썩이가 좋은 이름이라고 생각하니?”

“그게, 우리 토끼 귀는 풀썩 처져 있잖아요.”

“맞아, 그 토끼는 그런 종이었지. 귀가 풀썩 내려앉아 있는 애였어. 좋은 이유구나. 복실이는?”

“그게요.” 사만다가 말한다. “털이 복실복실하잖아요.”

“그래.” 아빠가 말한다. “사실이야. 그래서 어떻게 결정할 거니?”

“모르겠어요.” 사만다가 대답한다.

“집에 도착하기 전에 결정할 것 같니?” 아빠는 말한다.

“음, 아마도요.” 그리고 계속해서 대화가 이어진다.

사만다는 하루 종일 토끼에 대해 완전히 사로잡혀 있어서 아빠는 아이와 길고, 정서적으로 의미 있는 대화를 나누기가 쉬웠다. 하지만 처음에는 한 살 혹은 두 살짜리와 같은 기나긴 몸짓의 교환을 해야만 했다. 물론 대화가 항상 쉽게 이루어지는 것은 아니다. 틀에 박힌 전형적인 예시로는 어린 소년이 떠오르는데, 이 소년을 빌리라고 부르도록 하자. 빌리는 학교에서 집으로 돌아왔다. 빌리가 집에 오자 엄마가 묻는다.

"잘 다녀왔니?"

"네."

"학교는 어땠어?"

"괜찮았어요."

"오늘 뭐 했어?"

"아무것도요."

그리고 빌리는 자기 방으로 들어갔다. 비록 아동은 엄마의 질문에 대답했지만, 이것은 지속적인 흐름이 아니다. 넘기 어려운 벽이다. (물론 이것은 모두 상대적이다. 빌리가 여태 말을 한 적이 없다가 갑자기 이런 말을 한 거라면 응원하고 앞으로 쌓아 나갈 순간이었을 것이다.) 제대로 된 대화를 하려면 엄마는 아동이 무엇에 가장 관심이 있는지를 알아내고 대화의 시작으로 그것을 이용해야 한다. 계속 노력하는 것이 중요하다. 대화에 참여하기 어려워하는 아동은 연습이 필요하다. 이 영역이 약하다는 것은 주의력 문제 및 다른 학습 어려움을 암시한다.

공동균형 잡기

때때로 더 나이가 있는 아동과 있을 때는 '말을 물가로 애써 데려갔는데도 물을 마시게 만들 수가 없는' 상황 속에 있는 자신을 발견한다. 빌리와 마찬가지로 노력을 해도 흐름이 생기질 않는 경우 말이다. 우리가 '공동균형 잡기(counterbalancing)'라고 부르는 비결이 아동을 이끄는 것에 도움이 될 수 있다.

공동균형을 맞춘다는 것은 부모, 교사 혹은 양육자가 아동의 자연스러운 성향이나 특정한 기분을 조화시키는 것을 의미한다. 예를 들어, 만약 아동이 수동적이고 무관심하다면 당신은 역으로 열정적인 반응을 해 주는 것이다. 엄지손가락을 빨면서 멍하니 누워 있는 아동이라면 당신은 그와의 상호작용을 자극하기 위해 반대로 생기를 더한다. 만약 아동이 속상해한다면 같이 속상해하며 감정적인 불에 부채질을 할 것이 아니라 평소보다도 더 부드럽게 달래 주는 것이다. 만약 아동이 몸을 가만히 두지 못하고 소리 지르며 야생마처럼 뛰어 다닌다면, 아동의 관심을 얻기 위해 침착하게 행동하는 것이다.

아동이 가족과 상호작용하는 방식은 세상과 상호작용하는 방식이 된다. 만약 아동이 끊임없이 감정적으로 벅찬 상태라면 상황에 감정적으로 압도당하여 세상을 차단해 버릴 수도 있을 것이다. 그러나 만약 당신이 그 패턴을 바꾸어 아동의 감정을 조절하도록 도와준다면, 아동은 시끄러운 소리에 자신을 자극할 때 스스로 교실의 구석으로 가서 자신을 진정시키거나, 보건실에 갈 것을 요청할 수 있을 것이다. 아동은 침착하게 진정된 상태가 어떤 느낌인지 경험해 보았기 때문에, 그 상태로 되돌아가고 싶어 하는 마음에 전략을 스스로 찾을 것이다.

빌리를 참여시키려면 엄마는 어떻게 해야 할까? 빌리의 반응을 보면 명백히 엄마의 여는 말 주제인 빌리 자신이 어떤지에 대한 것, 학교 또는 활동에 관심이 없다. 엄마는 아들을 가장 잘 알고 있다. 엄마는 자신이 알아내고 싶은 것이 아니라 빌리의 흥미에 관심을 기울일 필요가 있다. 축구경기에 관한 것이든, 아빠와 특별한 활동을 하는 것이나 특정한 친구를 만나러 갈 계획을 짜든, 첫 "안녕" 이후, 아동이 귀를 기울일 만한 것을 제공해야 한다. 그래야 대화가 흘러갈 것이다.

3단계: 상호작용과 의사소통

1. 몸짓으로 아동과 상호작용을 할 때(예 : 미소를 지어 준다거나 웃긴 표정을 만들 때), 아동은…….

① 거의 반응을 하지 않거나 상호작용을 하지 않는다.

② 몸짓이나 얼굴 표정을 반복해야만 반응한다.

③ 혼란스러워하며 상호작용을 멈춘다.

④ 정서적인 몸짓이나 표정을 이해할 때는 반응을 하지만, 이 이해력은 특정 감정에 제한된다.

⑤ 반응을 하며 넓은 범위의 정서적인 표현을 명확히 이해한다.

2. 아동과 상호작용을 할 때, 아동은…….

① 정서적 몸짓과 표정을 먼저 시작하지 않는다.

② 무언가 신날 일이 있을 때 몸짓과 표정을 사용한다.

③ 제한적인 감정의 범위 내에서 몸짓을 시작한다.

④ 넓은 범위의 정서적 몸짓과 표정을 시작하는 것을 편안해한다.

3. 당신이 아동과 상호작용을 하거나 놀 때, 아동은…….

① 대화를 지속하지 못한다.

② 아주 짧은 대화만 지속할 수 있다(20~30초).

③ 가끔 긴 대화를 지속할 수 있다(5~10분간 몸짓과 대화 가능).

④ 대부분의 시간 동안 긴 대화를 지속할 수 있다.

4단계: 문제 해결 공유하기

11개월 정도 된 아동이 양방향 소통을 잘 해낸다면 아동의 사고력은 4단계로 넘어갈 것이다. 우리 이 단계를 '함께하는 사회적 문제 해결 단계'라고 부른다. 이제 아동은 생동감 넘치는 몸짓과 음성으로 자기가 원하는 것에 대한 신호를 표현할 수 있다. 원하는 것을 얻었을 때 아동은 세상에 대한 그의 영향력을 느낄 것이다. 한 살짜리 아동에게는 꽤 강력한 경험이다.

13개월 된 아동은 아빠의 바지를 잡고 장난감 서랍 방향으로 당기고, 안아 올려 달라고 두 팔을 뻗고, 제일 좋아하는 장난감 트럭을 가리키며 긴급하게 "우우" 하는 소리를 낼 수 있다. 문제 해결 파트너인 아빠는 손짓으로 반응하며, "저 위에 있는 것을 원하는 거니?"라고 묻는다. 조이(Joey)는 아빠가 자신을 들어 올려 트럭을 가리킬 수 있을 때까지 "우웅" 하는 소리와 몸짓으로 반응한다. 이 성공이 계속 반복되면, 조이는 하나하나의 의사소통 조각을 모으면 큰 패턴이 되고 문제를 해결할 수 있다는 중요한 것을 배우게 된다. 조이는 패턴에 대한 이해(지금의 경우엔 언어적 · 비언어적 교환)를 점진적으로 강화할 것이고, 체계적인 방법으로 자신이 원하는 것이나 필요한 것을 위해 이를 사용할 것이다.

공유하는 사회적 문제 해결 능력은 이른 나이에 시작되며 우리의 생애에 걸쳐 계속 이어진다. 이전에 말한 상호작용과 의사소통의 전 단계들처럼 이 또한 더 높은 단계의 사고력의 기반이 된다. 실제로 이는 과학적 사고, 실험과 혁신적 사고의 시작이다. 문제 해결을 잘 못하는 아동들은 체계가 없거나 충동적이거나 목표가 없거나 비논리적으로 보이곤 한다. 이는 자신의 욕구를 성공적으로 표현할 수 있는 방법을 아직 찾지 못했기 때문이다. 그들은 아직 자신들이 원하는 것을 위해 행동과 말을 구성하지 못하는 것이다.

장난스러운 방해

처음으로 플로어타임에 대해 논의했을 때 우리는 이 전략을 언급했다. 장난스럽게 아동을 방해하는 것을 통해 도전자인 당신이 만들어 낸 문제를 아동이 해결하도록 격려하게 된다. 예를 들면, 아빠가 갑작스러운 소란과 마주쳤을 때 딸이 소통을 하도록 그 부정적인 감정의 공동균형을 잡으며 하나의 작은 비결을 사용한다.

레이첼과 당근

레이첼(Rachel)이 높은 의자에 앉아 저녁 식사를 하고 있다. 20개월의 레이첼은 으깬 감자를 바닥에 던지며 불평을 한다. "싫어! 싫어! 싫어!" 높은 의자에서 나오려고 발버둥 치며 자신의 등과 머리를 흔들며 투정한다. 아빠가 감자를 먹어야 한다고 주장한다면 아주 큰 마찰이 일어날 상황이다. (그리고 이 나이라면 아빠가 아동에게 질 확률이 높다.) 아동의 부정적인 상태를 공동균형 맞추기 위해 아빠는 다른 방법을 선택한다. 아빠는 레이첼의 "싫어."를 모방하며 열정적으로 고개를 흔들고 팔을 들어 춤을 추는데 상황이 이해가 안 간다는 표정을 내내 지었다. 그러고는 침착하게 물어보았다. "그럼 무엇이 먹고 싶은데?" 아빠의 가볍지만 흥미로운 반응에 레이첼은 당근을 가리킨다. 아빠는 당근과 감자가 들어 있는 그릇을 가까이 당긴다. 아빠는 장난스럽게 한 손으로는 감자를, 다른 한 손으로는 당근을 가린다. 레이첼에게 아빠는 원하는 것을 가리키라고 말하고, 자신의 손을 재빨리 움직이며 밑에 무엇이 있는지 살짝 보여 준다. 이쯤이면 레이첼은 침착한 상태로 집중하고 있다. 아동의 눈은 기대감이 가득하다. 아빠는 일부러 레이첼의 선택을 이해 못한 척하며 더 표현을 하도록 격려한다. 레이첼은 아빠의 손을 지켜보고 아빠가 다시 손을 치울 때까지 당근을 향해 몸짓을 한다. 작은 미소, 작은 음성으로. 이제 당근은 레이첼의 것이다. 망설임 없이 레이첼은 작은 감자도 조금 먹어 본다. (사실 항상 이렇게 쉽게 해결되지는 않지만, 가끔은 통한다.)

레이첼 아빠의 노력은 인정해 줘야 한다. 레이첼이 쉽게 따라 주지 않을 상황이었지만, 아빠는 조금의 노력으로 아동의 부정적인 감정을 덜어 냈다. 그는 감자를 회피하고 레이첼의 관심의 초점을 다시 맞춰 주의를 사로잡았다. 아빠는 레이첼의 싫증내는 기분을 공동균형 맞추어 '대화'를 했다. 그런 다음, 장난스럽게 방해하듯 아동이 원하던 당근을 집을 수 있게 작은 놀이를 만들어 내었다. 까꿍놀이의 맥락 내에서 그는 아동에게 몸짓과 표정과 함께 질문했다. 그는 아동이 자신만의 고집스러운 정신상태에서 벗어나게 하고 자기가 원하는 것을 위해 아주 조금 노력하게 만드는 것으로 아동을 사로잡았다. 이렇게 아동을 사로잡는 것은 플로어타임의 원칙이다. 그는 단순히 당근을 건네 준 것이 아니다. 그는 레이첼에게 도전을 주었고, 레이첼과 레이첼의 욕구 사이를 아주 부드럽게 방해했다. 아동에게 선택권을 제공함으로써 어느 정도의 제어권을 주었고 문제를 해결하게 해 주었다.

이런 거래의 첫 수는 또 다른 종류의 소크라테스식 도전인데, 멍하니 자신만의 세상에 몰두하는 친구, 자기 자신과 일방적으로만 소통하는 것이 일상적인 친구에게도 효과가 좋다. 당신은 왜 그런지 알아차렸을지도 모른다.

타인에게 완전히 무관심한 아이, 예를 들어 바닥에 앉아 장난감 자동차만 끝없이 굴리는 아이와 그 어떤 식의 상호작용이든 끌어내고 사고력을 강화하기 위해서 아빠는 자신을 흥미롭게 만드는 동시에 아동의 놀이에 끼어야 하지만 침범해서는 안 된다. 그는 브래들리의 엄마처럼 할 수는 없을 것이다. 어느 방면에서 보면 그 순간에 아동이 아빠를 원하는 것은 사실 아니기 때문이다. 눈에 보이는 시야 내에서 가장 큰 쓰레기더미인 척할 수도 있지만, 이런 유형의 아동은 아빠의 존재를 거의 인식하지 못한 채 아빠 주변에서 차를 돌리고 굴릴 뿐일 것이다.

대신 아빠는 더 생기 넘치는 모습으로 시작할 수 있다. 음성과 몸짓에 더 많은 표현과 감정을 담아 멋진 차나 경주를 하는 아들의 실력에 대해 코멘트할 수 있을 것이다. 이것이 효과가 없다면 그는 브래들리의 엄마를 모방하되 더 단호하게 모방할 수도 있을 것이다. 그는 한 발은 여기, 한 발은 저기에 두어 특정한 길을 막아 새로운 게임으로 만들어 갈 수 있을 것이다. 아동이 만약 정말 까다롭고 부정적이고 예민하다면, 아빠는 아동을 참여하게 만들 때 아동에게 허락을 구할 수도 있다. 장소를 이리저리 뛰어다니며 "여기, 여기 그리고 여기에 차가 지나갈 수 있는지 한번 볼까?" 하고 묻는 것이다. 만약 아동이 싫다고 말하면, 아빠는 적어도 아들이 닫았던 한 개의 소통 순환을 연 것이다. 그것이 시작이다. 온화한 고집이 있다면 이 작은 아동과의 문제는 곧 해결될 것이다.

4단계: 문제 해결 공유하기

1. 도움이 필요한 상황에서, 아동은…….

① 단어나 몸짓을 거의 혹은 전혀 사용하지 않아 무엇을 해 주길 원하는지 알려 주지 못한다.

② 어쩌다 한 번 단어와 몸짓을 사용하지만 어려워하고 결국 포기한다.

③ 무엇을 해 주길 바라는지 이해할 때까지 알려 주지만 상대가 이해하지 못하면 같은 혹은 아주 비슷한 몸짓이나 음성 지시를 반복한다.

④ 무엇을 해 주길 바라는지를 이해할 때까지 알려 주지만 상대가 이해할 때까지 지시사항을 수정하고 바꿀 수 있다. (무엇을 원하는지 다른 방식으로 계속 표현이 가능하다.)

2. 아동은 특정 책을 찾고, 특정 페이지를 찾아 그림이나 글을 읽어 내는 것처럼 일련의 문제 해결 단계를 밟을 수 있는가? 아동은…….

① 전혀 하지 못한다.

② 가끔씩 가능하다.

③ 시도할 때 절반 정도는 성공한다.

④ 매번 가능하다.

5단계: 아이디어의 유의미한 사용

두 살 정도가 되면, 아동은 한 곳을 가리키며 묻는 것을 졸업하기 시작하고 단어로 묻는 단계에 들어서게 된다. 30개월이 된 조이는 단순하게 선반에 있는 장난감을 가리키고 아빠 옷을 잡아당기는 대신 자신이 원하는 것이 무엇인지 말할 수 있다. "장난감 주세요." 아동의 감정은 의미를 갖고 상징(예: 단어)에 투자한다. 부모는 아동의 의견에 관심을 보이고 아동이 커 가면서는 일상생활에 대해 물어보는 것을 통해 아동의 유의미한 언어 사용을 확장해 준다.

상징과 상상력

아동은 단어를 사용할 수 있게 되면 상상력을 실험하기 시작한다. 아동이 감정적으로 마음을 주고 있는 주제를 만나게 되면 환상의 비행이 시작된다. 3세 아동이 만약 저녁식사 때 자신이 가장 좋아하는 음식에 대해 말하고 있다면, 아빠는 아동에게 좋아하는 음식을 전부 넣어서 만든 새로운 메뉴를 만들어 달라고 할 수 있다. 아동은 "사과소스 피자" 또는 "닭고기 브라우니" 같은 말을 할 수도 있을 테지만, 부모는 아동의 창의성에 감탄하기 쉽고 즐거울 것이다. 모든 어린 아동에게 있어서 상상의 세상은 창의성과 언어 사용에 푹 빠지게 한다. 조금 더 나이 있는 아동들의 경우 상상력은 노래를 만들고, 이야기를 지어내며, 게임의 새로운 규칙을 만들고, 새로운 춤을 만들어 내거나 그 외의 수많은 것으로 이어진다.

학교에서의 언어(단어)와 상징

학교는 집만큼이나 창의성과 상상력에 중요한 곳이 될 수 있다. 혁신적인 생각은 과학, 기술 그리고 예술의 기초가 된다. 그리고 우리는 이걸 끌어내릴 기계적인 학습과 암기 학습에 집중하고 싶지 않다. 당신의 아동이 이후 성인으로서의 추상적인 사고와 문제 해결 능력 그리고 성공에서 일반적으로 다른 그 어떤 기술보다도 창의성에 더 비중을 둘 것이다. 그렇다고 해서 이 요소들을 무시해도 된다는 뜻은 아니지만, 창의성을 증진시키는 것이 필수적임을 의미한다. 아동의 창의력을 위한 당신의 격려가 극히 중요하다는 뜻이다.

예를 들어, 아프리카에서 동물들에 대해 공부하고 난 후 1학년 교사는 왜 코끼리가 흙을 빨아들여 자신의 등에 뿌리는지, 왜 기린은 목이 그렇게 긴지, 왜 사자는 울부짖는지에 대해 생각해 보라고 할 수 있다. 실질적인 이유가 많이 나올 수 있고, 그럴듯한 이유도 많을 수 있다. 또한 모든 아동은 저마다의 생각이 있을 것이다. 혹은 상상의 원정을 떠나 만일 영양이 캥거루처럼 깡충 뛰어야 했다면, 혹은 코끼리가 나무에 올라가야 했다면 어땠을지를 탐험해 볼 수도 있다. 아동들은 그게 어떤 모습일 것 같은지 모방해서 보여 줄 수 있다. 이를 위해서는 먼저 과학적 사실을 잘 이해해야 한다. 하지만 이런 질문들은 정해진 굴레 밖에서 생각해 보고 자신만의 생각으로 재미를 볼 수 있도록 해 준다.

더 나이 있는 아동에게도 같은 원칙이 적용된다. 예를 들면, 미국 독립전쟁을 공부하고 있는 6학년 아동을 생각해 보자. 아동은 이 전쟁이 일어난 이유와 각 전쟁에서 누가 이겼는지, 워싱턴 장군이 어떤 일을 했는지를 배울 것이다. 아동은 논리적으로 사실을 이용하는 법을 배우고 있지만 사실을 창의적으로 사용할 줄도 알아야 한다. 예를 들어, "만약 네가 트렌턴 전투의 영국 장군이었다면, 너는 무엇을 어떻게 다르게 했을 것 같아?"라는 질문 이후에, "그랬다면 그게 그 전쟁을 바꿀 수 있었을까?"와 같은 질문은 상상력을 요구한다. 또한 사실에 상상력을 결합하면 아동은 그걸 훨씬 더 잘 기억할 것이다. 만일 자녀가 배움에 있어 어려움이 있다면 창의성은 더욱 중요하다. 이유인, 즉 창의성은 자녀가 사실을 기억하고 개념을 이해하는 자신만의 독특한 방법을 만드는 데 도움을 주기 때문이다.

좋은 학교와 재능 있는 교사들 그리고 많은 부모는 이미 이런 방법을 사용하고 있지만 아직도 충분히 강조되지 못하고 있다. 그러니 아동의 창조적인 생각을 즐기고, 창의성이 꽃피도록 해 주자. 목마를 타고 당신을 쫓는다고 상상하고 있는 두 살짜리 아동이든, 자기 전 밤에 더 어린 동생을 위해 즉흥적으로 이어지는 장대한 모험 이야기를 들려주는 10대 청소년이든 말이다.

5단계: 아이디어의 유의미한 사용

1. 아동이 어떤 상황에 반응하고 나서 당신이 아동에게 기분이 어떤지 물어보면, 아동은…….

   ① 무엇을 물어보는지 혼란스러워한다.

   ② 대답하기를 어려워한다.

   ③ 언어로 감정을 표현하지 못하고 대신 때리거나 매달리거나 신나는 표정을 짓는 것으로 감정을 보여 준다.

   ④ 일부 감정(예: 기쁨과 분노)은 묘사할 수 있지만 다른 감정은 표현하지 못한다. 특히 감정이 아주 클 때 그렇다.

   ⑤ 감정(예: 기쁨, 분노, 슬픔 등)이 아주 클 때도 불구하고 아주 넓은 범위로 자신의 감정을 명확히 말할 수 있다.

2. 아동이 친구와 상상해서 만들어 낸 이야기를 연기하며 놀 때, 아동은…….

   ① 아주 기본적인 상상의 아이디어조차 더하지 못한다.

   ② 이야기의 몇 요소를 발전시킬 수 있으나 구체적이지 못하고 동기나 감정이 없다.

   ③ 가끔 동기와 감정을 포함한 새로운 이야기의 흐름을 제안할 수 있다.

   ④ 거의 항상 동기와 감정을 포함한 이야기의 흐름을 만들 수 있다.

3. 아동에게 의견을 물을 때, 아동은…….

① 어떤 생각이나 의견도 내놓지 못한다.

② 생각이나 의견을 거의 내놓지 못한다.

③ 가끔 질문에 대해 의견으로 대답할 수 있다.

④ 거의 항상 의견으로 대답하고 가끔은 먼저 제시할 수 있다.

4. 아동이 또래와 게임을 하고 있거나 다른 활동을 할 때, 아동은…….

① 친구들과 전혀 아이디어를 나누거나 즐기지를 못한다.

② 친구들과 거의 아이디어를 나누거나 즐기지를 못한다.

③ 때로 친구들과 아이디어를 나누고 즐긴다.

④ 거의 항상 친구들과 아이디어를 나누고 즐긴다.

6단계: 논리적 사고

수지

수지: 밖에 나가고 싶어요.

엄마: 왜 나가고 싶니?

수지: 밖에서 그네 타고 놀고 싶어요.

엄마: 그네 타는 건 재미있어?

수지: 엄청 재미있어요.

이것은 단순한 교환이지만, 매우 중요하다. 세 살 반인 수지(Susie)는 그네를 타고 노는 자신의 아이디어와 엄마의 아이디어를 연결했다. 기본적인 질문인 '왜' 질문에 대답함으로써 수지는 논리적 사고 과정을 형성한다. (점차 그녀는 누가, 무엇을,

어디서, 언제에 관하여 생각할 수 있을 것이다.) 일단 수지가 그것에 익숙해지면, 삶에 있는 모든 것에 대해 '왜'라는 질문에 대답할 수 있게 되고, 모든 것이 어떻게 흐르고 그에 대해 자신은 어떤 기분인지를 이해하게 된다. 일정한 단계에서 '왜' 질문은 깨어 있는 모든 시간을 채우는 듯하다. 수지가 그 질문에 대답도 하고 스스로 질문을 만들어 내기도 하는 것이다.

더 정교한 사고방식은 각각의 성공적인 단계에서 진화한다. 점차 아동은 한 사건이 어떻게 다른 사건으로 이어지는지를 이해하게 되고("바람이 내 종이 집을 날려버렸어요."), 시간이 지남에 따라 생각이 어떻게 작동하는지("만약 내가 잘 행동하면 이따가 공원에 갈 수 있어."), 공간에서 사고가 어떻게 작용하는지("엄마는 지금 여기 없지만 가까이에 있어요.")를 이해하게 될 것이다. 아이디어는 감정("장난감을 받아서 행복해.")을 설명할 수 있으며, 모든 지식을 구성한다. 조금 더 나이가 든 조이는 선반 위의 장난감 물고기를 원한다. 아빠는 조이에게 왜 그걸 원하는지 물어볼 수 있게 되었다. 조이는 "내가 제일 좋아하는 거니까."라고 대답할 수 있다. 이러한 '왜'라는 질문에 쉽게 대답하는 단계에 오게 되면 더욱 복잡한 수준의 인과적 사고와 성찰을 가능할 수 있게 된다.

논리적 연결점 세우기

때때로 아동은 이 새로운 단계에 들어서게 될 때 도약을 하기 위한 지원이 필요하다. 자녀가 자신의 말과 당신의 말 속 아이디어를 연결하여 융합하는지 들어본다면 더 도움이 된다. 예를 들어, 엄마와 6세의 마이키(Mikey)가 학교에 관해 이야기를 하고 있다고 상상해 보자. 마이키가 말한다. "학교 얘기 안 할래요. 내가 제일 좋아하는 컴퓨터 게임 얘기 할래요." 마이키는 주제를 바꾸고 싶었고, 그렇게 하기 위해 논리적 연결점을 만들었다.

엄마는 "그래 알겠어, 네가 가장 좋아하는 컴퓨터 게임은 어떤 것이니?" 혹은 그

대신에 "1분 뒤에 그 얘기도 해 보자. 먼저, 오늘 선생님이 말씀하신 게 뭔지 끝까지 말해 줘."라고 대답할 수 있다. 다른 어떤 아동처럼 마이키도 당연히 상호적인 파트너로 엄마가 있어 줘야 하지만, 그는 생각을 꽤 잘 연결했고 전환을 했다.

반면, 제시카(Jessica)는 엄마와 학교에 대한 이야기를 하다가 갑자기 주제를 만화 인물로 바꿔 버렸다. 그래서 엄마는 "제시카! 우리 선생님 얘기하고 있었잖아. 선생님에 너에게 책을 읽지 못하게 했다며. 그런데 지금은 버즈 라이트이어에 대해 이야기하고 있구나!"라고 말했다. 그러면서 아동을 원래의 이야기로 돌아오게 하여 연결점을 만들게 해 주었다. 만약에 제시카가 "선생님 이야기는 이제 하고 싶지 않아요. 버즈에 대해 말하고 싶어요."라고 말하면, 엄마는 "그래, 알겠어. 내가 몰랐어. 우리 버즈에 관해서 이야기하자. 그런데 왜 선생님 이야기 대신에 버즈에 대해 말하고 싶어?"라고 물을 수 있다.

"아, 왜냐하면 선생님이 오늘 나에게 소리쳤거든요." 아동이 논리적일 수 있게 도전을 주면서 엄마는 아동의 아이디어를 연결하도록 도와준다. 제시카는 연습이 필요하고, 시간을 들여 스스로 이런 연결점을 만들 수 있도록 배워야 한다. 만약 아동이 연결점을 만드는 데 도움이 필요하다면, 연결이 부족한 모든 대화에서 엄마가 개입하는 것이 필요하다. 세심하게 귀를 기울이며 아동을 다시 주제로 끌어들일 수 있도록 해야 한다.

이것은 왜 중요할까? 왜냐하면 논리적인 사고는 필요한 것과 원하는 것에 대한 '왜' 질문에 답하는 것보다 높은 사고력이며, 그보다 더 깊기 때문이다. 이는 우리 일상생활의 기초가 되어 주는 것이다.

아동이 무언가에 대해 이야기하다가 연결점 없이 갑자기 상상 속으로 빠져드는 순간에는 실제로 무슨 일이 벌어지고 있는 걸까? 아동은 사실 자신을 긴장시키는 주제를 피하고 있는 것이다. 아동은 환상 속으로 도망가고 있다. 환상은 좋지만, 어려운 주제로부터 연결점도 없는 회피일 경우는 그렇지 않다. 아동이 이야기 중간에 화제를 바꾸거나, 전혀 상관없는 듯한 말을 할 때, 당신은 혼란스러워하는 척하며 그 전환에 대한 도전을 줄 수 있다. 질문 또는 '가짜 혼란'은 비논리적인 탈출 경로를 차단하고 논리적인 경로로 다시 연결해 준다. 아동이 이러한 회피 기술을 더 자주 사용할수록 부모는 더 신속하게 아동을 논리적인 사고로 안내해 주어야 한다.

논리와 현실

논리적으로 생각을 연결하는 것은 현실을 이해하는 기초이다. 무엇이 진짜인지 아닌지를 구별하기 위해, 그리고 어떤 일이 일어나고 있는지를 판단하기 위해 아동은 자기 내면에서 겪는 경험과 바깥에서의 경험을 비교하고, 현실과 환상을 구분해야 할 필요가 있다. 당신과의 지속적인 상호작용은 이 구별을 도와준다. 지속적으로 '나'를 '내가 아닌' 맥락에 넣어 보게 되기 때문이다. 누가 '내가 아닌' 사람인지 인식하는 것은 아동의 세계 밖 외부적인 현실을 요구로 한다. 따라서 '현실 파악'은 타인에 대한 감각과는 다른, 자아에 대한 감각을 체계화하는 능력을 필요로 한다. 이러한 현실 파악은 논리적 사고의 중요한 토대로서, 독서, 수학, 글쓰기, 토론 그리고 과학적인 추론과 연관된 새로운 기술들로 이어진다. 논리적 사고가 없다면 사실은 종종 비현실적인 믿음을 뒷받침하는 데 사용된다.

정서와 논리적 사고

새로운 사고 단계에 올 때마다, 아동들은 감정의 최대 범위를 끌어당기고 다시 경험해야 한다. 논리적 사고 단계에서 이는 특별히 더 중요하다. 정서적 현실에 대한 발달의 시작은 다음과 같다. 자신의 감정적인 반응을 이해하고 표현하며, 다른 사람에게서 표현되는 감정의 미묘한 차이를 구별하는 법을 배우고, 그 과정에서 자신과 타인의 감정이 꼬이지 않도록 한다. 아동이 자기 주변에서 소용돌이치는 감정을 견딜 수 있게 하는 논리적인 통찰력을 가졌을 때 그는 자신의 상황을 더 잘 파악하고 미래에 대한 더 현실적인 관점을 얻을 것이다.

감정을 느낀다는 것은 감정을 표현하고 이해하는 것과 매우 다를 수 있다. 대부분의 사람은 성인, 아동 상관없이 아주 넓은 범위의 감정들을 갖고 있지만, 일부 사람들은 표현하는 법을 모르기 때문에 그 모든 것을 표현하지는 않는다. 아동이 감정을 표현하기 위해 창의적이고 논리적인 사고를 할 수 없어도 그러한 감정들이 사라지지는 것은 아니다. 대신에 그 감정들은 더 일반적이고 넓은 형태로 지속적으로 존재하며, 때로는 재앙적인 형태로 존재한다. 아동은 자신이 표현할 수 없는 감정을 성찰하고 다룰 수 없다.

당신의 자녀는 자신의 모든 감정을 설명하고 이해하고 있는가? 왜 슬픔에 빠졌는지, 왜 행복하고, 화가 났으며, 무서워하는지 이야기할 수 있는가? 또는 그저 화가 났다는 말만 반복하고 행복함에 대해선 말할 수 없는가? 혹은 그 반대인가, 아니면 그저 "기분 좋아요." "기분 나빠요."와 같은 일반적인 대답만 하고 구체적인 감정에 대해 묘사할 수 없는가? 아동의 가상 놀이에는 그런 구체적인 감정인 흥분, 열정, 기쁨, 두려움, 분노와 경쟁심과 같은 감정을 포함하는가? 예를 들면, "트롤이 너를 잡으러 온다!"거나 "바니는 포옹이 필요해."와 같이 말이다. 아동은 놀이나 일상생활에서 자신의 감정을 전부 내보일 수 있는가?

어느 감정을 전혀 모르는 것 같은 아동의 모습에는 여러 이유가 있겠지만 어떤 감정은 그 이유가 뚜렷하다. 예를 들면, 분노처럼 말이다.

분노에 관한 논의

모든 사람은 화를 낸다. 하지만 많은 사람이 분노를 구조적으로 표현하는 것을 어려워한다. 분노를 불편해하고 억제하는 부모는 대개 자녀의 놀이에 분노가 표현되기를 바라지 않고, 자녀가 화를 내지 않기를 바라며, 그들 자체도 분노에 대해 논하기를 원하지 않는다. 만약 분노가 '나쁜' 감정이기 때문에 부모가 화를 계속 감추려고 한다면, 아동은 화난 순간에 두 가지의 선택밖에 할 수가 없다. ① 폭발하고 통제력을 잃어버린다, 또는 ② 감정을 억누른다.

우리 모두 폭발적인 분노와 그 분노가 초래하는 파괴성을 목격했을 것이다. 억누르는 것은 눈으로 식별하기가 더 어렵다. 분노를 억누르고 억제하는 아동은 그 감정을 통제하기 위해 삶에 대해 수동적이고 전반적으로 조심스러워하게 된다. 이것은 위장 통증, 피부 발진 및 두통과 같은 신체적 증상뿐만 아니라 우울증이나 집착 및 강박 관념과 같은 상동행동과 같은 문제를 유발할 수 있다. 부모의 폭발적인 분노에 직면한 아동은 자신의 의견을 표현하기 너무 두려워서 분노를 감추는 것이 더 안전하다고 생각할 수 있다.

분노는 존재한다. 표현하지 않는다고 없어지는 것은 아니다. 화를 내는 것은 인간 삶의 조건의 일부분이다. 분노에 눈이 멀어버리거나 마음에 묻는 대신에, 우리는 화를 사회화하고 건설적이며 대응할 만한 것으로 만들기를 바란다. 아동이 표현할 수 있을 만한 것으로 만들기를 바란다. 그렇게 하기 위해서 우리는 먼저 의사소통을 할 때 분노의 표출을 허용해야 한다. 비언어적 시기인 유아의 경우 두드리고, 물거나 때리는 행동 대신에 찡그린 얼굴, 소리 지르기, 또한 팔을 움직여 분노를 표현할 수 있다는 것을 보여 줄 수 있다. 그런 다음 몸짓을 포함하면서 "무엇 때문에 그래?"라고 물을 수 있고, 그러면 아동은 다시 몸짓으로 대답할 수 있다. 결국에 이 다음의 사고력 단계에서 몸짓의 교환은 아동이 단어를 사용하여 "화났어."로 진화하게 된다.

아동이 논리적으로 생각하기 시작하면, 좋아하는 장난감은 감정적 표현을 위한 도구가 된다. 예를 들어, 아빠는 자신의 다리를 공격적으로 물고 있는 바비(Bobby)의 악어에게 "악어야, 너 왜 나를 물어뜯고 있니?"라고 물어볼 수 있다. 그리고 나서 바비가 "악어가 화가 났어요!"라고 말하면, 아빠는 화가 난 이유를 물을 수 있다. "나가서 놀고 싶대요."라고 바비는 말한다. 때로 아동들은 장난감을 통해 감정을 표현하는 것이 더 쉽다. 특히 부정적인 감정이나 아동이 불안하게 생각하는 감정의 표현이라면 말이다. 이는 덜 위협적으로 느껴지기 때문이다.

조금 더 나이가 있고 논리적인 정서 단계에서 감정을 꽤 잘 다루는 아동이라면, 엄마는 "오늘 왜 이렇게 화가 났어?"라고 직접적으로 물을 수 있다. "내가 TV 쇼를 보지 못하게 했어요." 그러면 엄마는 "그것을 봐야만 한다고 생각하니?"라고 묻고, 이에 아동이 "네" 하고 답하면 "하루에 6시간 동안 TV를 봐도 된다고 하는 생각은 어디에서 온 거야?"라고 말할 수 있다. 논쟁의 여지가 있는 토론이 의심 없이 시작되었지만 서로가 상대의 의견에 대한 존중해 주기만 한다면 이는 모든 단계의 사고를 사용하는 토론이 될 수 있다. 집중력, 세상에 참여하기, 상호작용과 의사소통, 문제 해결 공유하기, 아이디어의 유의미한 사용뿐 아니라 아이디어를 논리적으로 연결하는 것까지 말이다. 나중에 아동이 더 커서 자녀가 토론에서 당신을 이긴다면 당신은 아주 잘해 왔다는 것을 알게 된다.

아동들은 사고력을 이용해 원하는 대로 '부정적인' 것을 포함한 모든 기본적인 감정을 표현하는 법을 배울 수 있다. 궁극적인 목표는 아동이 감정의 범위를 사고의 각 단계에 통합하는 것이다. 언젠가 결국 아동들은 다음에 설명할 최고 단계에 도달하게 될 것이며, 이 단계는 이런 감정들을 사려 깊게 성찰하는 단계이다. 아동이 특정 감정을 피한다면, 냄비를 조심스럽게 휘젓듯이 아동이 그 감정을 포함하게 해 줄 수 있다.

예를 들어, 어떤 아동은 절대로 지고 싶어 하지 않는다. 상상놀이에서조차 아동은 그 창의적인 놀이를 말 그대로 받아들인다. 이런 아동에게 그것은 상상이 아니라 현실에 있는 것이다. 상상력을 이용하여 아동의 경쟁심이나 실패에 대한 아동의 염려를 탐구해 볼 수 있다. 가상놀이 안에서 마찰을 만들어 보라. 당신의 장난감 차가 아동의 차와 경주를 하거나 아동의 차가 이기지 못하도록 끼어들게 할 수 있다. 이 두 방법 다 건강한 자기주장과 경쟁적인 근본을 자극할 수 있다. 아니면 가볍게 놀리는 웃음으로 "내 발레리나는 네 발레리나보다 춤을 잘 춰!"라고 말할 수 있다. 회피는 감정에 대한 일부 불편함을 신호하는 것이기 때문에 아동은 다시 긴장할 수도 있으므로 아주 부드럽게 휘저어 자극하는 것이다. 시간이 지나 아동이 경쟁하는 것을 조금 더 편하게 생각할 때 직접적으로, 하지만 지지하는 자세로 이 주제를 꺼내도 된다. "왜 그게 싫어? 질 때 무엇 때문에 마음이 그렇게 불편해?"

6단계: 논리적 사고

1. 아동이 당신을 향해 감정적일 때(어떤 감정이든), 아동은…….

① 왜 그런 기분인지 말해 주지 못한다.

② 어떤 기분인지 부분적으로 말할 수는 있지만 설명이 장황하고 이해하기 어렵다.

③ 예를 들어, 기쁨 같은 일부 감정에 대해서는 명확한 이유를 말할 수 있으나, 분노, 짜증과 같은 다른 감정에 대해서는 그렇지 못하다.

④ 대부분의 감정에 대해 왜 그렇게 느끼는지 명확한 이유를 말할 수 있다.

⑤ 스트레스를 받는 상황이나 감정이 격할 때에도 대부분의 감정에 대해 왜 그렇게 느끼는지 명확히 말할 수 있다.

2. 아동은 얼마나 오랫동안 친구들과 말이 되는 가상놀이나 이야기, 드라마나 상상의 게임에 참여할 수 있는가(예: 논리적인 흐름이나 이야기 흐름을 따른다)? 아동은…….

① 타인과 상상력을 펼치고 말이 되는 이야기를 만들지 못한다.

② 타인과 어쩌다 한 번 상상력을 펼치고 말이 되는 이야기를 만들 수 있다.

③ 타인과 종종 상상력을 펼치고 말이 되는 이야기를 만들 수 있다.

④ 타인과 거의 항상 상상력을 펼치고 말이 되는 이야기를 만들 수 있다.

3. 아동은 우정을 즐거워하고 지속할 수 있는가? 아동은…….

① 또래와 친구관계를 맺지 못한다.

② 어쩌다 친구관계를 맺을 수 있으나 친밀한 관계는 아니다.

③ 가끔 또래와 친밀한 관계를 만들고 즐거워한다.

④ 거의 항상 또래와 우정을 싹 틔우고 친밀한 관계를 유지한다.

05

향상된 사고 계발하기

3세나 4세가 되면 아동의 성격이 꽃피기 시작한다. 좋아하는 것과 싫어하는 것, 좋고 나쁜 감정이 생기고, 당신과 언어적인 관계가 시작된다. 아동이 당신에게 기어가면서 초기 옹알이를 할 때 당신이 저 아동은 어떤 사람일까 궁금해했을 그러한 초기 시절은 점점 희미해져 가고 있다. 부모로서 당신은 아동이 누구인지 이제 어느 정도 잘 알고 있다. 당신이 묻지 않아도 아동은 다 말해 준다. 몇 년 뒤에 당신은 약간 혼란스러워하는 놀이 상대가 될 것이고, 아동은 당신과 함께 감정, 움직임과 아주 풍부한 감각 팔레트를 이용해 멋진 이야기를 만들어 갈 것이다.

다음 단계 동안 아동의 논리는 발달하고 더 미묘하고 복잡한 아이디어와 문맥에 따른 감정적 반응과 자신이 누구인가에 대한 확실한 깨달음을 발견해 갈 것이다. 단지 아동 자신이 무엇을 좋아하는지, 어떤 활동을 왜 하고 싶지 않은지를 듣는 것만으로도 아동이 얼마나 생각이 깊어지고 통찰력이 생기고 있는지가 자랑스러울 것이다. 아동이 당신의 의견에 동의하지 않더라도 말이다. 다시 말하자면, 각 사고 단계의 마지막에는 일련의 질문을 통해 아동이 새로운 생각 과정을 얼마나 편하게 느끼는가를 평가하고, 아동이 약한 영역을 강점으로 만들기 위해 필요한 경험과 지원이 무엇인지를 결정할 수 있다.

7단계: 다원적 사고

4세에서 5세 사이, 아동은 행동이나 감정에 대해 여러 가지 이유를 들 준비가 되어 있다. 이전 단계의 비교적 더 간단한 논리적 사고, 즉 왜라는 질문에 하나의 이유로 대답하는 것이 이 단계의 기반이다. 다원적 사고는 논리를 한 걸음 더 나아가게 한다. 왜라는 질문에 대답하기 시작한 3세 반인 벤자민(Benjamin)에게 엄마가 물어보았다. "그 영화가 왜 보고 싶어?" 벤자민은 "좋아하니까요."라고 대답할 것이다. 벤자민은 자신의 아이디어를 엄마의 생각과 연결시켰지만, 더 많은 질문을 해도 거기서 머물 것이다. 반면, 6세인 누나 줄리(Julie)는 엄마에게 똑같이 대답할 수 있지만, 엄마가 "왜 특별히 이거야?"라고 이어서 묻는다면 여러 가지 이유를 댈 수 있다. "그 이야기의 여자가 멋져요. 그녀는 미스터리를 풀어요. 그리고 그녀의 친구들이 정말 좋아요." 줄리는 많은 질문과 의견에 대한 잠재력을 가지고 진정한 토론을 시작한 것이다.

자발적이고 평범한 대화에서, 아동은 자연스럽게 다원적 사고를 연습하게 되는데, 대부분은 당신의 지시 없이 연습이 된다. 아동이 답을 찾지 못하면, 가능성을 제시하고 아동이 선택하게 할 수 있다. 여기서 규칙은 항상 가장 바라는 선택을 먼저 주고 약하거나 바람직하지 않은 선택권을 마지막으로 준다. 이렇게 되면 아동은 당신이 마지막에 한 말만 따라하는 쉬운 방식을 택할 수 없을 것이다. 그래서 엄마가 6세인 딸에게 왜 특정 영화를 선택했는지 물어보고, 그녀가 그것을 좋아한다고 답하면 대화가 끝이 나는 것이다. 여기서 엄마는 진심으로 궁금해할 수 있다. "다른 이유는 없니?" 아동이 모르겠다고 대답하면 엄마가 제안을 해 줄 수 있다. 엄마는 "글쎄, 이런. 알라딘과 자스민에 대한 거라서 보고 싶은 거야? 아니면 무서운 거라서 보고 싶은 거야?"

"아, 웃겨, 알라딘과 자스민이요! 나 그 둘을 좋아해요!" 엄마가 선택권을 제공해 주었지만, 아동은 여전히 대답하기 위해 생각을 해 봐야 한다.

그리고 엄마가 아동의 관심을 끌고 있는 한, 다시 한번 의사소통의 순환을 이어갈 수 있을 것이다. "왜 알라딘과 자스민이 그렇게 좋아?"라고 엄마가 묻자 "모르겠어요."라고 아동이 답한다. "그들은 신나는 일을 많이 하니, 아니면 그냥 가만히 앉아 있니?" "아, 둘은 진짜 멋진 일을 많이 해요." 다시 한번 아동은 자기에게 맞다고 생각하는 이유에 대해 생각한다.

이것은 시험이 아니다. 이 순간은 부모가 아동의 관심사에 대해 단순한 호기심과 열정을 보이는 시간이다. 또한 아동이 많은 생각과 이유를 생각해 보도록 격려한다. 아동은 충분히 이걸 해낼 수 있으나 혼자서는 어려울지도 모른다. 이는 아동이 변하고 성장해 가는 것을 따를 수 있는 기회다.

다원적 사고와 감정

사회적 관계는 우리에게 감정에 대한 질문을 할 수 있는 원대한 기회를 제공한다. 다른 친구와 놀고 싶어 하는 딸의 이유에 대해 궁금해하는 것만큼 간단할 수 있다.

니콜의 감정

엄마: 오늘 데려와서 놀고 싶은 사람은 누구니?

니콜: 제니퍼요.

엄마: 왜 제니퍼야?

니콜: 그녀는 재미있어요. 우리는 같은 게임을 좋아해요.

엄마: 오, 그거 좋은데. 어떤 게임인데?

니콜: 우리 둘 다 같은 컴퓨터 게임을 하는 걸 좋아해요.

> 이것은 하나의 인과적인 답변이다. 엄마는 니콜(Nicole)이 더 많은 것을 답변을 하게 도전을 줄 수 있다.

엄마: 그럼, 제니퍼의 또 어떤 점을 좋아해?

니콜: 그녀는 착해요. 우리는 함께 이야기하는 것을 좋아해요. 그리고 그녀는 저에게 비밀을 말해 줘요.

엄마: 아, 그래, 너희 둘은 항상 함께 웃고 있는 것 같구나. 아주 좋은 비밀인가 보네. 너한테도 재미있니?

니콜: 네, 저는 정말로 제니퍼를 초대하면 좋겠어요.

어떤 아동은 두세 가지 이유를 생각해 내고 어떤 아동은 대여섯 가지를 말한다. 점차적으로, 당신의 관심을 표명함으로써 두세 가지 대답은 대여섯 가지로 확장되어 더 깊은 감정이 수면 위로 오를 수 있는 공간을 만든다.

아동은 부모에게 감정의 영역에 들어갈 수 있는 기회를 충분히 제공한다. 조금 우울해 보이는 아동에게 엄마는 "오늘 왜 그렇게 슬퍼 보이니?"라고 물어본 후에 친구들이 아동에게 심술궂게 대했다는 것을 알게 된다. 무슨 일이 있었는지 물으면, "소프트볼 팀을 짤 때 나를 마지막으로 골랐고 내 머리 스타일을 놀려 댔어요."라는 대답을 들을지도 모른다. 혹은 짜증이 많고 약간 퉁명스러운 아동에게 엄마는 "얘야, 너는 누군가를 화나게 할 준비가 되어 있는 것 같구나. 왜 그런 거니?"라고 묻고, "숙제가 너무 많고, 저는 숙제가 싫어요!"라는 답을 들을 수 있다. 더 많은 이유를 찾기 위해 "오늘 혹시 무슨 일이 있었니?"라고 물어보면 "수지가 내 신발이 웃기게 생겼대요."라는 상황을 알게 될 수 있다. 물론 긍정적인 감정에 대해서도 물어볼 수 있다. "오늘 기분 좋아 보인다! 좋은 일 있었니?" "음, 학교에서 생일파티를 했고 컵케이크를 먹었어." "멋지다! 또 뭐가 있을까?" 주어진 예시 외에도 많은 것이 있을 것이다.

특정 감정에 대해 불안하거나 불편함을 느끼는 것은 이 단계를 상당히 쉽게 훼손하고 역효과를 유발하여 '모 아니면 도'식의 사고를 갖게 할 수 있다. 예를 들어, 어떤 활동에 좌절감을 느끼고 '난 정말 멍청해.'라고 반응하는 사람을 보라. 또는 누군가와 의견이 맞지 않아 화를 내고, '저 사람 진짜 싫어.'라고 생각하는 사람도 있다. 만약 아동 그리고 성인도 모 아니면 도와 같은 사상가가 되어 감정에 반응한다면, 주어진 상황에 대한 다른 이유를 생각해 내지 못하며 전체 상황과 정도를 분석하지 못한다. 이러한 편협한 반응은 상황을 개선하거나 무엇이 이것을 일으켰는지를 이해할 수 있는 여지를 주지 않는다. 만약 학습문제가 불안감을 유발하고, '나는 그냥 멍청해.'가 그에 대한 반응이라면 이 문제를 극복하기 위한 프로그램을 짜는 것은 어렵다. 이런 응답은 내면의 대화든 타인과의 대화든 그 어떤 대화라도 중지시킨다.

불안감을 비롯한 다양한 감정에 대해 이야기하는 것은 아동이 다원적인 사고를 자신의 정서적인 삶에 적용할 수 있도록 해 준다. 그러므로 삶의 모든 방면에 적용할 수 있게 된다.

다원적 사고와 현실

아동이 감정을 편안하게 느끼기 시작하면 타인에 비해 자신이 누구인지에 대한 감각이 발달된다. 다원적 사고는 논리적 사고보다 더 강력한 현실 파악을 제공한다. 아동이 감정의 다양성을 이해하면, 다른 사람들의 감정을 이해하고 자신의 감정을 다른 시점에 대입해 보기 시작한다. 그들은 행복하고, 슬프고, 화가 나거나, 갈등을 겪을 수 있다. ["엄마, 가끔은 조니(Johnny)가 좋지만 걔가 나를 놀릴 때는 그렇지 않아요."] 그리고 그 관점은 나이가 들수록 향상된다. 아빠는 12세의 제니(Jenny)에게 물어본다. "왜 메리(Mary)가 오늘 너랑 놀지 않았다고 생각해?" 그리고 딸은 그에게 말한다. "메리는 축구를 정말 좋아해서 오늘 베키(Becky)와 놀았어요. 베키가 축구팀에 사람을 뽑고 있었기 때문이죠. 저는 축구 싫어요." "그것 때문에 상처받지는 않았니?" "음, 네, 하지만 걔는 가끔 이러거든요. 내일이면 다시 저와 놀고 싶어 할 것 같아요." 이것은 매우 정교한 논의다. 이러한 논의는 아동에게 자신이 사는 세상에 대해 생각하고 알 수 있도록 도와준다. 세상에는 사람이 가득하고, 서로의 동기, 감정, 사회적 행동이 다 다를 수 있다는 것을 말이다.

감정과 반응을 파악하는 능력은 사회적 기술과 감정적인 대처에 중요하다. 거기에 학문적인 이점도 있다. 다른 사람의 내적인 삶과 감정의 영역을 이해하고 존중하는 것은 아동이 소설 속의 인물, 역사적 인물 또는 뉴스 속 인물의 동기를 이해하도록 도와준다.

7단계: 다원적 사고

1. 아동은 자신이 좋아하는 것을 왜 좋아하는지, 혹은 싫어하는 것을 왜 싫어하는지 3~5개 이상의 이유를 말할 수 있는가? 아동은…….

① 호불호에 대한 이유를 하나도 말하지 못한다.

② 노력하면 하나의 이유는 생각해 낼 수 있다.

③ 때로 여러 가지 이유를 생각해 낼 수 있다. 특히 그 대상에 대해 감정이 클 때는 더 그렇다.

④ 손쉽게 많은 이유를 생각해 낼 수 있다.

2. 아동은 사람이 어느 특정 방식으로 행동할 때 그 이면에는 여러 가지 이유나 감정이 있을 수 있다는 것을 이해하는가? 예를 들어, 아동은 한 친구가 학교 때문에 속상해해서 자신에게 화풀이하는 상황을 이해하고, 이 친구가 마냥 자신을 싫어한다는 것이 아니라 다른 가능성이 있다는 것을 고려할 수 있는가? (이 태도는 6세 전까지는 나타나지 않을 가능성이 높다.) 아동은…….

① '모 아니면 도'로 사고하는 경향이 있고 상황을 아주 극단적인 방식으로 개인적으로 받아들인다. (예: "걔는 나를 싫어해!"식의 말을 한다.)

② 지도해 준다면 가끔 타인의 행동에 대해 하나보다 많은 이유를 고려할 수 있다.

(예: 다른 사람의 행동에 대해 여러 이유를 생각해 보도록 누군가가 도움을 준다.)

③ 가끔 스스로 타인의 행동에 대해 여러 가지 이유를 고려할 수 있다.

④ 거의 항상 타인의 행동에 대해 여러 가지 이유를 고려할 수 있다.

3. 자신으로 인해 속상해할 때(혹은 반대로 자기가 한 행동을 아주 자랑스러워할 때) 아동은 어떻게 반응하는가? 아동은…….

① 모 아니면 도 방식으로 생각한다. 자신이 세상에서 가장 멍청하고, 무능하고 가장 인기 없는 (등등) 아이라고 생각한다. 감정적으로 자신을 학대한다.

② 스스로를 끌어내리지만 많은 노력 끝에 말로 풀어 낼 수 있다.

③ 스스로를 끌어내리지만 약간의 노력 끝에 그 감정에 대해 말할 수 있고 문맥에 따라 더 편하게 그 상황을 다시 볼 수 있다.

④ 처음엔 속상해하지만 상당히 균형 잡힌 방식으로 자신의 감정에 대해 말할 수 있다.

8단계: 비교 및 회색 영역 사고

다음 단계는 비교 및 회색 영역 사고이며 이 두 기술은 서로 밀접한 관계가 있고 연속적으로 일어나기 때문에 묶어서 고려하고 있다. 비교하는 사고는 기본적으로 '더' 사용을 요구한다. 예를 들어, 메리는 수지보다 더 착하고, 더 친절하고, 더 예쁘고, 키가 더 크고 등이다. 그것은 어떤 두 가지 다른 것을 비교하는 것을 가리킨다. 회색 영역 사고는 아동이 다른 감정, 사건 및 현상의 정도 또는 상대적 영향을 이해할 수 있음을 의미한다. 메리는 거의 수지만큼 똑똑하지만 릴리(Lily)는 누구보다 똑똑하다 등과 같이 말이다.

비교와 중간 영역 사고는 6~10세에 발생한다. 연령대의 범위가 큰 이유는 이러한 능력이 그 정의와 마찬가지로 이거 아니면 저거, 도 아니면 모가 아니기 때문에 발생한다. 이 능력은 수년에 걸쳐 더 복잡하게 성숙한다. 전형적으로 7세나 8세가 되었을 때 아동은 사람과 물건을 비교하기 시작하지만, 친구보다 먼저 그들 사이에서 처음으로 비교하여 생각할 줄 아는 사상가가 된 것은 그리 중요하지 않다. 중요한 것은 아동이 그 방향대로 가고 있다는 것이다. 많은 성인은, 특히 심지어 전문적으로 유능한 성인이더라도 좋은 비교 및 회색 영역 사고 기술을 개발하지 못하기도 한다. 그들은 흑백논리의 세상에서 살고 있다.

비교해서 생각하기

엄마가 여덟 살짜리 마이클(Michael)에게 "오늘 누구를 초대하고 싶니?"라고 묻는다면, 마이클은 "음, 나는 마크(Mark)가 오길 원해요."라고 대답할 수 있다. "왜 폴(Paul)이 아니라 마크야?" 그 질문에 답하기 위해 마이클은 비교해서 생각하기를 해야 한다. 마이클은 "마크는 농구를 더 잘하기 때문이에요." 혹은 "걔는 축구공을 차는 것을 좋아하지만 폴은 그렇지 않아요."라고 말할지도 모른다. 이 답변에서 그는 두 사람을 비교할 수 있다는 것을 보여 준다.

반면, 마이클은 "글쎄요, 마크는 재미있어요."라고 대답할 수도 있다. 이 경우 아동은 마크와 폴을 비교하는 것이 아니며, 단지 마크에 대해 이야기하는 것이다. 엄마는 조금 더 아동을 밀어볼 수 있다. "마크가 재미있다는 건 알지만 왜 폴보다 더 재미있는 걸까?" "음, 마크는 농구와 축구를 좋아해요." "와, 좋네. 나는 네가 마크를 좋아한다는 것을 알겠는데, 왜 폴보다 마크를 초대하고 싶어 하는지는 모르겠어." "음, 폴은 그런 놀이를 좋아하지 않아요." 이제 마이클은 각 선택과 관련된 이유를 알았다. 거의 다 왔다. 한 번 더 돌려 보면 도달할 것이다. "자, 그래서 너는 왜 폴보다 마크를 더 원하니?" 엄마가 또 묻는다. 그리고 마이클은 "마크는 내가 하고 싶은 게임을 하고, 폴은 안 해요."라고 대답했다. 마이클이 해냈다! 아니면 마이클은 그저 "글쎄, 마크가 더 재미있어요." 또는 "더 착해요." 또는 "더 나아요."라고 말할지도 모른다.

아동의 "걔는 재미있다."라는 답변은 처음에 비교 질문을 제기할 때 전형적으로 나오는 답변이다. 마이클처럼 비교해서 생각하기에 어려움을 겪고 있는 조금 더 나이가 있는 아동의 경우, 아동이 실제로 비교를 할 때까지 그 주제에 머무르는 것이 좋다. 잔소리를 너무 많이 하지 말고, 그저 혼란스럽다는 듯이 대하고 지지해 주어야 한다.

회색의 다양한 음영

우리가 말한 것처럼, 보통 6~8세 전까지는 비교해서 생각하기가 드러나지 않지만 가끔 4세에서 5세인 친구들에게서 볼 때가 있다. 당신의 아동이 어떤 연령이든지 간에 비교를 하기 시작하면 이제 각자 다른 정도를 이해하는 융통성 있는 사고, 즉 다양한 음영의 사고를 할 준비가 되었다. "토리(Torie)보다 크리스티(Christy)가 얼마나 재미있니?" "음." 5세인 질(Jill)은 어린 아동의 전형적인 대답으로 "훨씬 더 재미있어요!"라고 대답할 수 있다. 이런 종류의 대답으로 질은 비교해서 생각하기를 한다. 이런 직설적이고 '더 혹은 덜' 같은 비교는 더 작은 조각으로 나뉠 수 있다. 회색 영역 내에서도 다양한 음영을 만드는 것이다. 엄마는 손을 사용해서 조금 벌어진 채로 두고 "이 정도? 이렇게 조금?" 하고 묻거나, 양쪽으로 크게 벌려 "이 정도? 이렇게 많이?" 또는 손을 중간 정도로 좁히며 "중간 정도야?"라고 물을 수 있다. 이 방법으로 어느 대상에 대한 정도가 시각적 · 언어적으로 모두 보인다. 몇 번 하고 나면 질은 손을 이용해서 한 친구가 다른 친구보다 얼마나 더 착한지 혹은 얼마나 더 재미있는지 보여 줄 수 있다. 이런 정도에 대한 접근의 시작은 아동이 자신의 감정을 표현하는 것에도 효과가 있다. 다른 날에 비해 오늘 화가 나거나 행복하거나 심술이 났는지를 비교할 수 있다. 아동들은 점차 양에 대한 비교적인 감각을 발달하게 된다.

회색 영역의 음영을 보는 것은 아동의 정서적 · 지적 발달에 매우 중요하다. 세상을 흑백으로만 보는 양극화된 사상가에서 훨씬 더 미묘한 차이를 보는 사상가가 되어 관계, 아이디어와 사람 간의 뉘앙스와 복잡성을 볼 수 있게 된다.

삶의 일부에서, 우리는 때로 극단적인 규칙이 있어야 한다. 예를 들어, 다른 사람을 해치지면 안 된다는 것처럼 말이다. 하지만 그에 해당하는 영역은 거의 없다. 지적인 삶뿐만 아니라 감정적 삶도 회색 영역 내에 존재한다. 아동이 더 어린 3세나 4세 정도면 극단적인 사고와 그와 연관된 부정주의와 고집을 바라는 것이 자연스럽다. 왜냐하면 이때의 아동은 오직 두 가지 선택 내에서만 생각할 수 있기 때문이다. 내 마음대로 하거나 아무것도 하지 않거나 둘 중 하나뿐이다. 차이에 대한 정도를 이해하는 것은 앞선 사고가 추론, 토론, 협상, 타협에 이르게 하는 데 도움이 된다.

회색 영역 사고 확장하기: 제레미

비교 및 회색 영역 사고 역량이 다른 삶의 영역으로 어떻게 확장될까? 심리학자인 장 피아제(Jean Piaget)는 주로 시공간적 세계의 개념으로 학령기 아동의 상대주의 사고(즉, 비교)에 대해 논의했다. 상대적인 정도의 양을 이해하는 것으로 말이다. 작은 실 덩어리냐 긴 실이냐, 얇은 유리잔이냐 두꺼운 유리잔이냐와 같이 말이다. 피아제의 개념을 설명할 수 있는 나의 임상 경험을 예시로 들어 보겠다.

어느 날 나는 제레미(Jeremy)라는 어린 환자와 놀고 있었다. 우리는 다른 공격과 방어 무기 체계를 가진 요새를 각각 만들었다. 나는 제레미에게 "너의 레이저 방패가 내 것보다 좋은 것 같아. 어떻게 생각해?"라고 물었다. 제레미는 더 나은 방패를 갖고 있다는 말에 기뻐하며 재빨리 동의했다. 그래서 나는 제레미에게 "왜 너의 것이 더 좋은 걸까?"라고 물었다. 제레미는 자신의 방패가 더 강하다고 말했다. 아동이 더 비교해 볼 수 있게 하고 싶어 더 물었다. "그래, 하지만 너의 요새도 내 것과 다르게 생겼네. 그것 때문에 네 방패가 더 좋은 거야?" "음." 아동이 대답했다. "내 것은 더 크고, 내 레이저 방패는 더 많은 공간을 차지해요. 선생님의 레이저 광선은 여기 이 작은 공간으로만 갈 수 있어요." 나는 그에 동의한 뒤 모르는 척, 멍청한 척을 하며 제레미에게 내 요새를 위해 더 좋은 레이저 방패를 만드는 방법을 물어봤다. 우리는 함께 요새 앞에 공을 놓아 레이저가 문을 부술 수 없게 했다. 내가 제레미에게 이것이 전보다 더 좋다고 생각하는지, 그리고 그의 방패만큼 좋아진 것인지 물어봤을 때 제레미는 내 것에 순위를 매겼다. 내 낡은 방패는 좋지 않았고 새로운 방패는 괜찮았지만 여전히 제레미의 것만큼 좋지는 않았다.

제레미는 두 가지 방어체계를 비교하여 차이의 정도를 판단했다. 특히 시각적 공간 능력을 필요로 하는 것을 말이다. 우리의 게임은 '원 플러스 원'이었다. 우선 제레미의 추리력은 더 높은 단계로 나아갔다. 제레미는 시공간 세계에 대한 비교 및 회색 영역 사고를 적용했으며, 또한 놀이의 승자였다. 이는 언제나 놀이를 끝내기 좋은 방법이다.

우리는 학습나무의 근본에 대해 논의할 때 보게 되듯이, 아동의 비교와 회색 영역 사고를 강화하기 위해 재미있는 활동을 변화시킬 수 있다. 당신과 아동은 여러 등산로를 올라 보고 어떤 것이 더 힘들었는지를 논의해 볼 수 있다. 혹은 직접 장애물 코스를 설정하고, 시도해 보고, 비교할 수 있다. 이런 종류의 연습은 아동에게 학업과 과제를 위한 준비를 시켜 준다. 성인은 두 가지 형태의 정부를 비교하거나, 다른 국가의 문화적 패턴을 분석하거나, 또는 도시 정책의 뉘앙스와 사무실에서의 계획 과정을 평가할 수 있어야 한다. 회색 음영은 인생의 모든 영역에 존재한다.

회색 영역 사고와 감정: 마이클

상대주의적인 사고와 시공간적 사고에 대한 피아제의 통찰력은 아동의 발달을 이해하는 데 매우 중요하다. 그리고 이런 종류의 사고는 삶의 모든 영역에 도달할 수 있다. 운동, 감각 그리고 감정적인 측면까지도 말이다. 감정적인 세계는 피아제의 관심을 거의 받지 못했다. 우리의 연구는 아동의 모든 인지 능력의 바탕이 감정적 발달이란 것을 보여 주고 있다. 아동은 스스로 감정을 점점 더 복잡한 방법으로 표현하면서 발달된 사고방식을 처음으로 배우게 된다. 폴보다는 마크를 초대하고 싶다던 마이클에게 돌아가 보자. 스포츠 관심사의 차이뿐만 아니라 더 많은 이유가 있는 것 같다.

나중에 마이클은 엄마에게 설명했다. "마크는 제가 놀자고 할 때마다 항상 나와 함께 놀아요. 하지만 폴은 자기 친구들이 바쁠 때만 나와 함께 놀아요. 그래서 나는 걔가 나를 그렇게 많이 좋아하는 건 아닌 것 같아요." 여기 마이클은 다소 유창한 차이점을 말한다.

엄마는 이 비교를 통해 아동이 자신의 기분을 알아보게 해 줄 수 있다. "그래서 기분이 어때?"

"화가 나고 조금 슬퍼요. 하지만 나는 친구들이랑 놀 때는 이렇게 슬프지 않아요."

마이클의 감정 정도에 대한 통찰력은 더욱 나아간다.

엄마가 물었다. "얼마나 화가 나?"

"글쎄, 약간요." (마이클은 그의 손을 들어 서로 10cm 정도의 간격을 보였다.) "걔도 똑같이 느껴봤으면 좋겠다는 마음이 있어요. 가끔은 걔가 놀자고 할 때 싫다고 하고 싶어요. 걔도 기분 안 좋게 하고 싶어서요."

마이클은 자신의 감정을 편하게 느끼고 있고 현실적이다. 그는 슬픔과 화가 난 정도를 구별할 수 있다. 그는 회색 영역 사고의 중심을 잘 잡았다. 만약 아동(또는 성인들도)이 특정한 감정을 편하게 생각하지 않는다면 회색의 음영, 다양한 정도를 보지 못할 것이다. 다원적 사고 단계에서 논의한 것과 마찬가지로, 특정 감정의 정도를 보지 못하는 것은 극단적인 사고의 문제로 발전할 수 있다. 이것은 분노, 슬픔, 거부 또는 좌절과 같은 부정적인 감정으로 인해 발생할 가능성이 더 높지만, 일부 아동은 행복과 기쁨 같은 긍정적인 감정에 대해 이야기할 때도 그만큼 지원이 필요한 경우도 있다. 만약 아동이 몇몇 감정에는 음영을 볼 수 있지만 감정에선 그렇지 못한 경우에 이 단계는 불안정할 것이다. 제15장에서 우리는 불안이 학습 도전에 어떤 역할을 하는지, 그리고 그것을 다루는 방법에 대해 논의할 것이다.

8단계: 비교 및 회색 영역 사고

1. 아동은 장난감이나 책과 같은 물건을 비교할 수 있는가? 예를 들어, "스파이더맨보다 해리포터가 좋아." (이 태도는 만 8세 이전에는 거의 나타나지 않는다.) 아동은…….

   ① 간단한 비교도 하지 못한다.

   ② 물건 중 하나에 관심이 크다면 비교가 가능하다.

   ③ 종종 비교할 수 있다.

   ④ 늘 비교할 수 있다.

2. 아동은 한 상황에 대해 느끼는 여러 감정의 다양한 정도를 구별할 수 있는가(회색 영역 사고)? 예를 들어, 축구경기, 피아노 연주회와 같은 새로운 활동에 참여했을 때 새로운 것을 한다는 흥분과 혹여 잘 못할까 조금의 두려움을 내비치고 이해하는가? 아동은…….

   ① 아직 한 상황에 대해 느끼는 여러 감정의 다양한 정도를 구별하지 못한다.

   ② 누군가의 지도가 있으면 가끔 감정의 다양한 정도를 이해하고 표현할 수 있다.
   (누군가가 그 감정의 정도에 대해 생각하도록 도와준 경우)

   ③ 상황에 대해 종종 감정의 다양한 정도를 스스로 표현할 수 있다.

   ④ 상황에 대해 거의 항상 감정의 다양한 정도를 스스로 표현할 수 있다.

3. 아동은 다른 친구들을 비교하기 위해 다양한 정도의 감정을 묘사할 수 있는가? 예를 들어, "나는 줄리보다 제니가 더 좋지만 옆집 앤이 내가 제일 좋아하는 친구야." 아동은…….

① 아직 회색 영역 사고를 하지 못해 또래관계를 비교하지 못한다.

② 어쩌다 한 번 회색 영역 사고를 하여 또래관계를 비교할 수 있다.

③ 종종 비교하기 위해 회색 영역 사고를 할 수 있다.

④ 거의 항상 비교하기 위해 회색 영역 사고를 할 수 있다.

9단계: 성찰적 사고(내적 기준을 벗어나서 생각하기)

'내적 기준을 벗어나서 생각하기'라고도 불리는 성찰적 사고는 가장 높은 사고 단계로서, 최고 수준의 사고방식인데 대개 9~13세에 시작한다. 이 단계는 아동이 자신의 행동, 사고와 감정을 평가할 수 있게 하며, 모든 관계 및 심화 학술 활동에 필수적이다. 성찰적 사고란 '생각에 대해 생각하는 것'이다. 자신에 대해 생각하고 자신과 자신의 행동을 판단하는 역량이다. 이 역량은 청소년이 된 초기부터 성인기에 들어선 뒤에도, 삶의 복잡성이 더해져 성찰할 경험을 더해 가기 때문에 점점 강화된다. 그러나 많은 성인은 이 단계를 온전히 숙달하지 못하여 학업적 · 직업적 · 사회적인 상해가 되기도 한다. 자신의 관계와 타인과의 상호작용 맥락에서 자신을 판단하고 성찰하는 능력은 아주 중요한 역량이다. 자아비판적 분석이나 다름없는 이 피드백의 회로야말로 기본적으로 우리가 겪은 각 경험을 적절한 시점으로 보게 해 줌으로써 그 경험을 통해 배울 수 있게 해 준다.

내적 기준

이 단계에 도달하려면 삶의 경험을 통해 발달된 내적 기준이 필요하다. 그런 뒤

에야 이 자아에 대한 감각을 기준으로 새로운 경험과 감정이 평가된다. 이 기준을 수립하기 위해서는 '나' 혹은 '자아'가 있어야 한다. 의견이 있는 '나', 판단을 하는 '자아'가 있어야 한다. 만일 10대가 "난 그 숙제를 마지막 순간까지 미뤘어. 틀렸을 수밖에 없지."라고 말한 뒤 "그건 나답지 않아."라고 했다면, 이 아동은 일종의 자기 성찰을 보여 준다. 청소년이든 성인이든 교육, 직업, 문화 그리고 사람들과의 경험이 많을수록 성찰하고 비교하며 판단하는 맥락이 더 넓어진다. 대부분의 12세 아동은 관계나 경험이 적기 때문에 제한된 맥락을 가지고 있으므로 성찰적 사고하기는 조금만 할 수 있으나 좋은 시작이다.

자기 평가: 가정과 학교

아동의 성찰적 사고는 자기 인식을 통해 발전한다. 부모는 아동에게 관계, 학업 그리고 시사에 관한 의견에 대해 물어볼 수 있다. 비록 아동은 이런 의견들이 아직 형성 중일지라도 말이다. "왜 네 친구 조(Joe)가 존(John)에게 그렇게 열정적이라고 생각해?" "왜 『호밀밭의 파수꾼』보다 『아웃사이더』를 더 좋아해?" "대통령으로 누구를 뽑을 거야?" 아동의 의견에 대한 당신의 존중과 관심은 아동에게 있어 스스로에 대한 가치를 느끼게 해 줄 것이다. 아동은 당신에게 더 많은 의견을 주고 싶을 뿐만 아니라 더 사려 깊은 생각을 들려주고 싶어 할 것이다.

아동의 의견을 요청할 때는 아동이 자신의 생각을 옹호할 수 있도록 도전을 안겨주어라. 의견은 사실로 뒷받침될 필요가 있다. 만약 아빠가 "음, 어떤 근거로 그렇게 말하는 거야?"라고 묻는다면, 아동은 사실을 부지런히 모아야 한다. 아동은 관련 있는 활동이나 사건에 대해 공부를 하거나, 읽거나 혹은 실제로 목격해야 한다. 아빠는 아동의 단순한 의견으로 넘어가 주는 것이 아니라 아동이 그에 대한 사례를 세우도록 도전을 안겨 준 것이다. 예를 들어, 아동은 『해리포터』의 작가 J. K. 롤링이 왜 훌륭한 작가인 이유를 설명할 순 있겠지만, 『반지의 제왕』의 작가인 J. R. R.

톨킨 또는 『나니아 연대기』의 작가인 C. S. 루이스의 작품은 읽어 보았을까? 더 많은 작가의 작품을 읽을수록 아동의 의견에 대한 맥락은 넓어진다.

어떤 아동은 사실을 잘 기억하지 못한다. 그럼에도 사실이 아이디어를 형성했기 때문에 아동들이 사실을 잘 기억하지 못하는 것은 온전한 의견을 형성하는 역량을 제한하지는 않는다. 좋은 성찰적인 사상가가 되면 자신의 의견에 더 많은 점검과 지원이 필요하다는 것을 인지할 수 있다. 사실을 수집하거나 확인해야 할 때 아동들은 참고 도서와 인터넷을 손쉽게 이용할 수 있다. 문법과 철자가 부족한 아동도 마찬가지이다. 성찰적인 사람이라면 언제 도움을 요청해야 할지 알 수 있다. 좋은 생각을 갖고 있으나 작문 실력이 떨어지는 아동은 생각을 정리하고 수필을 구상하기 위해 필요한 많은 기술을 터득할 수 있다. 이 부분은 나중에 설명할 예정이다. 하지만 성찰적 사고 능력이 없다면, 아동들은 언제 도움이 필요한지 모를 것이다.

아동의 학업 및 배움의 경험의 폭이 넓을수록 지적인 영역에 성찰적 역량을 더 적용할 수 있다. 아동의 사회적 관계의 반경이 넓을수록 어떤 사람을 친구로 두었는지에 대한 본인의 선택을 성찰하기 쉬워진다. 다른 주제와 다른 세상을 오고 가 보지 않고서는 좋은 성찰적 사상가가 될 수 없다. 아동이 새로운 책, 취미, 친구, 스포츠와 악기를 시도해 보고 그에 대한 자신의 의견을 내게 도와줌으로써 당신은 아동이 진정한 성찰적 사상가가 되도록 격려해 줄 수 있다.

추상적 사고

추상적 사고란 통찰력을 위해 개인의 관점을 사용하고 그 통찰을 다른 추상적인 맥락에 도입하는 것을 의미한다. 진정한 추상적 사고는 스스로 이런 생각을 할 수 있는 것이다. "글쎄, 어디 보자. 만약 누가 나한테 이런 말을 했다면? 난 어떻게 했을까? 화가 났겠지. 하지만 걔는 나와 달라. 나만큼 섬세하지 않아. 그래서 아무렇지도 않게 받아들이고 신경도 거의 안 쓸 것 같아." 이렇게 추상적인 관점을 생성하기 위해 자신과 다른 사람들에 대한 통찰력을 사용하는 것이다. 쪼개어 생각하면 아동이 개인과 추상 사이를 오가는 것이 수월해지고 진정한 성찰적 사상가가 되는 것이다.

어떤 경험을 겪고 나서 그 경험에 대해 모든 사람이 당신과 같은 반응을 가지고 있다고 가정하는 것은 추상적 사고가 아니다. 그렇게 생각하는 사람들은 모든 것을 개인적으로 받아들인다. 그들은 자신의 관점에서 빠져 버리고 만다. 특정한 것들은 자신을 화가 나게 만들기 때문에 모든 사람이 같은 상황에서 화가 날 것이라 생각하는 것이다.

성찰이라는 것은 자신이 누구인지에 대한 관념이 있고, 논리적이며 현실적인 방식으로 다른 경험과 자신의 경험을 비교할 수 있음을 의미한다.

9단계: 성찰적 사고

1. 아동은 주어진 상황에 대해 어떤 기분인지, 어떤 반응을 하고 있는지 판단할 정도로 스스로를 잘 아는가? 예를 들어, 아동은 "화가 나야 하는 정도보다 더 화가 나."와 같은 판단을 하며 자신의 기분이나 태도를 평가할 수 있는가? 아동은…….
   ① 주어진 상황에 대해 어떤 기분인지, 어떤 반응을 하는지 판단할 수 없다.
   ② 지도해 주면 어떤 기분인지 종종 판단이 가능하다.
   ③ 자신이 어떤 기분이고 어떤 반응을 하는지 종종 스스로 판단이 가능하다.
   ④ 거의 항상 자신이 어떤 기분이고 어떤 반응을 하는지 스스로 판단이 가능하다.

2. 아동은 또래관계에 온전히 참여하는 동시에 자신과 타인에 대한 자신만의 견해를 갖고 있는가? 아동은…….
   ① 또래관계에 온전히 참여할 수 없고, 자신의 견해를 갖고 있지 않다.

② 또래관계에 거의 참여하지 못하고 자신의 견해를 갖고 있지 않다.

③ 가끔 또래관계에 온전히 참여하고 자신의 견해를 갖는다.

④ 거의 항상 또래관계에 온전히 참여할 수 있다.

3. 아동은 무엇이 옳고 그른지에 대한 내면의 견해(가치관)를 형성하고 따르고 있는가? 아동은…….

① 내면의 견해를 형성하고 따르지 못한다.

② 내면의 견해를 거의 형성하고 따르지 못한다.

③ 내면의 견해를 가끔 형성하고 따를 수 있다.

④ 거의 항상 내면의 견해를 형성할 수 있다.

학교에서의 사고 단계

이 마지막 두 절은 자녀의 사고 단계에 대한 발달을 돕기 위해 부모가 집에서 할 수 있는 일들로 가득하다. 그러나 아동은 사고 단계의 정상에 오르기 전이나 경험한 단계들을 숙달하기 전에 학교에 가게 된다. 이 사고 단계의 발전은 학교에서 계속된다. 그게 바로 세 가지 'Rs'에 대한 것이지 않은가? 꼭 그렇지는 않다. 특히 당신의 아동이 학습 문제를 가지고 있다면 말이다.

여태 보았고 후반의 장에서도 볼 테지만, 사고하는 것 그리고 더 좋은 사상가가 되는 것은 근본적으로 사실을 배우는 것이 아니다. 감각, 움직임 및 감정을 숙달하는 것이다. 이상적으로 학교 경험은 아동에게 이러한 모든 요소를 함께 작업할 수 있도록 도울 것이다.

한편, 다음 장에서는 우리가 여태 설명한 모든 사고 단계를 사용하고 발달되는 아동들의 실제 학교 생활을 볼 예정이다.

나무 몸통 요약

앞선 두 장에서 보았듯이, 발달적인 관점에서 지능은 더 성숙한 사고능력을 생산하기 위한 점진적인 변화이다. 달리 말하자면, 각각의 변화는 더 높은 단계의 사고와 지성을 구축하여 각 감각과 감정이 탄탄하게 발달되고 다른 모든 영역과 통합된 세상으로 나아가게 한다. 이런 사고 단계는 아동의 발달 프로파일을 이해하고 분석하기 위한 틀이다. 이 정보를 통해 치료사와 부모는 아동의 학습 문제를 도울 수 있다.

전문가들과의 작업에서 우리는 이 틀을 'DIR 모델' 또는 더 형식적으로 '발달적(Developmental), 개인적 차이(Individual-difference), 관계 기반(Relationship-based) 모델'이라고 부른다. 여기에서 '발달'은 앞서 설명한 기능적 정서발달(즉, 사고) 단계를 가리킨다. '개인적 차이'는 아동의 독특한 처리 프로파일을 가리킨다. 그리고 '관계 기반'은 아동의 관계를 관찰하고 그 관계가 여러 분야에서 발달을 어떻게 향상하도록 지지하고 있는지를 본다. 다양한 분야에서의 전문가들이 많이 사용하게 된 모델은 아동 발달을 이해하는 데 중요한 통찰을 제공한다.

요약하면, 나무 몸통을 구성하는 사고 단계는 다음과 같다.

1. 집중력(생애 첫 순간부터 발달됨): 시각, 소리, 촉감, 움직임 및 다른 감각적 경험에 대한 관심과 의도적 응답
2. 세상에 참여하기(생후 2~5개월에 발달됨): 친밀감과 관련성 표현의 증가
3. 상호작용과 의사소통(생후 4~10개월에 발달됨): 의도를 전달하기 위한 감정 표현, 음성 사용, 손짓 등 주고받는 상호작용의 시작
4. 문제 해결 공유하기(10~18개월에 발달됨): 문제 해결을 위해 여러 사회적 · 정서적 상호작용이 연달아 일어남
5. 아이디어의 유의미한 사용(18개월~3세에 발달됨): 의미 있는 단어나 문구를

사용하고 보호자나 또래와 상호적인 가상놀이를 할 수 있음

6. 논리적 사고(3~4세 6개월에 발달됨): 의미 있는 아이디어 간의 논리적 연결
7. 다원적 사고(4~6세 사이 발달됨): 느낌이나 생각에 대해 여러 가지 이유를 제시할 수 있음
8. 비교 및 회색 영역 사고(6~10세에 발달됨): 감정, 관계 및 대상의 차이 정도를 설명할 수 있음
9. 성찰적 사고(9세 이후부터 평생에 걸쳐 계속 발달됨): 감정, 자신 및 세상에 일어나는 사건에 대해 평가하고 성찰할 수 있음

06

모든 사고 단계 사용하기: 시드웰 프렌즈의 단짝 프로젝트

리처드 로디시(Richard Lodish, Ed.D.), & 바버라 소라디(Barbara Szoradi)

워싱턴에 있는 시드웰 프렌즈 학교(Sidwell Friends School)의 3학년 학생들은 유아와 유치원생들과의 단짝 제도(Buddy system)를 실행하고 있다. 초등학교 학생들은 더 어린 아동들과 친구가 되는데, 이 어린 아동들은 대부분 어린이집과 유치원에 새로 입학했다. 많은 학교가 이러한 단짝 제도와 비슷한 제도를 실행하고 있으며, 모두 아동에게 귀중한 경험으로 다가간다. 어린 아동들에게 있어서는 나이가 더 많은 형과 언니들(5세 아동이 보기에는 멋진, 정의 그 자체다)을 놀이 친구로 알게 되고, 또 나이가 더 있는 다른 아동들을 만나게 되며, 어쩌면 그들의 놀이에 낄 수도 있는 것이다. 더 어린 아동들은 마치 유치원 천국에 간 것 같다고 생각할지도 모른다.

단짝 제도를 구체화시킨 3학년 교사 바버라 소라디(Barbara Szoradi)는 그 외에 추가적인 요소를 더했다. 3학년 학생들은 그들의 단짝과 만나기 전부터 한 해가 끝날 때까지 담임교사들과 연습 회기를 열어 어떤 일이 일어날 것 같은지, 어떤 문제가 일어날 수 있을지, 그리고 특정 상황에서는 그들이 어떻게 대처하면 좋을지에 대해 역할놀이와 의논을 하는 시간을 보낸다. 교사들은 3학년 학생들에게 설명하며 분위기를 잡는다. "너희는 너희의 단짝들에게 있어 나이가 더 많은 오빠나 언니 그리고 보모를 합친 역할을 하게 되는 거야. 너희의 임무는 아동들이 멋진 시간을 보내고 너희에게서 좋은 점을 배울 수 있도록 하는 것이란다." 그러면 이 초등학생들은 어쨌든 한동안 농구를 하겠다고 달려가거나 축구경기 속 경쟁의 일부가 되지 못한다는 것을 알고 있다. 그들은 자기 짝이 무엇을 하고 싶은지를 알아내야 한다. 단짝의 관심을 얻고 학교에 온 것을 환영하는 분위기로 참여시킬 수 있을 만한 것 말이다.

이런 임무를 받은 8세나 9세의 아동은 상당히 압력을 느낄 만하다. 만약 유치원생들이 대화하는 것을 원치 않거나 무서워하거나 도망가려고 하거나 갑자기 위험한 행동을 한다면 어떻게 해야 하는가? 3학년 학생은 그러한 가능성이 있다는 것을 알고 있다. 이들은 이미 겪어 봤고 벗어난 지 얼마 되지 않았다. 짝을 만나기 전과 후에 열리는 연습 회기에서 이들은 교사 그리고 학급 친구들과 참여해 자신만의 관계 맺는 리듬을 찾는다. 이 시간에 단어, 감정과 몸짓을 사용하며 친구 그리고 교사와 함께 문제를 해결하게 된다. 또한 이 시간에 아동들은 왜 유치원생들이 특정한 행동할 수 있는지에 대해 여러 이유를 찾아내게 된다. 아마 아동들이 긴장해서, 낯을 가려서, 또는 한 아동이 적절하게 말한 것처럼 "키가 훨씬 더 큰 사람을 두려워해서" 그럴지도 모른다.

교사가 아동에게 제안하는 한 가지 도전은 더 어린 단짝의 감정을 이해하도록 노력하게 하는 것이다. 즉, 단어뿐 아니라 몸짓과 같은 사회적 · 정서적 신호를 읽고, 어린 아동이 행복하거나 슬픈지, 친근감을 느끼며 환영받는 기분인지 혹은 불편하지만 말을 못하는 것인지를 알아내는 것이다. 학생들은 유치원생들이 참여하도록 격려할 뿐만 아니라 자신도 관계에 참여하여 무슨 일이 일어나고 있는지 단짝에게 집중하도록 한다. 연습 토론에서 교사들은 3학년 학생들에게 특히 이러한 미묘한 신호들을 읽는 것에 대해서 질문한다. 3학년 학생들은 이러한 관찰 내용을 인지할 수 있도록 이를 말로 표현하는 법을 배운다. 또래 집단의 토론은 상호 간의 대화, 문제 해결과 성찰을 포함하기 때문에 서로에게서 배우게 해 준다.

새로운 책임에 대한 이러한 잠재적인 시험에 어떻게 대응하는지 알아야 한다는 것은 아동들에게 자기 성찰의 아주 큰 동기가 된다. 아동들이 아직 이 단계에서 온전히 사고하기에는 조금 어리더라도 말이다.

비가 오는 날 3학년 학생들은 그들의 단짝에게 그림책을 읽어 준다. 읽는 것에 문제가 있는 고학년의 아동도 그림책으로 이야기를 들려주는 것을 통해 성공을 경험한다. 비 오는 날에 대해 교사들 중 한 명이 다음과 같이 말했다. “한 교실을 가득 채운 네 살짜리 아이들이 3학년 학생들에게 기대거나 무릎에 앉아 있는 모습은 참 특별한 광경이다.”

그해 동안 3학년 학생들은 그들의 경험에 대한 것을 노트에 작성한다. 이 노트를 통해 그들은 유머, 공포 그리고 풍자적인 믿음으로 본인이 겪은 사건을 다시 경험한다. 이 친구들은 자기 단짝과의 상호작용을 중심으로 느꼈던 자기의 감정에 대해 이야기하고, 때때로 어떻게 원인과 결과를 보게 되었는지 설명하기도 했다. 한 교사의 기록을 인용하자면, “학생들이 노트에 그들의 어린 단짝에 대해 기록하게 될 때, 그 활동을 통해 아이들의 글쓰기 수준이 완전히 달라진다.”

또한 이 경험은 그들의 사고를 완전히 다른 단계로 끌어 주기도 한다. 이러한 종류의 경험은 아동이 모든 단계의 생각을 연습하고, 강화하며, 숙달하게 한다. 이러한 정서적 연결로 사고하는 것을 통한 배움의 힘 또한 마찬가지이다.

제3부

뿌리

07

뿌리에 도달하기:
진단꼬리표 방지하기

학습장애를 가진 아동의 부모는 '주의력결핍 과잉행동장애/주의력결핍장애(ADHD/ADD)' '비언어적 학습장애'나 '난독증'과 같은 진단꼬리표를 자주 듣는다. 이 진단꼬리표는 실제로 무엇을 의미하고, 당신이 실제로 그에 대해 무엇을 할 수 있을까?

난독증을 생각해 보자. 난독증은 읽는 것에 어려움을 느끼는 것으로 정의된다. 그 이후 당신은 의학계로부터 한 세트의 증상들과 연방 정부에서 또 다른 한 세트의 증상들 그리고 전문가가 집필한 다양한 교재에서 또 다른 세트의 증상들을 본다. 몇몇 전문가들은 언어지체를 말하고, 어떤 이들은 읽기와 철자 문제에 집중한다. 결국 우리가 얻은 거라고는 읽기 문제를 나타내는 일반적인 진단꼬리표이다. 이 진단꼬리표는 그 원인에 대해서 그 어떤 말도 없다. 마치 분비샘이 부어오른 자녀를 소아과에 데려가는 것과 같다. 분비샘이 부은 것을 보고 의사는 당신에게 림프샘 질환이라는 진단명을 줄 것이다. 그렇다면 림프샘 질환은 무엇인가? 림프샘 질환이란 분비샘이 부어오른 것이다. 왜 분비샘이 부어오른 것인지에 대한 원인을 알기 전까지 치료는 추측만으로 진행된다.

'비언어적 학습장애'는 또 다른 전형적인 분류이다. 이 진단꼬리표는 수학, 퍼즐 맞추기, 빠르고 복잡한 움직임 수행하기, 지도와 그래프 읽기 그리고 개인의 환경에 대한 감각을 가지는 것에 대한 학습장애를 말한다. 언어 추론, 청각 처리 또는 단어와 소리의 이해력을 전혀 필요로 하지 않는다. 이 문제는 좌뇌, 언어 학습보다는 우뇌, 공간과 운동계획 능력과 약간의 정서적 능력에 있다. 다시 말하지만, 이것은 문제가 존재하는 것을 나타내는 데는 괜찮은 용어지만 치료로 이어지는 것은 아니다.

ADHD나 난독증 또는 비언어적 학습장애를 개선하는 방법은 근본적인 문제를 구별하는 것이다. 이러한 문제들은 감각계에서 비롯된다. 나무를 이용했던 비유를 보자면, 감각계는 우리의 사고 단계인 나무 몸통에 영양분을 주는 뿌리다. 이러한 문제들에 대한 해결책은 아동이 어떻게 다른 감각체계를 사용하는지를 이해한 다음, 아동의 학습 강점과 약점에 대한 감각 특정 프로파일을 종합하는 데서 나온다.

각각의 아동은 독특한 프로파일을 가지고 있다. 어떤 아동은 매우 강한 시각적 기억력을 갖고 있다. 만약 아동에게 일련의 카드들을 보여 주면, 아동은 그 그림들과 그 밑에 쓰인 단어들을 쉽게 기억할 것이다. 하지만 동시에 약한 시공간적 처리과정을 갖고 있을 수도 있다. 만약 아동에게 집 그림을 거울에 비친 대로 그려 달라고 한다면 해내지 못할 것이다. 몇몇 아동은 운동 문제를 갖고 있으나 추상적인 시각적 문제 해결을 아주 잘할 수도 있다. 마치 흔히 공간을 시각화하고 복잡한 관계성을 볼 수 있으나 행동이 어설픈, 자기몰두적인 교수처럼 말이다. 약점은 어떻게 문제가 생겼는지를 설명해 주며 강점은 약점을 개선하는 데 많은 도구를 제공할 것이다.

다음의 네 가지 사항을 기억하라.

- 감각계, 뿌리는 생각을 발달시키는 것에 결정적인 역할을 한다.
- 그러므로 감각계의 문제들은 우리의 사고능력을 약화시킬 수 있다.
- 한 증상이나 문제의 원인으로는 다양한 감각 결핍이 있을 수 있다.
- 특정한 한 가지 결핍은 한 가지 이상의 문제를 일으킬 수 있다.

다음의 내용을 통해 나는 한 가지 특정 진단꼬리표에 대해 이야기를 하고 싶다. 부주의 또는 ADD를 사용해서 다음의 사항을 설명할 예정이다. 말하자면, ① 이 어려움이 다른 감각계의 문제와는 별도로 발생할 수 있었는지, 그리고 ② 체계의 어떤 부분에 문제가 있냐에 따라 하나의 감각 통로 혹은 뿌리(소리와 같은)가 어떻게 여러 방식으로 부주의를 일으킬 수 있는지를 설명하고자 한다.

이 관계성을 이해하는 것은 중요하다. 당신은 자녀에게 있어 가장 좋은 관찰자다. 만약 당신의 자녀가 감각을 해독하고 통합할 수 있다면, 즉 자신의 모든 감각, 운동 기술, 언어, 세계에 대한 시공간적 이해를 모두 사용할 수 있다면 아동은 집중하고 문제를 해결하는 것이 쉽게 느껴질 것이다. 그리고 당신은 그 과정을 자연스럽게 보게 될 것이다. 반면, 만약 아동의 정신적/신체적 '팀(team)'이 제대로 협력하지 않는다면, 그녀는 좀 더 단편적인 세계에서 살 것이고, 더 힘든 시간을 보내게 될 것이다. 이 또한 당신이 보게 될 것이다. 그 모든 것이 어떻게 맞물리는지를 파악한다면 당신은 자녀가 주의를 기울이고 지적 · 정서적으로 발달하도록 도울 수 있을 것이다.

증상으로서의 부주의

부주의는 학습문제 그 자체로 고려되는 것은 아니지만, 틀림없이 학습에 방해가 된다. 다음은 부주의에 대한 전형적인 증상이다.

전화벨이 울리고 있다. 상대방 측에선 몹시 지친 목소리로 엄마에게 말하길 그녀의 아들인 빌리가 가만히 있기를 못하고, 이웃에게 말을 걸며, 교사의 말을 전혀 듣지 않는다고 했다. 빌리는 집중하지 않는다. 그뿐만이 아니라, 빌리의 터무니없는 행동은 그 주변의 아동들을 방해해서 그들 또한 마찬가지로 집중할 수 없다고 한다. 전화를 건 사람은 교사일 수도, 지도교사 혹은 교장일 수도 있고, 그 누구든 'ADD' 혹은 'ADHD'를 언급하며 엄마에게 아들에 대한 부담을 넘겨 주었다. 엄마는 이제 이에 대응해야 했다. 물론 엄마는 이미 노력했다. 엄마는 이미 빌리와 대화를 했지만, 그것은 별다른 영향을 미치지 못했다. 그렇다면 엄마는 무엇을 할 수 있을까?

먼저 이 엄마 또는 어떤 부모든 증상을 이상을 보아야 한다. 이 경우엔 주의를 기울이지 않는다는 증상 말이다.

주의집중력에 대해 생각할 수 있는 방법은 두 가지가 있다. 하나는 단순히 사람 신경계의 특징적인 부분이라 생각하는 것이다. 이 경우는 집중을 할 수 있거나 할 수 없는 두 가지 경우만이 존재한다. 그리고 집중을 못한다면 리탈린(Ritalin), 암페타민(Adderall), 콘서타(Concerta)와 같은 약을 복용하여 집중을 향상시킬 수 있다. 이 경우에 부주의란 사람이 지병처럼 갖고 있는 것이며, 약물 복용을 통해 제거할 수 있다.

다른 방식으로 생각해 보자면, 집중이란 학습하는 과정으로, 점진적으로 발달하게 되는 것이다. 우리가 보았듯이, 생애 첫 몇 달 동안 아기가 엄마의 목소리를 향하거나 아빠의 얼굴을 보고 커다란 미소를 짓는 그 순간이 주의집중의 시작이다. 유아가 돌아서 자신이 원하는 곰 인형을 가리키면, 그 행동은 주의집중력을 사용하여 문제를 해결하는 것이다. 아동이 교실에 앉아서 교사의 말을 듣고 질문을 하기 위해 손을 들어 올리는 것도 주의가 필요한 행위이다. 첫 예시처럼 아동이 한 대상을 따르고, 두 번째처럼 문제를 해결하기 위해 운동체계를 이용하든, 마지막 예시처럼 소통을 하든 주의집중을 필요로 한다.

주의집중력에 문제가 있는 아동과 함께 일하는 내 동료 작업치료사들처럼, 나는 집중력이란 신경계의 많은 부분을 포함하는 역동적이고 활동적인 과정이라고 생각한다. 우리가 보는 관점에서 주의집중이란 시각, 소리와 촉각, 정보 처리 그리고 행동 계획 수립을 포함하고 있다. 아동이 얼마나 오랫동안 앉아 있을 수 있는지에 대한 것이 아니다. 성공한 수많은 교수, 엔지니어, 의사, 교사, 요리사, 교장 그리고 훌륭한 부모들이 끊임없이 몸을 안절부절 못하며 가만히 있지를 못한다. 몸을 가만히 할 수 있든 없든 사람이 정보를 받아들이고, 처리하고, 행동 계획을 세우고, 이행할 수 있다면 주의를 기울일 수 있는 것이다.

따라서 만일 부주의가 약으로 고치는 신경계 결함이 아니라면 결국 무엇이고 그 원인은 무엇인가? 어떻게 고칠 수 있을까?

대부분의 경우 부주의는 다른 문제의 증상이다. 그것은 열이 있는 것과 같다. 당연한 말이지만, 열은 질병이 아니라 많은 문제에 대한 흔한 증상이다. 원인을 찾지 않고 열을 없애기 위해 약을 복용하는 것은 좋지 않다. 당신은 무슨 일이 일어나고 있는지 이해해야 한다. 그럼 부주의의 원인을 파악하기 위해 무엇을 봐야 할까? 이 장에서는 감각체계를 소개하기 때문에 현명한 추측이다. 하지만 왜일까? 우리의 나무 비유에서 뿌리 부분의 모든 것인 보고, 듣고, 느끼는 것, 즉 정보를 받아들이고 이해하며 전달하는 수많은 방식이 아동의 부주의와 어떤 관련이 있을까?

청각 처리

자녀의 주의집중력에 문제가 있는 많은 부모는 다음과 같은 경험을 했을 것이다. 아빠는 애나(Anna)에게 "우리가 점심을 먹으러 가야 하니 너는 위층에 올라가 신발을 신고 다시 내려와서 준비하렴."[1] 하고 말한다. 잠시 후, 보통 아빠가 생각한 것보다 오랜 시간이 지나면 애나는 신발 없이 아래층으로 돌아온다. 아빠는 "신발은 어디 있니? 뭘 한 거야? 내 말 안 들었어?" 아빠는 화가 나 애나에게 돌아가서 다시 가지고 오라 한다. 애나는 어깨를 으쓱하고 무언가 중얼거린다. 애나는 위층으로 올라가서 이번에는 신발을 가지고 돌아온다. 왜 처음부터 그러지 못했을까? 아빠의 말을 안 듣고 있었을까? 아빠는 확실히 그렇게 느낄 것이다. 하지만 그렇지 않다.

앞에서 언급한 것처럼, 부주의는 단지 증상일 뿐이다. 애나의 경우에 문제는 애

1) 역자 주: 모든 예시는 미국이 바탕이며, 따라서 문화 차이가 발생한다. 미국은 실내에서 신발을 신는다.

나가 특정한 감각 중 소리를 처리하는 방법, 즉 단어를 구성하는 뚜렷한 소리를 해석하는 것에 있다. 임상가들은 그것을 청각 처리 문제라고 부르며, 몇 가지 다른 형태가 있다. 애나는 상당히 흔한 종류를 가지고 있는데, 언어적인 순서를 머릿속에 기억할 수가 없다. 애나는 아버지가 말한 첫말인 "위층에 올라가." 부분을 이해했으나, 나머지는 속도에 맞게 해석하지 못했기 때문에 꼬여 버린 것이다. 그렇기 때문에 애나는 위층에 도착했을 때 무엇을 해야 할지 알 수가 없었다. 애나의 문제는 복잡한 언어적 지시를 붙잡고 기억할 수 있을 정도로 정보를 순서대로 처리하는 것에 있다.

우리 대부분은 지나가는 행인에게 길을 물어보고 머리가 띵했던 적이 있을 것이다. "두 블록을 지나고 전봇대에서 우회전하시고 세 블록을 더 가다가 왼쪽에 있는 교회를 지난 후 두 번째에서 좌회전 하세요. 찾으시는 곳은 학교를 지난 후 오른쪽에 있는 세 번째 건물입니다." 여기서 화자가 강한 억양을 가지고 있다고 가정하면, 당신은 화자가 계속 말을 하는 동안에도 들었던 말을 생각해야 한다. 우리가 아직 첫 번째 부분을 '해석 중'인 동안 행인은 도로표지판을 모두 지나고 여러 골목을 지나 거의 3km를 지난 설명을 해 주고 있다. 대부분은 설명을 들었음에도 그 장소를 찾기 위해 아직도 헤매고 있을 가능성이 있다. 길을 알려 준 사람에게는 그 지시가 상당히 명확하다. 우리 대부분이 그렇게 생각하듯이, 이 화자는 자신이 이해하고 있으니 당신도 바로 이해할 것이라 생각할 것이다.

청각 문제가 있는 아동의 세계에 온 것을 환영한다. 해석하기 어려운 소리가 일련으로 연달아 들리니 애나가 무엇을 해야 할지 모르는 것은 어쩌면 당연하다. 두 번째로 올라가야 했을 때는 단 한 가지 지시만 받은 것이다. "올라가서 신발을 가져와라." 그녀는 위층으로 올라갈 필요가 있었지만 그 단계는 이미 한 번 해 보았기 때문에 이번에는 신발에 집중할 수 있었다.

시공간적 정보 처리하기

이제 부주의의 또 다른 이유를 살펴보도록 하자. 이번엔 시각과 연관된 다른 감각 처리 문제인데, 이는 시공간 정보를 이해하는 것과 연관이 있다. 이 문제를 안고 있는 아동은 전체적인 그림을 받아들이는 것을 어려워한다. 말 그대로도 그렇고 비유적으로도 그렇다. 관련이 없는 세부 사항이 아동의 집중력을 흐려 자신의 중심을 잃는 경우이다.

앤디(Andy)라고 불리는 한 아동이 있다. 앤디도 신발을 찾으러 위층으로 올라가야 한다. 앤디는 올라가서 침대 근처를 찾지만 신발은 보이지 않는다. 앤디는 또 어디를 찾을까 고민하며 주변을 살펴본다. 앤디에게는 옷장 안을 보거나 의자 근처를 보는 것은 당연하지 않았다. 주변을 찾다가 가장 좋아하는 전기 자동차를 발견한다. 와! 즉각적인 주의를 흐릴 만한 요소다. 앤디는 신발이 있을 만한 다른 장소에 대한 머릿속 그림이 없어, 방에 대한 전체 그림을 보고 체계적으로 신발이 없을 만한 곳을 하나씩 제거하지를 못하여 자신의 임무에 지속적으로 집중할 수가 없다. 물론 앤디는 빈손으로, 혹은 발견한 차를 들고 내려올 것이다. 부모는 앤디가 지시를 제대로 듣지 못했다고 생각할 것이다.

운동 순서 처리하기

소리와 시각을 처리하는 문제는 집중력 저하의 흔한 원인이지만 가장 보편적인 것은 아니다. ADD 또는 ADHD로 진단받고 주의집중력 문제가 있어 나를 만나는 아동 중 대부분은 운동 계획과 행동 순서화하기에 문제가 있는데, 이는 뿌리 체계의 다른 근본적인 부분이며 우리의 감각 세계를 탐험할 때 사용하는 체계이다. 즉, 대부분 이 친구들은 언어적 요청, 시각적 정보 또는 장애물 코스를 통과하는 것과 같은 환경에 대한 암묵적인 요구에 대응하여 다단계적인 행동 계획을 수립하고 이행하는 것에 대한 어려움이 있다. 그들은 과제를 위해 행해야 하는 단계들을 체계화하지 못하기 때문에 순서를 기억하지 못한다. 결과적으로 아동은 과제를 완성하지 못한다. (운동 계획 문제는 신경학적 차이에 의해 생길 수도 있다.)

엄마는 아들인 조나(Jonah)에게 땅콩버터와 잼 샌드위치를 만들어 달라고 부탁했다. 간단한 일이지 않은가? 아동은 무엇을 해야 할까? 아동은 냉장고 앞으로 가서 땅콩버터와 잼을 꺼내야 한다. 병을 식탁 위에 놓고 상자에서 빵을 가져와 식탁 위에 놓는다. 칼이 있는 서랍을 열고 칼을 가져와 병과 빵이 있는 곳에 둔다. 그리고 병을 열고 칼을 집어 잼을 빵 한 조각 위에 바르고 다른 쪽에는 땅콩버터를 바른다. 이제 두 조각을 포개고 접시 위에 올려놓는다. 그리고 엄마에게 가져다준다. 열여섯 단계다. 이 단계를 하나씩 보면 부담스러운 일은 아닌데, 운동 계획과 운동 순서를 수립하는 것에 문제가 있는 아동의 경우라면 어려움의 정도가 에베레스트산 급이다. 조나는 땅콩버터를 빵에 발라 샌드위치를 만들기보다는 아마 식탁에 앉아서 땅콩버터를 손가락으로 핥아 먹게 될 확률이 훨씬 높다. 계획을 세우는 것에 어려움을 겪는 아동에게 열여섯 단계는 너무 많은 체계화를 요구한다. 아동에겐 지나치게 많을 정도이다.

이것은 전체적인 숙제를 이해하지 못하는 아동, 해야 할 일을 전부 끝내지 못하고 이미 한 것을 제출하는 것을 잊어버리는 아동의 전조 증상이다. 이는 단계가 너무 많고 계획하는 기술이 충분히 탄탄하지 못하기 때문이다.

감각 조절하기

지금까지 세 가지의 뿌리인 청각, 시각과 운동 계획이 집중력 저하, 부주의를 어떻게 일으키는지를 보았다. 아동이 각각의 체계에서 받아들이는 정보를 처리하는 것에 어려움을 느끼기 때문이었다. 그러나 이 외에도 원인은 존재한다. 아동들은 특정한 감각체계를 조절하거나 제어하는 것에 어려움이 있기 때문에 집중력이 저하될 수도 있다. 어떤 아동은 시각, 청각, 촉각, 후각과 같은 특정한 감각이 입력될 때 자기 조절을 못하는 방식으로 반응할 수 있다. 이 반응은 아동이 과민반응이나 과소반응을 보이거나, 그 감각을 더욱 추구할 수도 있게 만든다. 예를 들어, 소리와 같은 한 감각에 지나치게 과민반응을 보이는 아동은 시끄러운 방이나 시끄러운 아동 옆에 앉게 되면 정서적으로 압도당하거나 쉽게 산만해질 수 있다. 이들은 과잉반응으로 인해 주의를 덜 기울이게 된다. 그것은 스펙트럼의 한쪽 끝이다. 반대의 극은 감각에 과소반응을 보이기 때문에 주의를 기울이지 않는 아동인데, 예를 들자면 정상적인 음성이 입력되지 않는 친구의 경우가 있다. 이들은 당신을 인식하지 못하기 때문에 부주의하다.

며칠 전 내 사무실에서 나는 한 아동에게 보통의 음성으로 말을 걸었는데, 장난감에서 눈을 떼고 나를 알아차리기 전까지 적어도 5분이 걸렸다. 나는 그 아동이 얼마나 오랫동안 소리에 무심할 수 있는지, 그리고 어느 정도의 과소반응을 보이는지 보고 싶었기 때문에 말을 계속 이어나갔다. 이 회기 안에서 나는 내 목소리에 에너지를 더하면 매번 1초 내에 아동의 주의를 끌 수 있음을 알게 되었다. 아동의 부모가 내게 아동의 이야기를 들려주었을 때, 나는 그 아동이 다른 많은 자극에 대해 과소반응을 하는 것을 알았다.

이와 다른 경우는 감각을 찾는 아동들이다. 실제로 이 아동들은 감각을 추구한다. 더 많은 접촉, 더 많은 시각적 자극, 더 많은 소리 또는 더 많은 움직임을 끊임없이 찾는다. 이들은 매우 활동적이고, 산만하며, 부주의하다. 사실 이들이 ADHD로 진단받는 전형적인 아동들인데, 이는 가장 알아보기 쉽기 때문이다. 제12장에서 우리는 다양한 방식으로 감각 조절에 어려움을 가진 아동들을 치료할 수 있는 방법에 대해 말할 것이다.

이 모든 것에 대해 해당하지 않는 부주의한 아동들도 있다. 여기에 해당하는 아동들은 아직 우리가 이해하지 못하는 문제를 이면에 가지고 있다.

제3부는 청각, 시각 및 운동 계획 및 순서화에 대한 발달 경로를 설명하고, 아동이 이러한 감각을 어떻게 처리하는지 설명한다. 또한 아동이 어떻게 그것들을 조

절하는지 설명한다. 조금 더 나이가 있는 아동들을 통해 우리는 나이에 따라 발달이 어떻게 이루어지는지를 볼 수 있다. 이번에도 특정한 감각의 초기 단계에 대한 미숙한 숙달을 의미할 수 있는 신호를 알아볼 수 있도록 질문을 제시했다. 이 질문은 제4장에서 설명했던 첫 여섯 개 사고 단계의 폭과 범위에 대한 신호가 될 것이다. 이 정보와 아동의 사고 단계에 대한 당신의 통찰을 더하여 아동을 위한 계획을 세울 수 있다. 제3부에서는 제1장의 어린 소녀인 샐리가 직면했던 문제를 다시 살펴볼 것이다.

이 다음 장들을 읽기 전에 잠깐 시간을 내어 자녀가 어렸을 때를 생각해 보며 다음의 질문에 대해 고민해 보길 추천한다. 아동이 어렸을 때 방금 언급한 감각 부분인 청각(언어 및 읽기), 시각(시각적 공간 이해) 및 운동 계획 및 순서화(조직화된 움직임) 중 어느 부분이 쉽게 되었고, 어떤 부분이 습득하기가 더 힘들었는가? 특정 종류의 소리, 촉감, 맛, 냄새, 시각적인 세부 사항 또는 주변 환경, 또는 빠른 혹은 느린 동작에 대해 과민 또는 과소 반응의 징후가 있었는가? 당신의 성찰은 다음 장의 정보들을 더 구체적으로 자녀에게 집중해서 보게 해 줄 것이다.

08

소리 해석하기

소리를 구별하는 것은 언어의 발달, 읽는 법 학습 그리고 읽은 것을 이해하는 시작 단계다. 언뜻 보기에 독해는 소리와 관계가 별로 없어 보이지만, 소리 인식, 언어 발달, 독해는 연속적으로 이어진 것이다. 아동의 독해력은 단어를 인지하고 문맥 내에서 이해하는 역량보다 나을 수가 없다. 그래서 들을 줄 아는 아동에게 있어서는 읽기 능력과 같이 독해 또한 청각 처리에 크게 의존한다. 즉, 아동이 소리를 받아들이고 이해하는 방식에 달려 있다. 청각장애 아동은 독화, 수화 그리고 종이에 글을 적는 것까지 모두 보이는 것에 의지해야 하며, 단어 인식과 독해 기술들의 발달을 위해 좀 특별한 지도가 필요할 수 있다. [다음 두 장에서 우리는 애나가 신발을 가져올 때의 문제처럼 감각 문제와 이어진 다른 청각 처리 과정 문제의 다양한 종류에 대해 논의할 것이다.]

자녀의 언어 기술 향상을 위해 제시된 단계들을 읽는 과정에서 '언어 학습장애'와 같은 이런 진단명은 소리를 해독하고 말하기 또는 읽기에 문제가 있는 아동에게 사용되는데, 명확하게 만들기보다는 모호하게 느껴질지도 모른다. 소리를 잘 구별하지 못하고 말을 느리게 하는 아동은 단어를 말할 줄 알게 되면 그 단어를 이해할 수도 있다. 이러한 문제는 말하는 것을 더 느리게 만들지만 아동의 독해력에는 영향을 주지 않는다. 또 다른 아동은 좋은 청력을 가지고 있어 단어를 따라할 수 있지만, 실제로는 의미를 이해하지 못할 수도 있다. 이런 문제라면 독해에 관한 문제가 발생할 수 있다. 따라서 우리가 아동의 주의에 대한 문제를 보았을 때처럼 언어 학습장애에는 한 가지의 이유만 있는 것이 아니다.

먼저 언어가 어떻게 발달되었는지 (아주 간단하게) 살펴보도록 하자.

언어 발달

언어 발달에서 신생아의 첫 번째 과제는 소리 사이의 차이점을 듣는 것이다. 그것을 해석해야 하기 때문이다. 우리가 아동에게 말을 걸 때 애정 가득한 소리를 내고 우스꽝스러운 표정을 지으며 아기를 다양한 소리에 노출시키고 있는 것이다. "오구! 아! 너무 사랑스러워. 너무 귀여운 거 아냐?" "구, 구, 가, 가"와 같이 서로 다른 자음과 모음 소리를 강조하고, 아기의 주의를 끌기 위해 표정을 풍부하게 짓는다. 우리는 아기에게 몸을 가까이 하여 우리가 좋아하는 단어를 말할 때 우리의 입술의 모양을 놓치지 못하게 한다. (보통 우리가 좋아하는 단어로 '엄마' 또는 '아빠'를 선택한다.) 대부분의 아기는 집중적으로 쳐다보고 음성으로 그 소리에 반응할지도 모른다. 이 모든 것은 아기가 세상에 관심을 처음으로 가지며 타인과 참여하면서 일어나는 일이다.

아기가 생후 4~5개월에 도달하게 되면 아기와 부모 사이에 있어 소리는 의도적인 상호 교환의 일부가 된다. 이런 양방향 의사소통을 하는 동안, 아기는 활동적인 파트너가 되어 생후 8~10개월이 될 때 "구구"와 "가가"를 음성과 물리적인 리듬으로 점차 명확하게 말하며 주고받을 수 있게 된다. 아동은 팔과 다리를 흔들고 눈은 의도가 가득한 채 웃고 있을 것이다. 아동은 엄마와 아빠를 파트너로 삼으며 몸을 흔들고 음성을 내는 우아한 춤을 추는 것이다.

어린 아동이 간단한 소리를 내고 모방할 수 있을 때면 언어 발달의 다음 단계로 나아갈 준비가 된 것이다. 이 단계는 패턴을 인식하는 단계이다. 아동은 수많은 작은 조각이 문제를 해결할 수 있는 패턴을 만들 수 있다는 것을 배운다. 즉, 짧은 소리들이 모이면 자신이 원하는 것을 갖도록 단어가 만들어지는 것이다. 점진적으로 언어전기 아동들은 몸짓과 함께 "마마" "까" "고"와 같이 점점 더 구체적인 소리를 사용해 우유병, 장난감이나 공을 나타내기 위하여 자신만의 형태를 만든다. 아동들은 특정한 소리와 몸짓의 패턴을 결합하면 원하는 것, 다시 말해 그들의 문제가 해결된다는 것을 깨닫게 된다.

자녀가 만일 소리와 관련된 문제를 안고 있는 것처럼 보인다면 가장 먼저 떠오르는 질문은 '무엇부터 해야 할까?'일 수 있다. 만약 말을 아직 제대로 못하는 세 살짜리 아동이라면 당신은 말을 매우 잘하지만 자연스럽게 읽지 못하는 여섯 살짜리 아동보다는 더 이른 단계의 사고 단계에서 시작하게 될 것이다. 이 세 살짜리 아동은 소리의 패턴과 조합을 감지해야 하며, 여섯 살짜리 아동은 시각적 이미지를 소리에 연결하는 것이 필요하다.

소리 구별하기

말을 많이 하지 않는 세 살짜리 아동부터 시작해 보자. 아동들의 발달에 대해 언급된 설명을 따라가다 보면, 당신은 '아하!' 하고 아동의 문제가 어디서 시작되었는지 정확히 알게 된 순간이 있을 수 있을 것이다. 만약 그렇지 않았다고 해도 괜찮다. 우선 처음부터 활동을 시작해 보고 아동이 어디부터 문제가 있는지를 보면 된다. 세 살짜리 아동의 경우면 그렇게 되돌아갈 것도 없다.

우선 가장 먼저 간단하고 기본적인 소리를 활기차게 만드는 것이 좋다. '달린다'의 "다 다 다 다" 혹은 '박쥐'의 "바 바 바" 소리를 힘차게 내본다. 아동이 그 소리를 반복할 수 있는지 본다. 바보 같은 얼굴과 재미있는 소리를 더해 게임으로 만들어 보자. 당신의 표정을 과장해서 표현하면 거의 자동으로 당신의 에너지를 끌어올리게 되기 때문에 이런 소리를 낼 때 아동은 당신의 얼굴을 보게 된다. 심지어 당신의 혀와 입술이 어떻게 움직이는지 세세한 것까지 보게 된다. 만약 아동이 "버" 와 "더"

의 소리를 구별할 수 없다면, "버 버 버" 소리를 낼 때 입술이 어떻게 움직이는지, 그리고 "더 더 더" 소리를 낼 때 혀가 입천장 윗부분에 닿는 모습을 보여 주고 "머" 소리를 추가한다. 거울을 보며 둘이서 함께 이 움직임과 소리를 내는 연습을 해도 좋다. [독서를 위한 Lindamood-Bell 접근법의 그 유명한 패트 린다무드(Pat Lindamood)도 이 부분을 강조한다.]

아직 몇 소리는 불안정하지만 대화를 할 수 있는 만 5세 아동이라면 함께하는 활동이 조금 더 정교해도 괜찮다. 웃긴 동물 소리 게임을 해도 좋다. 당신이 "강아지"라고 하고 강아지 짖는 소리를 내면 아동이 당신을 흉내 내는 것이다. 당신이 "고양이"라고 하고 야옹 소리를 낸다면 아동도 야옹 소리를 내는 것처럼, 그렇게 이어지도록 말이다. (아동이 아직 좋아한다면 동물 소리가 나는 노래를 이용해도 된다.) 만약 아동이 동물 소리를 이미 구별할 수 있다면 서로 순서를 돌아가면서 소리를 내고, 상대가 소리를 반복한 다음에 어떤 동물인지 맞추는 놀이를 해도 좋을 것이다. 아니면 아동이 당신의 동물 소리를 모방하는 것으로 시작해서 다르게 바꿔 갈 수 있다. 예를 들어, "쿠" 소리를 낸 당신은 "쿠쿠" 새가 되었고 아동은 다른 소리 "다 와" 새가 되는 것이다. 그럼 당신은 "다 마" 새가 될 수도 있다. 이렇게 주고받으며 속도를 점점 빠르게 오가는 것이다. "다 와!" "다 마!" "다 와!" "다 마!" 아동은 소리를 듣고 반복한다. 그런 뒤 이 패턴에 새로운 소리를 던져 넣어도 좋다. "다 와!" "다 마!" "다 와!" "다 카!" 아동들은 자기만의 이상한 소리를 만들어 내는 것을 너무 좋아하는데, 이 게임은 아동이 당신의 소리를 모방하는 것으로 시작해야 한다.

소리 만들기: 구강 운동의 어려움

이 장에서 우리가 가장 주되게 다룰 것은 듣는 소리를 처리하는 문제를 가지고 있는 아동이다. 소리가 입력이 될 때 (영양분을 흡수하는 뿌리를 생각해 보자.) 그 소리를 재현하기 위해 필요한 모든 부분을 정확히 파악하지 못하는 경우 말이다. 그 소리를 어떻게 해석하고 반복하는지를 알아내는 것에 대한 문제이다. 하지만 그 외에도 아동의 구강 운동 문제 때문에 언어가 뒤처질 수 있다. 즉, 아동이 혀, 입술 및 입을 움직여 특정 소리를 내기 힘든 경우 말이다. 아동은 본인이 내고 싶은 소리를 정확히 알고 있을 수 있다. 그 소리를 제대로 처리했고, 아동의 머릿속에서 그 소리가 들리는 것이다. 그런데 입 밖으로 그 소리를 내지를 못한다. 아동의 입 안과 밖에 있는 근육이 알맞은 모양을 만들지 못하기 때문이다.

구강 운동에 어려움을 겪고 있는 아동들에게도 앞에서 언급한 간단한 활동이 도움이 될 수 있으나, 그런 문제를 안고 있는 아동들은 입과 혀를 통제하기에 더 힘든 소리, 예를 들어 "ㅂ" "ㄹ" 그리고 "러"와 같은 소리를 내어 보기 전에 "이, 이, 이"와 같이 가장 쉬운 소리에서부터 시작해야 한다. (하지만 아동마다 다르니 실험을 해 보아야 한다.) 그리고 과장하는 것을 잊지 말아야 한다. 아동은 입과 혀 근육을 잘 단련하게 되어 곧 움직임을 조정하게 될 것이다. 제17장에서 논하는 Affect-Based Language Curriculum(ABLC)은 추가적인 구강 운동을 제공한다. 언어병리학자와 구강 운동 전문가들은 혀와 입 근육을 더 잘 움직일 수 있도록 다양한 구강 마사지 기법을 개발해 왔다. 하지만 이 마사지들은 구강 운동 작업에 경험이 있는 언어병리학자의 지도하에만 이루어져야 한다.

소리를 생동감 있게 표현하기

아동이 여러 소리의 순서에 익숙해지기 시작하면 움직임을 더할 수 있다. 당신은 이미 아동의 소리 측면을 돕기 위해 감정을 가지고 들어왔을 것이다. 이제 다른 뿌리, 특히 운동 계획과 순서화 뿌리를 추가할 수 있다. 아동은 자신이 만드는 소리에 맞게 새로운 팔짓과 몸짓을 만들어 낼 수 있고, 소리를 지휘하는 오케스트라 지도자가 될 수 있으며, 소리를 노래로 만들어 부르며 춤을 추고, 꿈틀거리거나 점프를 할 수 있다.

알파벳(글자)을 배우는 아동이라면 특정 알파벳은 소리를 내면서 몸으로 만들어 보기 쉽게 되어 있다. 'T'의 경우, "티, 티, 티" 소리를 내며 몸을 곧게 펴고 어깨 높이의 팔을 옆으로 내밀어 알파벳을 만들 수 있다. "오, 오, 오" 소리를 내며 발가락 끝(toes)을 만지거나 "피, 피, 피"라고 말하며 똑바로 서서 팔로 원을 만들고 머리까지 올려 볼 수 있다. 이 세 가지를 최대한 빠르게 연달아 해 볼 수도 있다. ('YMCA' 노래에 맞춰 율동을 해 본 사람이라면 익숙할 것이다.) 만약 아동이 조금 더 나이가 많아 철자를 배우고 있다면 이 세 글자를 연습할 수 있는 세 개의 다른 단어를 이용할 수 있다. 글쓰기도 읽기와 마찬가지로 소리의 순서가 어떻게 패턴으로 형성되는지 이해하는 것에 달려 있다. 그래서 마지막엔 이런 방법으로 알파벳의 글자 소리를 훑어 보아야 한라. 꼭 순서대로 갈 필요는 없다. 나는 아동이 가장 많이 사용하는 단어에 포함된 소리부터 시작하여 나중에 익숙하지 않는 소리로 옮겨 가는 것이 가장 좋다고 생각한다. 'W' 또는 'N'과 같이 특정 문자를 형성하려고 할 때 아동과 당신 사이에서 팀워크와 창의력이 필요하다는 것을 빨리 깨닫게 될 것이다.

이중 자음 구별하기

나는 이중 자음을 할 때 처음부터 다시 시작하는 것을 선호한다. 각각의 글자 소리를 숙달할 때까지 기다리기보다는 글자가 어떻게 붙을 수 있는지 보여 주는 것이다. 아동의 흥미와 관련된 가장 친숙한 소리들로 시작하라. 예를 들어, 아동이 트럭을 좋아한다면 "tr"로 시작할 때 아동은 이 시간에 감정을 투자하게 된다. 또는 만약 겨울이라면 밖에서 "brrrr"[1] 소리를 내는 것이다. 또는 동물 소리 "grrrr"를 낼 수 있다. 그런 다음 다양한 이중 자음을 번갈아서, 빠르게, 느리게, 웃기게 소리를 내 보는 것이다. 더 어린 혹은 더 나이가 있는 아동의 경우 언어 기술의 면에서 아동이 가장 필요로 하는 소리로 나아가거나 문제가 있는 부분으로 넘어가라. 다시 말

1) 역자 주: 추울 때 영어권에서 내는 떠는 소리

하지만, 활동을 재미있게, 표현력 있게, 감정을 나타내게, 그리고 몸짓으로 가득하게 만들어 아동이 푹 빠지게 만들어라. 일부 아동의 경우 소리를 인지하고 해독함에 있어서의 효율은 아주 금방 나타날 것이고, 일부 아동들에게는 오랜 시간이 걸릴 수 있다. 하지만 연습을 계속한다면 나타날 것이다.

단어 구성하기

언어 발달의 다음 단계는 단어 속에 함께 있는 순수한 소리와 이중 자음을 합쳐 단어를 만들어 내는 단계이다. 여기에 본인이 가장 좋아하는 트럭 장난감을 갖고 노는 세 살짜리 아이와 함께 있다고 생각해 보자. 당신은 아동의 장난감에 관심을 보이며 아동의 놀이에 참여한다. "정말 멋진 트럭이야." 아동은 "트러"라고 말한다. 그리고 둘은 몸짓과 움직임을 이용해 트럭의 중심을 상호작용한다. 당신은 트럭의 모험에 대해 이야기를 한다. 마침내 아동은 "트럭"이라는 단어를 온전히 사용할 정도로 소리 패턴을 이해하게 된다. 아동은 "트럭"에서부터 "내 트럭" 또는 "트럭 여기"까지 순식간에 나아간다. 이 놀이와 이러한 언어적 도약은 당신과 아동이 창조의 놀이를 이용해 단어를 결합해 짧은 어구를 형성하는 것까지 할 수 있게 해 준다. 당신이 더 복잡한 방식으로 언어를 사용할수록 아동은 당신을 모방할 것이다.

아동은 서너 개의 글자가 단어를 만들어 낸다는 것을 알게 되는 순간부터 매우 빨리 배우는 듯하다. 아동은 문제 해결 초기 단계에서 특정한 소리를 내며 무언가를 가리키면 자신이 원하는 것을 얻을 수 있다는 것을 배웠기 때문에 동기는 이미 부여되어 있다. 따라서 소리 패턴이 단어를 만든다는 것을 잘 인식하지 못하는 아동들은 소리를 이용하여 함께 문제 해결을 하고, 원하는 것을 얻기 위해 소리와 몸짓을 이용하는 연습을 더 오래해야 한다. 우리의 '소크라테스식 순간'은 큰 도움이 될 수 있다. 하루 동안 아동이 구분이 덜 된 소리를 틈틈이 낼 때 조금 헷갈린다는 듯이 행동할 수 있다. 당신은 아동이 원하는 것을 위해 몇 개의 선택지를 몸짓으로 보여 주거나 소리를 낼 수 있는데, 하나는 실제 단어고 하나는 아무리 들어도 말도 안 되는 웃긴 단어를 들려주는 것이다. 아동은 원하는 것을 얻기 위해 올바른 말을 모방하려고 최선을 다할 것이다. 그 순간 아동은 열심히 노력할 동기가 있으며, 실제로 노력한다. 완벽할 필요가 없다. 단지 연습이 필요할 뿐이지만 암기식으로 조건화하는 방식이 아니라 당신과 풍부히 표현하는, 지지적인 교환 방식으로 연습할 필요가 있다.

조금 더 나이가 있지만 여전히 자신을 잘 표현하지 못하는 아동의 경우에는 놀이를 통해 소리, 제스처 및 패턴 인식을 통합하는 것이 좋다. 아동의 단어 패턴을 당장의 욕구나 가장 좋아하는 장난감보다 더 큰 그림으로 연관시켜 주라. 아동의 일상이 확장되고 있으니 아동의 놀이 시간도 확장할 수 있다. 예를 들어, 움직임과 언어 지시가 결합되어 있는 놀이를 할 수 있다. 고전적인 숨바꼭질이나 동물 꼬리 붙이기(눈을 가린 채 지시를 듣고 움직여 동물 그림에 꼬리를 달아 주는 놀이)와 같은 게임 말이다. (물론, '그래도 되나요' 놀이[2]도 있다.) 이런 놀이를 하는 것은 아동에게 올바른 질문을 하고 지시를 따르기 위해 단어 패턴을 이해하도록 동기를 부여할 것이다.

숨바꼭질을 하면 한 사람은 숨어 있고 다른 한 사람은 숨을 곳을 찾는데, 또 다른 한 사람이 함께하면 술래가 물어볼 때마다 가까워졌는지 멀어졌는지 말해 줄 수 있다. 술래는 질문을 해야 하는데, 즉 아동에게 간단한 문제 해결을 위한 동기 부여가 된다. 이 놀이는 기본적으로 보물찾기의 전조인데, 보물찾기 또한 이 모든 요소를 결합한 또 다른 활동이다. 꼬리 달기 놀이를 할 때 당신은 꼬리가 없는 당나귀 그림을 준비하고 아동이 눈을 가리고 꼬리를 잡고 있으면 된다. 아동을 뱅글뱅글 돌게 한 뒤에 당나귀 그림을 찾으러 가는 대신 그림을 향해 어떻게 가야 하는지 질문을 하도록 규칙을 바꾼다. 아동의 질문에는 짧고 간단한 지시를 해 준다. 앞으로 두 걸음, 그렇게 말하면 아동은 그 말을 반복하고 소리 내어 걸음을 세고 그림을 찾아

2) 역자 주: '그래도 되나요' 놀이는 '엄마' 역할을 하는 아동의 지시에 따라 움직이는 놀이다. '엄마'가 내린 지시를 수행하기 전 아동은 '그래도 되나요' 하고 허락을 받아야만 움직일 수 있다.

가는 것이다. 아동이 필요로 하면 숫자 세기를 도와주거나 손을 잡아 주어도 좋다. 아동의 목표는 질문하면서 그림에 꼬리를 달아놓는 것이다. 당신의 목표는 아동이 구두 지시를 따라 소리와 움직임을 연결하도록 동기를 부여하는 것이다. 게임이 너무 어려워 짜증이 나게 되면 다른 게임을 시도한다.

이 게임을 통해 아동은 단어, 패턴 및 동작을 통합하며 문제 해결하는 것을 연습할 수 있다. 게임의 재미는 아동에게 동기를 부여한다. 아동은 자신의 감각을 감정과 표현에 통합하여 학습 경험에 보다 깊게 공감할 수 있고, 더 높은 단계의 사고를 할 수 있다.

경험을 바탕으로 쌓아 올리기

언어 기술 향상은 방금 설명한 단계들로부터 시작하는데, 이 단계에는 소리 구분하기, 소리를 생동감 있게 표현하기, 이중 자음 구분하고 표현하기, 단어 격려하기와 문장 격려하기가 있다. 하나의 요인이 이 모든 학습과 연습을 훨씬 더 쉽게 만든다. 다시 강조하고 싶은 가장 중요한 요소는 아동의 기존 관심사와 경험을 바탕에 두고 쌓아 올리도록 참여시키는 것이다. 아동이 이미 좋아하고 편안하게 느끼는 것, 정서적으로 마음을 주고 있는 것에서부터 말이다. 즉, 임의로 만들어진 목록이나 알파벳순으로 정렬된 목록을 따르는 것이 아니라 아동의 마음에서 시작하는 것이 좋다. 모든 배움은 아동의 정서적인 투자에서 시작되기 때문에 이는 굉장히 중요한 요소이다.

한 단어나 개념으로 감정의 연결과 아동의 개인적인 경험은 동기를 부여할 뿐만 아니라 이해를 도와준다. 아동은 엄마가 사과의 사전적 정의를 읽어 주었기 때문에 알고 있는 것이 아니라, 먹어 보았고 가지고 놀아 보았고 어쩌면 나무에 있는 사과를 따 보았기 때문에 사과를 알고 있다. 아동은 사과에 대한 견해가 있는 것이다. 아동은 자신이 겪은 모든 경험을 통해 엄마가 무엇인지 알게 된다. 엄마는 따듯하고 다정하며, 안 된다고 말하기도 하고, 아동을 도와준다. 아동은 "마마(엄마)" 또는 "빠빠"라는 단어가 너무나 의미 있기 때문에 배운다. 우리는 인생의 수많은 맥락에서 단어가 우리의 감각과 감정에 관련되는지에 따라 단어를 배우게 된다. 전화든 책이든 또는 "자유"와 같은 개념이든 말이다.

이 생각을 소리로 예를 들면, 소리나 단어 또는 구나 문장이 천천히 나오는 아동이 있다고 가정해 보자. 그리고 이 아동이 동물원에 갈 때마다 원숭이가 있는 곳으로 달려간다고 생각해 보자. 아동은 명백히 원숭이를 좋아하며, 말하지 않아도 원숭이라는 개념을 머릿속에 가지고 있다. 이 단어를 연습하는 것은 자연스러운 일이다. 아동의 부모는 소크라테스식 순간을 이용할 수 있다. 동물원에서 화살표와 원숭이 그림이 있는 표지판을 가리키고 아동에게 원숭이를 보고 싶은지 사자를 보고 싶은지 물어본다. 아동은 금방 이해할 것이고, 원숭이라는 단어를 반복할 동기가 가득할 것이다. 나중에 아동은 책에 나와 있는 원숭이 그림으로 연습이 가능하다.

이 아동은 구강 운동신경 문제로 인해 "워" 소리가 어려울 수 있다. 아동은 "숭이"라고 말을 시작할지도 모른다. 완벽한 소리를 처음부터 낼 필요는 없다. "워" 소리를 위한 인내심 있는 노력은 결국 도움이 될 것이다. 중요한 것은 일련의 소리가 그가 원하는 것을 얻게 해 준다는 것이다. 일단 아동이 특정한 일련의 소리로 원하는 것을 다른 사람들에게 알릴 수 있다는 것을 알게 되면 아동은 상징적인 언어를 일상적으로 사용할 의지를 얻게 된다. 그래서 경험에 기초한 단어, 구 및 개념으로의 처음 몇 번의 소풍은 더 넓은 언어 세계로의 문을 열어 준다.

나는 말을 느리게 튼 아동들과 일해 왔는데, 그들에게 정서적으로 의미 있는 것을 가지고 놀게 할 때에 갑자기 여러 소리에 대한 시도가 확대되었다. 여기서의 열쇠는 아동이 즐기고 관심을 가지고 있는 것에서부터 쌓아 올린다는 것이다. 지금 그리고 늘 말이다. 그러면 아동들은 무엇이든 시도해 보고자 하는 의지가 생긴다. 정서적인 연결은 아동의 정신 속 모든 영역을 한 팀으로 빠르게 뭉쳐 기능하도록 만든다.

일반적으로 청각 처리 문제가 있는 아동은 더 강한 다른 처리 영역을 사용하여 약한 부분을 보상한다. 우리가 설명한 방법에서 우리는 이 역학을 바꾼다. 먼저, 우리는 소리에만 집중하여 아동이 소리를 낼 수 있는 기초적인 토대를 마련하도록 한다. 그다음에 좀 더 약한 감각 체계를 통합할 수 있도록 더 강한 감각 체계를 이용한다. 우리는 아동 뇌의 청각 부분을 사용하고 발전시키는 것이 더 쉬워지도록 시각과 움직임을 사용하고, 또한 아주 많은 감정, 표현 그리고 경험을 이용한다.

유사한 예시로 약한 근육을 생각해 보자. 약한 근육을 내버려 두면 다른 근육들은 그에 대한 보상 작용을 하여 약한 근육이 자연스럽게 강화되지 못한다. 그래서 우선 우리는 약한 근육을 먼저 분리하여 그것을 느끼고 움직일 수 있도록 운동해야 한다. 그 후에 그 근육이 다른 근육과 결합되어 잘 움직이도록 운동하여 전체적인 움직임에 통합되고 사용되도록 한다. 이 과정은 촉진이 필요한 감각 입력의 강화와 같다.

언어 발달이나 읽기가 느린 더 나이 있는 아동은 이 과정을 다시 진행해야 한다. 어떤 이유에서인지 이러한 단계 중 하나는 다른 것만큼 견고하지 못하다. 뇌가 소리를 구별하도록 아동의 감각을 최대한 이끌어 낼 수 있는 기회를 만들어야 하는데, 바로 여기서 플로어타임이 적용된다. 모든 것을 하나로 모아 시각적 인식, 움직임, 감정과 같은 강점이 함께 각 단계에서 청각 부분을 강화한다. 그리고 과제가 더 어려워질수록 더 재미있어야 한다는 것을 기억해야 한다.

읽기

앞의 토론을 마친 시점에서 보면 읽기 문제가 일반적으로 가르침이나 책에 대한 노출 부족으로 인해 발생하지 않는다는 것은 놀랄 일이 아니다. 읽기에 어려움을 겪는 아동은 종종 미묘한 소리의 차이를 구별할 수 없다. 그들은 '음치'와 비슷하다. 아동이 유창한 언어와 읽기 능력에 필요로 하는 첫 번째 기술은 우리가 언급했듯 소리를 해석하고, 이중 자음과 패턴을 포함한 소리를 듣고 구별하며, 이런 소리가 단어를 어떻게 만드는지 이해하는 능력이다. 이러한 기초가 없으면 페이지의 글자 또는 단어와 같은 시각적 이미지와 일치시킬 소리 패턴이 없다. 이제 아동이 기초를 가지고 있지만 여전히 문제가 있다고 가정해 보자.

시각적 이미지에 소리 연결하기

언어는 괜찮지만 읽기에 문제가 있는 아동의 경우라면, 나는 아동들이 소리를 이미지(시각-청각 체계)에 연결하는 것에 익숙해지게 해 주고 싶다. 그러기 위해 나는 아동이 소리를 나타내는 그들만의 모양, 즉 독특한 미니 알파벳을 물리적으로 만들게 한다. "'ㄷ'의 소리는 어떻게 그리고 싶어?"라고 물어보면 아동은 고리를 만들거나, "ㅋ" 소리를 위해서는 각도를 만들 수 있다. 아동은 원한다면 다양한 색을 사용할 수 있다. 그런 다음 게임을 하여 아동이 기억하고 재생산할 수 있는지 보고, 어쩌면 아동이 'ㅋ' 'ㄷ' 'ㅁ'를 위해 만든 선들을 부모에게 가르치게 할 수도 있다. 이는 앞서 언급한 Lindamood-Bell 접근 방법의 일부이다.

처음에는 다양한 소리에 대한 고유한 이미지가 있는 한, 아동의 소근육 운동 기술이 허락하는 선 내에서 무엇이든지 진행한다. 아동은 자신의 눈에 보이는 것을 자신이 듣고 말하는 것과 연결하기 시작한다. 눈에 보이는 그림은 본인이 만들었기 때문에 정서적 관심이 클 것이다. 이 시각 및 운동 체계는 소리체계를 지원한다.

부모로서 해 줄 다음 단계는 "ㄷ" 소리를 다른 방법으로 보여 주는 것이다. 'ㄷ'를 인쇄하고 그것을 따라 쓰면서 연습하게 한다. 아동의 소근육 정밀 운동체계는 이것을 하기에 충분할 정도로 개발되어 있어야 한다. 그렇지 않은 경우 손을 아이 손 위에 올려놓거나 천천히 글자를 인쇄하는 것을 보여 줄 수 있다. 지연된 운동체계를 가진 아동은 명확하게 인식하지 않아도 읽을 수 있다. 시각, 감정, 움직임, 상호작용, 듣기 및 말하기를 사용한다면 아동은 글자를 잘 형성할 수 없더라도 뇌의 다양한 부분을 합동하여 기능하게 할 수 있다.

그런 다음 아동은 이중 자음 'dr' 'br' 'qu' 같은 실제 시각 묘사를 보며 시각적으로 일치하도록 나아갈 수 있다. 이중 자음은 조금 더 까다로울 수 있다. 이중 자음은 개별 소리를 배우고 조합하는 것보다는 그 자체로 배우는 것이 더 쉽다. 아동이 시각적 이미지에 소리를 연결하는 것을 숙달해 가면 개별 문자, 이중 문자 그리고 결국 온전한 단어를 소리 내는 법을 배운다.

자녀가 단지 듣고 반복하는 것이 아니라 보고, 해 보게 하는 것이 좋다. 살아 있고 유의미한 학습 경험을 만드는 것이 좋다. 지금의 경우 정신과 뇌의 다양한 부분을 다 끌어모아 소리를 숙달하는 활동이다. 아동이 더 능동적으로 참여할수록 학습 문제를 더 빨리 숙달하게 된다.

단어 이해력

다음 단계는 아동이 듣고 읽는 단어를 이해하도록 돕는 것이다. 아동은 잘 듣고 단어를 되풀이 할 수는 있지만 그 단어의 뜻을 실제로 알지 못할 수 있다. 그는 '동정심(sympathetic)'과 같은 긴 단어를 소리 낼 수 있거나 시각적 기억력을 갖고 있을 수 있지만, 실제로 그 단어의 의미를 알고 문맥적으로 빨리 이해할 수 있기 위해서는 그 단어를 여러 문맥에서 들어 보았거나 사용해 봤어야 한다.

단어 이해력을 뒷받침하기 위해 우리는 다시 두 가지 일반 원칙을 사용한다. 사고에 필요한 모든 부분을 함께 사용하게 하는 것 그리고 아동에게 의미가 있는 것은 동물원 원숭이든 도로를 만드는 트럭이든 관심사와 경험을 토대로 쌓아 올리는 것이다. 언어가 가능한 아동이라면 좋아하는 책을 함께 읽고 그에 대해 이야기를 하거나 책 속에 나온 단어를 반복할 수 있는 노래를 만들 수도 있다. 또는 아동이 내용을 연기하여 드라마를 주도하고 연출할 수 있다. 언어가 덜 발달된 아동, 언어가 발달되는 중이며 아직 글을 읽을 수 없는 아동의 경우에는 아동에게 책의 내용을 일부 읽어 주고 그림을 함께 보며 이야기에 나온 단어를 이용해 생각을 나누고 그걸 연기해 볼 수 있다. 아동은 책에 나오는 글자의 소리를 인지하고 말할 수는 없겠지만 이 글자들이 이야기를 담고 있다는 것은 이해할 것이다. 이야기는 아동이 글을 읽을 수 있게 되는 순간 펼쳐질 신나는 세상으로 아동의 상상력을 확장한다. 이야기가 길을 잃은 작은 강아지에 관한 것이라면, 동물 인형이 주인공 역할을 할 수 있다. 아니면 두 사람 중 하나가 강아지 역할을 맡고 함께 연기를 펼쳐 나갈 수 있다.

여기에 아동의 능력이 무엇이든 간에 요점이 있다. 아동은 이야기를 각색하고, 단어를 사용하고, 상상력을 사용한다. 당신과 아동은 문장을 쓰거나, 잡지에서 그림을 찾거나, 그림을 그리는 등 관심이 있는 것에 대한 작은 이야기책을 만들 수도 있다. 그런 다음 아동은 작품에 출연할 수 있다. 아동은 사용 가능한 어휘를 확장하면서 단어와 문맥을 수행한다.

요점은 이거다. 역량이 어떻든 간에 아동은 이야기 속 단어를 사용하고 상상력을 사용하여 이야기를 극으로 각색해 낼 수 있다. 당신은 아이와 함께 아동의 관심사에 대한 작은 이야기책도 만들 수 있다. 문장을 쓰고 잡지에서 그림을 찾거나 그려 보면, 아동은 이 제작과정에서 주인공 역할을 할 수 있다. 단어와 문맥을 직접 연기해 보며 평소 사용하는 어휘를 확대한다.

어떤 아동은 그림을 드라마로 각색을 잘 해내지 못한다. 그러니 아동이 문맥을 이해할 수 있도록 당신은 선택지를 여러 개 줄 수 있다. 이야기에 어떤 길로 가야 할지 몰라 모퉁이에 서 있는 강아지 그림이 있고 아동이 상황을 해석할 수 없다면, "작은 강아지가 거리를 건너야 할까? 아니면 행복하니까 꼬리를 흔들어야 할까?"라는 질문을 통해 선택지를 주는 것이다. 자녀가 내용과 잘 맞지 않는 선택을 한다면, "그래, 알았어! 작은 강아지는 친구를 봐서 기분이 좋고 그걸 표현하고 싶은 거구나. 그럼 이제 어떻게 해야 할까?" 하고 말할 수 있다. 아동에게 같은 선택지를 주되 이번에는 순서를 바꿔서 주는 것이다. (아동이 '왜' 질문에 대답하게 하는 방법을 기억하라. 아동이 생각하도록 선택지를 줄 때는 우선 '알맞은' 선택지를 주고, 그다음에는 맞지 않거나 우스꽝스러운 선택지를 주는 것이 좋다. 그럼 아동은 생각해야 하고, 당신이 한 말의 마지막 말만 반복하려는 유혹을 덜 받게 된다.)

이 이해력을 위한 방법은 단어에서도 작동한다. 새로운 단어가 무엇을 의미하는지에 대해 이야기하고 몸으로 표현할 수 있다. 예를 들어, 어쩌면 당신의 첫째가 유대목 동물에 대해 배우고 있는데 둘째에게 그게 뭔지 설명하고 싶다고 해 보자. 캥거루 사진을 보여 주면서 유대목 동물은 아기를 주머니에 데리고 다닌다는 것을 설명할 수 있다. 그러나 만약 아동에게 앞치마를 주어 동물 인형을 앞주머니에 넣고 총총 뛰어다닌다면 아동은 그야말로 그 개념을 이해하고 기억할 것이다. 또는 '이상하다'라는 단어에 대해 말하고자 한다면, 이상한 것들에 대해 이야기한 뒤 아동이 이상한 행동을 해 보게 할 수 있다. 어떤 종류의 이상한 표정을 만들어 볼 수 있을까? 어떤 이상한 헤어스타일이나 옷 스타일을 만들어 볼 수 있을까? 아동이 그 단어를 통해 재미를 느끼고 자신 개인을 도입하면 그 단어는 즉시 일반화되어 아동의 정서적인 경험의 일부가 된다.

간단히 말해서, 단어 이해에 있어서 단어가 글로 쓰여 있는 것이든 말로 하는 것이든, '트럭'과 같이 단순하거나 '권위'처럼 어려운 단어든 간에 아동이 이해하고 기억하기 가장 좋은 방법은 아동의 일상 세계에 속한 것을 이용하고 행동으로 옮기거나, 그려 보거나, 그에 대한 이야기를 만드는 것이다. 아동의 관심사가 무엇이든지 스포츠, 댄스, 음악 또는 좋아하는 장난감 그 무엇이든 이용하라. 자녀에게 익숙하고 중요한 것이 무엇이든 의미를 형성할 수 있도록 사용하라.

기억력과 단어

어떤 아동들은 소리를 처리하는 문제로 인해 혼란스러워하는 것이 아니라 기억에 문제가 있는 경우도 있다. 그게 일련의 글자가 되었든 일련의 숫자가 되었든 말이다. 문자나 숫자를 그대로 혹은 반대로 반복할 수 없는 아동은 청력 기억에 문제가 있다. 그들은 본인이 들은 것을 기억하는 게 어렵다. 자녀가 기억에 문제가 있는 것 같으면 관심 있는 것을 기억하는 연습을 함으로써 그 문제를 개선할 수 있다. 야구 카드를 교환하기를 좋아하는 소년의 경우, "자, 이 다섯 명(혹은 네 명이나 아동이 기억할 수 있을 것 같은 정도보다 아주 조금 더)의 선수의 이름을 말해 줄 거야. 네가 기억하는 개수만큼 카드를 줄게."라고 하는 것이 "다음 글자나 숫자를 듣고 똑같이 말하시오."보다 기억을 개선하는 것에 훨씬 좋다.

연습

아동이 소리를 합치면 단어가 된다는 것을 배우게 해 주고, 알파벳을 배우고, 인쇄된 문자를 식별하게 됐다고 해서 하룻밤 사이에 타고난 독자가 된다는 뜻은 아니다. 어느 지점에서는 연습이 필요할 것이다. 일곱 살짜리가 한 권의 책을 들고 앉아 있으면 겨우 20장 밖에 되지 않더라도 벅차게 느낄 수 있다. (잘 모르는 외국어로 된 책을 읽는다고 생각해 보면 얼마나 어려운지 느낄 것이다.) 독서를 특별한 시간으로 만들고 약간의 도움을 주면 큰 도움이 될 수 있다. 필요한 것은 특별한 파트너뿐이다. 당신이나 아동에게 특별한 또 다른 사람이 열정적으로 들어 주고, 심지어는 음향 효과를 더할 수도 있다. 아동이 강아지에 관한 이야기를 읽는다면, 아동은 당신에게 "멍멍" 소리를 해 달라고 할 수 있다.

또는 독서를 나눠서 할 수 있다. 힘들어하는 독자는 쉽게 피곤해할 수 있으니 당신은 아동과 한 페이지씩 돌아가면서 읽음으로써 아동에게 짧은 휴식을 줄 수 있다. 아동은 더 오래 연습할 수 있을 것이고 큰 부담감을 갖지 않을 것이다. 더 재미있게 해 줄 수 있는 특별한 것이 있는지 물어보라. 만약 모른다고 하면 몇 가지를 제안하고 아동이 선택하도록 하라. 물론 책도 자신이 좋아하는 주제에 따라 본인이 선택해야 한다.

아동의 독서 모험을 키우는 환경은 정서적인 의미가 있는 방식으로 아동의 모든 감각을 사용하게 하고, 아동에게 친숙한 단어로 시작하며, 아동이 숙달의 감각을 느끼게 해 준다. 아동이 탄탄한 기반을 쌓게 되었을 때 아동은 더 즐거워하게 된다. 아동이 소리를 듣고 그것을 모방한 다음 그 소리를 시각적으로 움직임까지 더해 (허공이나 종이 써 보거나 바닥에서 걸어 보면서) 이미지에 연결했을 때 말이다. 어떤 아동은 이 활동들을 비교적 쉽게 해낼 것이고, 이 활동을 다 할 필요가 없을 것이다. 그들은 당신이 특별히 가르치지 않는 단어를 인식하고 말할 것이다. 어떤 아동은 당신이 가르치는 단어를 잘 사용하는 것처럼 보이지만 새로운 쉬운 단어들은 소리 내기 어려워할 수 있다. 이런 아동들은 시각적 기억력을 사용하고 있을 수 있다. 그런 경우에는 소리를 만들어 내는 기본 단계 과정을 거쳐 보는 것이 좋다.

아동은 소리를 얼마나 잘 듣나요

1. 아동이 새로운 단어를 들을 때, 아동은…….

① 그 소리를 재연하는 것을 어려워한다.

② 음절이 길거나 외래어를 재연하지 못한다.

③ 단어를 제대로 말할 때까지 끊임없이 시도한다.

④ 복잡하더라도 새로운 단어를 배우는 것을 즐거워한다.

2. 글자를 알맞은 소리에 맞추어 보는 놀이를 할 때, 아동은…….

① 어느 소리가 어떤 글자와 맞는지 금방 헷갈려 한다.

② 특정 글자와 소리를 헷갈려 한다.

③ 글자에 맞는 소리를 연결할 수 있으나 시간이 걸린다.

④ 소리와 글자를 쉽게 연결한다.

3. 아동에게 여러 단계의 지시를 내릴 때, 아동은…….

① 매번 그 과정 속에서 헤매고 과제를 완수하지 못한다.

② 두 단계 정도 되는 간단한 지시는 따를 수 있으나 그 이상이 되면 헤맨다.

③ 더 복잡하고 단계가 많은 지시를 불완전하게 따를 수 있다.

④ 복잡한 지시를 따를 수 있고, 필요한 상황에서는 원하는 결과를 위해 즉흥적인 대처가 가능하다.

4. 아동이 새로운 경험을 할 때, 예를 들어 해자(moat)가 있는 요새를 처음으로 보고 '해자'라는 새로운 단어를 배울 때, 아동은…….

① 친구들과 그 경험을 나눌 때 새로운 단어를 절대 사용하지 않는다.

② 새로운 세부사항은 나누지만 묘사할 때 새로운 단어를 사용하지 않는다.

③ 새로운 세부사항을 나누고 처음에는 새로운 단어를 쓰려고 하나 어려워한다.

④ 새로운 단어를 쓰는 것을 즐기고 명확하게 사용한다.

09

듣는 것을 이해하기

바로 앞 장에서는 소리를 해독하는 것이 어떻게 언어를 발달하고, 읽고 배우기와 읽은 것을 이해하는 데 기초가 되는지를 설명했다. 더 높은 사고 단계에서 청각 처리를 정련하면 아동들은 언어 능력을 강화하고 추상적 사고능력을 향상시킨다. 그리고 더 큰 개념의 그림을 구성하고 설명할 수 있게 된다.

이 장에서는 더 높은 사고 단계에 있는 아동의 독서 문제와 관련하여 선정된 예들을 제시한다. 첫 번째 예는 더 나이 있는 아동이 청각 처리를 다른 감각으로 어떻게 통합할 수 있는지를 보여 준다. 두 번째 예는 지시사항을 이해하는 것에 어려움을 겪고 있는 아동을 다룬다. 세 번째 예는 언어적 추상화 기술을 보며 어떻게 개인적인 경험을 이용해 이를 개선할 수 있는지를 본다.

아동은 시각적 처리 및 운동 기능과 같이 중추신경계의 다른 부분에서 받은 정보를 소리로 받은 정보와 더 높은 사고 단계에서 통합시키는 법을 어떻게 배울까? 나이가 더 많은 아동은 문제가 조금 더 어려워지지만 접근 방식은 이전 장에서 말한 것과 동일하다. 여러 감각을 동시에 연결하도록 연습하는 것이다.

청각 처리를 다른 감각과 통합하기: 이사벨

열여섯 살인 이사벨(Isabelle)은 읽기나 청각 처리에 직접적인 문제가 없었다. 하지만 도움이 필요했다. 노래에 재능이 있는 그녀는 악보를 보는 것을 어려워했다. 그녀는 전문 가수가 되고 싶었기 때문에 이는 큰 문제였다. 아동의 교사들은 한 번도 그녀의 읽기능력에 대한 문제를 발견한 적이 없었다. 그녀는 상위권 학생이었다. 하지만 그녀는 사실 책 읽기를 그다지 좋아하지 않았다. 책을 읽는 순간에는 정보를 파헤치기 위해 세심한 주의를 기울여야 했다. 그러나 읽을 때보다는 들을 때 더 잘 이해했기 때문에 추상적 사고에는 문제가 없었다. 음악도 마찬가지였다. 복잡한 음악을 듣고 반복하는 것은 쉽다. 그녀는 좋은 귀를 가졌고, 청각 처리가 아주 좋았다.

이사벨은 자신의 시각적 읽기 문제를 해결하기로 결심하고 『생각은 학교에 간다(Thinking Goes to School)』의 저자이자 시각적 공간 처리 및 사고의 전문가인 해리 와치스(Harry Wachs)를 만나러 갔다. 그는 이사벨이 보는 것(음표)과 듣는 것(이사벨의 목소리)을 연결하고 서로 변환하는 것에 문제의 중심이 있다고 보았다. 이 문제는 더 높은 단계의 언어 추상화나 이사벨의 귀, 기억력 또는 시력에 관한 문제가 아니었다. 문제는 이사벨이 본 것을 듣는 것으로 변환하는 것에 있었다.

기본적으로, 이사벨의 문제는 우리가 앞 장에서 보았던 것과 같으나 더 정교한 형태였다. 즉, 소리를 글로 쓴 상징과 연결하기 위해 각 소리에 대한 자신만의 시각적 이미지, 자신만의 문자를 만들어야 하는 어린 아동의 경우와 같다. 이사벨은 이런 기본 연결을 이미 뛰어넘었다. 이보다 더 복잡한 부분이 이사벨을 흔들리게 한 것이다. 이사벨은 믿고 의지할 수 있는 능력을 키우기 위해 시각적 소리체계뿐 아니라 시각적 운동체계도 강화해야 했다. 소리를 생성하기 위해서는 머리, 목, 가슴 및 횡경막의 근육을 통합하여 움직일 수 있어야 하기 때문에 운동체계는 중요하다. 그렇기에 이사벨은 거기서부터 시작했다.

시각적 운동 연결

시각적 운동관계를 풀기 위한 이사벨의 초기 연습 세트는 가장 근본적인 것이다. 공을 잡거나 발로 차는 것과 같은 익숙한 손, 발, 눈 운동이다. 이사벨은 자신의 시각과 움직임을 매우 기본적인 수준으로 통합하고 있었다. 조금 더 어려운 연습으로 옮겨 가면서 보드의 작은 빛들이 무작위로 변하는 패턴을 지켜보았다. 패턴이 바뀔 때마다 이사벨은 최대한 빨리 버튼을 눌러야 했다. 이 운동은 이사벨의 시각적 추적 능력을 향상시키는 것에 도움이 되었다.

이사벨은 또 다른 시각적 운동 연습으로 특정 행동을 의미하는 시각적 코드인 색상을 이용한 작업을 했다. 빨간색은 왼쪽으로 한 걸음을 의미했고, 분홍색은 왼쪽으로 두 걸음, 밝은 초록색은 앞으로 한 걸음, 짙은 초록색은 앞으로 두 걸음, 이런 식으로 왼쪽이나 뒤로, 혹은 더 화려하게 하고 싶으면 대각선까지 추가해서 움직이는 작업이다. 도우미가 색종이를 들면 이사벨은 이에 대응하는 행동을 취했다. 여러 색상을 더 빨리 제시하면 점점 복잡해진다. 이와 같이 빛을 여러 방식으로 깜빡여 다양한 지시를 만들어 보아도 같은 게임이 만들어진다.

시각과 소리 연결

그다음, 이사벨은 시각적 이미지와 소리를 연결하는 연습을 했다. 'A'나 'B' 같은 글자가 들리고 보드에 글자가 무작위로 켜지면 글자에 불이 들어오는 순간 버튼을 눌러야 했다. 이 연습은 이사벨의 발달된 청각 능력을 약한 시각 능력에 직접적으로 연결시켰다. 이 과제를 신속하게 숙달한 후 이사벨은 보다 복잡한 연습을 하게 되었다. 예를 들어, 'B'의 소리를 듣고 그다음 알파벳의 상위 문자인 'C'를 보드에서 찾는 것이다. 이 게임은 문자를 듣고 그 앞에 와야 할 문자로 바꾸거나 두 단계가 앞서거나 뒤에 오는 문자로 바꾸는 등 난이도가 다양하다. 글자에 빛이 들어오는 속도에 따라 난이도는 어려워진다.

소리와 운동 연결

이사벨은 숙달해야 할 배합이 하나 더 있었다. 소리와 운동의 연결이었다. 색상이 방향을 나타내는 앞의 게임과 마찬가지로 문자 또는 숫자도 코드가 될 수 있다. 우선 코드를 만드는 것에서 시작되었다. 문자 코드 'A'는 '오른쪽으로 이동', 'B'는 '왼쪽으로 이동', 'C'는 '앞으로 이동', 'D'는 '뒤로 이동'을 의미하는 식이다. 글자 혹은 숫자는 소리로 입력이 되어 청각체계도 활동하게 했다. 글자 소리가 났을 때 이사벨은 코드에 맞는 지침을 따랐다. 연달아 서너 개의 글자가 나오면 더 어려워졌다.

방향을 나타내기 위해 숫자나 문자 코드를 사용하는 것은 보물찾기에 변형을 만들 수 있다. 이 추가된 측면은 더 어린 아동의 관심을 증가시키고 다른 아동이 더 쉽게 참여할 수 있게 한다. 보물에 도달하기 위해 여러 아동이 경쟁하면 행동이 자동으로 빨라질 것이다.

시각, 운동, 소리의 연결

이사벨의 마지막 도전 과제는 시각과 운동, 소리, 이 체계들을 모두 한 번에 연결하는 것 이었다. 그중 한 가지 예가 있다. 방향을 만들기 위해 음성 문자와 시각적 색상을 결합한 코드가 생성된다. 여기에서 'A' 더하기 초록색은 '왼쪽', 'B' 더하기 빨간색은 '오른쪽'과 같은 식이다. 도우미가 문자를 소리 내어 말하고 색깔을 들어올리면, 참가자가 문자 색상 코드를 보고 그에 대응하는 지침을 머릿속에 생각해 맞는 행동을 취한다.

대안적으로 조합 코드(글자/색상)는 다리를 걷어차는 것, 팔을 휘두르는 것, 머리를 돌리는 것 또는 원하는 움직임으로 지시할 수 있다. 상상력만이 아니라 이러한 연습의 변화를 제한한다. 중요한 열쇠는 첫 도전을 어렵지 않게 조절하여 아동이 특정 성공률에 도달할 수 있도록 하여 낙담하지 않게 해 주는 것이다. 대부분의 어린이는 70~80%의 성공률을 달성할 수 있다면 계속할 동기를 부여받는다. 물론 코드가 더 빨리 제시될수록 또는 한 번에 더 많은 코드가 나올수록 어려워진다. 작업은 조금씩 어렵게 만들 수 있다.

이사벨의 음악 시각과 읽기

이사벨의 감각끼리의 연결을 강화시켜 주는 이 모든 연습 후에 이사벨은 다시 음악을 보고 읽어 볼 준비가 되었다. 우연히 음악 교사는 약 100년 전 스위스의 음악가 자크 달크로즈(Emile-Jaques Dalcroze)가 개발한 접근법을 사용했다. 이 접근법은 우리의 학습나무 철학과 유사하다. 즉, 그는 시각적 읽기를 강화하기 위해서는 움직임, 시각, 소리와 감정을 통합하는 것을 강조했다. 이사벨은 준비가 됐다. 음악의 문구를 물리적으로 표현하고 다른 사람들과 상호작용하고 공간 속에서 작곡된 음악을 시각화함으로써 이사벨은 음정, 음계, 음표 값, 리듬 및 음질과 같은 음악적 측면을 통합하는 방법을 성공적으로 배웠다. 누구에게나 쉬운 일은 아니지만 이사벨에게는 아주 큰 성과였다. 이 성과는 이사벨의 의지력만이 아니라 약점을 강화하기 위한 강점 사용의 중요성을 보여 준다.

지시사항을 이해하고 따르기: 책

청소년은 여러 가지 이유로 언어 처리 문제를 가질 수 있다. 일부는 더 큰 발달 문제를 극복했고(자폐증 진단을 받았을 수 있다), 일부는 언어 문제가 남아 있다. 일부 사람들은 언어가 지연되어 이후에도 우리가 앞 장에서 이야기 나눈 것처럼 읽는 법을 배우는 것을 무척 어려워한다. 초기 학년에는 언어 문제의 흔적이 전혀 보이지 않았으나 고등학교에 들어가자 질문이나 지시를 잘못 읽어 에세이를 쓰거나 시험 문제를 푸는 것에 어려움을 겪는 사람들도 있다. 더 복잡해진 고등학교 학업은 처음으로 문제를 드러나게 할 수 있다.

잭(Jack)이라는 아동은 시험에서 특정 과제의 질문에 대답하는 것을 어려워했다. "미국 독립전쟁의 원인은 무엇이었습니까? 논의하시오." 이처럼 질문이 직설적이라면 잭은 이에 대답을 잘 할 것이다. 잭은 훌륭한 추상적인 사상가였으며, 자신의 반응을 잘 정리하고 정교하게 설명할 수 있었다. 잭의 어려움은 복잡한 질문에서 나타났다. "학자들은 미국 독립전쟁의 수많은 원인에 관해 글로 써 왔다. 이러한 원인 중 일부는 구체화되지 않았으므로 더 이상 신뢰를 얻지 않아야 한다. 일부 다른 원인들은 독립전쟁보다는 현대의 전쟁 환경에 더 관련이 있다. 앞의 진술과 관련하여 혁명전쟁의 원인에 대해 토론하시오." 이렇게 둘둘 말린 다면적인 질문에 잭은 방황했다. 이 질문이 근본적으로는 간단했던 첫 질문과 같은 질문인데도 말이다. 불안하고 혼란스러운 잭은 이라크와 베트남에서 일어난 전쟁에 대해 글을 쓸 것이고 독립전쟁에 대해서는 단편적인 언급만 할 것이다.

만으로 15세인 잭은 많은 잠재력을 가지고 있었다. 그는 따뜻하고 사회성 좋은 아이였고, 사람과 인간관계에 대해 괜찮은 직관적인 감각을 가지고 있었다. 잭은 과학과 수학에서 A와 B를 받는 학생이었고, 영어도 직설적인 부분에서는 잘 해냈다. 그러나 수업에서 토론할 때나 심지어는 친구와의 대화에서도 잭은 "이해를 못해."라는 인상을 주기도 했다. 대화의 의미가 미묘하거나 복잡한 언어적 교환을 포함하면 종종 혼란스러워하며 스스로에게 묻곤 했다. "무슨 뜻이었을까?"와 같은 혼란이 학업에서도 나타난 것이다. 역사 또는 영어 수업에서의 복잡하고 복합적인 질문에 답하는 것을 해야 할 때 말이다. 잭은 보통 실수를 하여 D 혹은 심지어 F를 받기도 했다.

순서화

이런 종류의 청력 처리 문제를 가진 청소년은 많다. (신발을 가져올 수 없었던 애나를 기억하는가? 애나는 보다 기본적인 사고 단계에서 같은 문제를 가지고 있었다. 그리고 제1장에서 보았던 샐리도 읽기에 있어서 같은 문제를 갖고 있었다.) 그들은 '중추 청각 처리 장애'에서 '실용적 언어장애' '난독증'에 이르기까지 다양한 진단을 받은 아동들이었다. 그러나 독해력이든, 과제 글쓰기든 또는 대화가 되었든 간에 중점적인 문제는 관련한 구두 정보와 복잡한 순서화의 여러 부분을 머릿속에 지속적으로 갖고 있을 수 있는가의 능력이다. 아마도 누군가는 다음과 같이 말할 수도 있다. "음, 알다시피, 당신은 좋은 사람이고 재미있어. 나는 당신을 좋아하지만 당신이 (이런 행동 저런 행동을) 할 때는 별로야. 때로는 당신이 (이런 행동 저런 행동을) 할 때는 내 동생이 (이런 행동 저런 행동을) 했던 모습이 떠올라서 싫은 것 같아." 그 모든 것을 머릿속에 갖고 있을 수 없는 아동은 이 말을 한 사람이 타인에 대해 도대체 어떤 입장인 것인지를 이해할 수 없다. 아동은 화자가 자신의 의견에 대한 정당성에 대해 말할 때까지 자신이 들은 첫 구절을 기억하고 있을 수가 없다. (주의력결핍장애에 대해 논의한 것을 다시 생각해 보라. 억양이 있는 사람이 아주 늘어지게 긴 정보를 주며 방향을 알려 주는 예시 말이다.)

이것은 전적으로 청각 기억 문제처럼 보일 수 있지만(앞 장에서 논의된 것처럼) 그렇지 않다. 왜냐면 머릿속에 이런 여러 정보의 파편을 기억하고 있는 것에 더해 각 부분의 의미까지 이해해야 하는 문제이기 때문이다. 차이점은 이렇다. 외국어로 된 노래를 외운다고 생각할 때와 모국어로 된 노래를 외울 때를 비교해 보자. 단어의 의미를 이해하지 못한다면 이 단어들을 순서대로 기억하도록 도와줄 수 있는 건 오로지 기억력뿐이다. 따지고 보면 당신은 의미 없고 말도 안 되는 단어들을 외우는 것이다. 이것은 순수 기억력을 사용하는 예시이다. 그러나 모국어로 된 노래를 외운다면 의미를 이용해 단어를 떠올려 알맞은 순서로 기억할 수 있게 된다. 모국어 노래를 배우는 것은 기억력과 의미 둘 다 사용한다.

따라서 복잡한 지시사항을 따르는 문제는 의미의 개요를 재빨리 알아채고 그 의미와 순서를 기억하고 의미와 순서를 나란히 볼 줄 아는 문제로 좁혀 볼 수 있다.

순서화는 기억력과 의미 요약, 둘 다를 사용하는 기능이다. 어떤 아동들에게는 기억력이란 본인이 가진 문제의 일부분일 수 있으나, 잭의 경우에는 그렇지 않았다.

순서화 문제는 다양한 학과목 분야에서 발생할 수 있으며, 흔히 모든 문제에서 드러나지는 않는다. 잭처럼 수학이나 과학에서는 순서화를 잘하지만 영어나 역사와 같이 언어 능력을 요구하는 분야에서 잘 못 해내는 현상은 아주 흔하다. 그리고 반대로 말로 주어진 지시사항에 대한 순서화는 잘하지만 수학적 상징으로는 순서화가 안 되는 아동들도 많다. '이해 못하는' 요인으로 인해 순서화는 사회적 관계에도 영향을 끼쳐 아동의 사회성과 자신감에 영향을 끼친다.

그렇다면 어떤 종류의 연습이 잭을 도울 수 있을까? 이 질문을 잠시 동안 머릿속에 두었으면 한다. 이 문제를 해결하기 위해 아주 잠시 전환해 우선 기억 문제의 종류에 대해 설명하고자 한다.

기억의 어려움

뿌리에 대해 소개했던 장에서 언급했던 학습 문제의 진단과 마찬가지로, 기억 문제도 자주 진단된다. '최근 기억' '작업 기억' 및 '서술 기억'과 같은 다양한 용어가 진단용으로 사용된다. 그러나 종종 이 문제들은 다른 것에 대한 증상일 때가 있다. 그 정의가 이유를 설명하는 데 도움이 된다.

'최근 기억'은 지난 몇 시간 또는 며칠 동안 발생한 사건과 관련이 있다. 알츠하이머병 초기 단계 또는 뇌혈관 질환이 있는 사람들은 최근의 기억을 잃는다. 그러나 이런 문제는 아동들에게서 보기 드물다. 어떤 종류의 신진대사나 진행성 신경질환이 있는 경우가 아니고선 말이다. 아동에게 깃발을 쟁취하는 게임의 규칙을 설명해 달라 요청했는데 아동이 대답을 못할 경우에는 많은 이유가 있다. 예를 들어, 당신의 질문에 귀 기울이지 않았을 수고 있고, 질문은 이해했지만 대답을 구성할 수 있을 정도로 규칙을 순서대로 나열할 수 없는 것일 수도 있다. 혹은 이해하고 듣고 있었지만 친구들과 함께 어울리고 노느라 규칙에 주의를 기울이지 않았거나, 혹은 신경학적 장애를 가지고 있는 것일 수 있다(가장 가능성이 적다).

'작업 기억'은 대개 현재의 문제를 해결하기 위해 사용하는 기억을 말한다. 컴퓨터 게임을 하는 방법 또는 점심을 먹는 방법과 같이 말이다. 아동이 작업 기억을 사용한다는 것은 최근 기억과 역사(이전에 했던 것)에서 비롯된 요소를 사용하여 문제를 해결하는 것이다. 기억 상실 문제가 있다고 진단받은 아동들은 자신의 사고 단계와 감각 관계의 각기 다른 부분들을 종합하는 것을 어려워할 때가 종종 있다. 작업 기억 문제로 보이는 것이 감각 과민반응 문제일 수 있다. 감각 과민일 경우에는 현재 하고 있는 작업을 수행하는 것에 지장을 주니 말이다. 또는 시각적 패턴이나 작업을 계획하거나 순서화에 대한 이해 문제일 수 있다. 다시 말하지만, 우리는 아동의 실제 어려움을 쪼개어 생각해 보아야 한다. (우리의 의식 기억을 말하는 '서술적 기억', 우리가 경험한 특정한 사건을 기억하는 '일시적인 기억', 우리의 일부가 된 습득된 기술을 말하는 '무의식적 기억'과 같은 다른 종류의 기억은 일반적으로 학습장애와 관련이 없다.)

물론 기억 문제에 관심을 가지면 좋으나 그에 영향을 끼치는 뿌리를 들여다보아 기억 문제가 더 기본적인 문제를 가리고 있는 것은 아닌지를 확인해 보는 것이 중요하다.

다음과 같은 아이러니한 상황도 있다. 때로 아동은 초등학교를 다니는 동안 기억력이 좋아 그에 의존하여 개념에 대한 이해를 개발하지 못한다. 실제로 아동들은 학습 내용을 그대로 읊어 줄 수 있기 때문에 자신이 내용을 이해하지 못했다는 것을 깨닫지를 못한다. 대략적으로 4학년 또는 5학년 정도 되면 개념이 조금 더 추상적이게 되는데, 기억만으로는 충분하지 않을 경우에 학습장애가 나타나며 이는 갑작스럽게 뜬금없이 나타난 것처럼 보인다. 반면, 어린 시절부터 기억이 그만큼 뛰어나지는 않아서 배운 것을 이해해야 했던 아동들은 스스로 기억하기 위해 개념에 대한 더 깊은 통찰을 갖게 되는 경우가 있다. 학습하는 개념들이 더 추상적으로 되어 가면서 기억력이 좋지 않아 그를 메꾸기 위해 강화된 분석능력이 학습을 뒷받침해 주게 되는 것이다. 이런 친구들은 많은 사람의 예상을 깨고 대학에서 꽃피운다. 노벨상을 수여받은 물리학자 중 학교 초기에 주입식 암기교육법 때문에 성적이 좋지 않아 추상적 사고 기술을 개발하고 강화하게 된 경우가 한둘이 아니다.

기억에 문제가 없었던 잭에게 돌아가서 그가 갖고 있던 문제에 대해서 무엇을 할 수 있는지 살펴보자.

순서화 연습

잭의 부모는 이미 과외 교사를 고용했다. 나는 과외 교사에게 잭의 문제 영역인 복잡한 구두 및 서면 정보를 해석하는 부분에 더 많은 연습을 하도록 권유했다. 교사는 “충분히 연습을 하게 하고 있어요. 일주일에 적어도 에세이 한 개는 쓰게 하고 있어요.” 나는 그것이 일주일에 한 번일 뿐이며, 문제는 수필을 쓰는 것이 아니라 질문을 해석하는 데 있다고 지적했다. 교사는 일주일에 두 번 1시간 반 동안 잭을 보았기 때문에 잭은 한 수업에서 읽고 대답해야 하는 질문 열 개, 일주일에는 스무 개의 연습을 할 수 있을 터였다.

교사는 잭에게 해석할 질문을 많이 주는 것에 동의했고, 학교 교사들은 지난 시험과 에세이 과제를 기부했다. 잭은 두 부분으로 된 질문을 분석하는 것으로 간단히 시작했고, 이후에 진술 두 부분에 부정적인 견해 하나로 확장해 나갔다. 점차 갈수록 복잡해졌고, 그는 마침내 네 부분으로 나뉜 질문에 도달했다. “미국 독립전쟁에서 가장 뛰어난 것으로 여기는 장군들과 가장 큰 실수를 저지른 것으로 여기는 장군들은 전쟁을 지휘함에 있어 무엇을 강점과 약점으로 생각했나요? 남북전쟁에서 가장 우수했던 장군들과 최악의 장군들은 그 전쟁을 어떻게 지휘했나요? 두 전쟁에서 가장 우수했던 장군들과 최악의 장군들 사이에 유사점이 있나요?” 이것은 잭에게 두통을 일으키는 종류의 질문이었다. 굉장히 많은 정보를 염두에 두고 기억해야 하는, 여러 부분으로 구성된 질문이었다.

집에서 연습하기

가정에서의 지원도 중요했다. 부모도 자신의 의견과 질문을 조금 더 복잡하게 만들기 시작했다. 그들은 "~를 하는 건 좋지만, ~는 좋지 않다." 종류의 말을 하기 시작했다. 또는 "오늘 축구 연습을 정말 열심히 하더구나. 이제 농구만큼 축구가 좋아진 거야."

잭이 때때로 대화의 흐름을 놓친다는 것을 알아챈 부모는 무의식적으로 대화를 단순하게 만들었던 것이다. 이제 부모는 성인의 수준에서 말을 했고, 잭이 비교 및 회색 영역 사고를 연습할 수 있도록 관찰하고 질문을 했다. 처음에는 단순한 비교를 하게 하고 이후에는 사물 간의 비교적인 차이까지 나아갔다. 부모는 토론을 점차 더 복잡해지게 만들어 잭은 점점 더 복잡한 정보를 머릿속에 쥐고, 타인이 말하는 것을 기억하면서 의미를 빨리 해석해야만 했다. 우리가 보았듯이, 단순한 암기는 잭에게 문제가 되지 않았다. 오히려 그것은 많은 추상적인 언어적 의미의 빠른 해석이 문제였다. 그리고 여기서 나는 '많은'과 '빠른'이라는 말을 강조하고 싶다. 만약 어떤 것이 직설적인 방식으로 추상적이라면 잭은 더 낮은 다원적 단계에서 사고하는 것이 가능했다. "마크 트웨인이 왜 허클베리 핀이라는 캐릭터를 만들었다고 생각하는가?"라는 질문에 잭은 우아한 수필을 쓰며 모험 정신이 있는 허클베리 핀은 마크 트웨인이 실제로 되고 싶었던 아이라는 의견에 대한 많은 이유를 써냈다. 결과적인 측면에서 아동은 섬세하고도 언어를 잘 사용하는 사상가인 것이다. 다만 내면에서는 그렇지 못했던 것뿐이다.

잠재력

때때로 장애물 하나로 인해 커다란 장애물 코스가 만들어지기도 한다. 이는 특히 지시사항을 따르거나 복잡한 질문에 답변하는 데 어려움을 겪고 있는 아동들에게 그렇다. 어떤 사람들은 잭에 대해 "글쎄, 똑똑한 애는 아니야." 혹은 "수학과 과학은 괜찮지만, 글쓰기를 보면 절대로 어떤 상도 탈 만한 애는 아니야."라고 말했을 수도 있다. 그러나 실제 문제가 무엇인지 확인하고 개선함으로써 잭은 책을 쓰거나, 수학과 과학을 하거나, 둘 다 할 수 있게 된다. 이 하나의 장애물을 극복함으로써 잭은 자신의 선택권을 가지게 된다.

아동들은 우리가 생각하는 것보다 더 똑똑하지만 처리능력 역량에 따라 조금씩 차이가 있다. 그들은 중추신경계 발달이 고르지 않을 수 있다. 그러나 시간은 그들 편이다. 단거리 경주를 하는 것이 아니니까. 13세, 14세일 때 인생의 정점에 도달해 있어야 할 필요도 없고, 심지어 고등학생일 때 또래들과 동등할 필요도 없다. 이런 이유로 어떤 사람들은 고등학교 때 그저 애매하게 보내다가 사람이 대학에 가서 꽃피우게 된다. 그들은 성장과 발달, 약간의 도움과 함께 가졌던 일부 결점과 장애물을 뛰어넘을 정도의 연습을 해 왔던 것이다.

문제를 크게 보는 것보다는 어디에서 문제가 일어나는 것인지를 보는 것이 중요하다. 아동이 미묘한 차이를 보지 못한다거나 성찰하지 못한다고 말하는 것은 쉽다. 이런 특성은 아주 사실적으로 보일 수 있지만, 문제를 해결하기엔 너무 일반적이다. 뿌리에 대해 소개했던 장에서 ADHD에 대해 이야기 했던 것을 생각해 보자. 그 문제에는 여러 원인이 있을 수 있다. 어느 것이지 문제인지를 파악하지 않으면 결국 증상만 치료하게 될 것이다. 근원적인 문제는 절대 해결되지 않을 것이다. 내면에 있는 단 하나의 장애물이 아동의 길을 막고 전체 그림을 복잡하게 만든다. 청력 문제뿐만 아니라 나머지 뿌리 문제가 있다면 어느 것이 문제인지 정확하게 집을 필요가 있다. 특정 단어와 개념을 이해하는 문제인가? 그렇다면 그 이유는 무엇인가? 자녀가 두세 개의 단어를 연속적으로 나열할 수 있지만 대여섯 개는 나열할 수 없기 때문인가, 혹은 두 개의 절은 이해하지만 네 개부터는 이해하지 못하기 때문인가? 아동이 개인적이고 의미 있는 방식으로 그 주제에 노출되지 않았기 때문인가? 이 마지막 질문은 우리가 에릭(Eric)이라고 부를 아이와 관련이 있다.

개인적인 경험을 통한 추상적인 개념 이해하기

잭과 마찬가지로 에릭도 더 높은 단계에서 언어를 이해하지 못하는 문제가 있다. 에릭의 에세이를 봐도 명백했다. 그러나 에릭의 문제는 달랐다. 순서화가 되지 않는 것보다는 주제와 연관되지 못했다.

앞 장에서 우리는 아동의 흥미와 정서를 이용해 아동들이 참여하게 하고 청각체계를 강화하는 방법에 대해 논의했다. 아동의 관심사는 어휘력을 구사하고 확장하게 해 주며 마침내 개념까지 유도할 수 있다. 반대로 경험이 제한적인 아동은 특정 개념을 이해하지 못하거나 특정 경험을 다른 상황과 유사한 경험으로 연관시킬 수 없는 경우도 있다. 이러한 방식으로 익숙하지 않은 주제에 대한 이해할 수 없는 과제의 질문은 결국 혼란스러운 에세이를 만들었다.

에릭의 교사 또한 마크 트웨인의 팬이라 허클베리 핀과 그의 아버지 사이의 경쟁에 관해 에세이를 쓰는 과제를 내주었다. 자주 그랬듯이, 에릭은 완전히 헤맸고 매 에세이마다 동일한 문제가 반복적으로 나타나기 시작하자 부모 또한 같은 문제를 발견했다. 부모는 에릭을 데려 와서 나를 만났다.

아동이 학업 과제에 대해 혼란스러워할 때 가장 먼저 아동이 질문을 실제로 이해했는지를 확인해야 한다. 이미 설명했듯이, 에릭과 잭 둘 다 같은 문제를 다른 이유 때문에 안고 있었다. 나는 에릭에게 물었다. "'경쟁'과 '경쟁심'이라는 단어 뜻을 알고 있어?" 에릭은 머리를 좌우로 흔들고는 말했다. "음, 약간이요. 게임에서 경쟁을 할 수 있다는 건 알겠는데, 이게 허클베리 핀과 그 애 아빠랑 무슨 상관인가요? 그 두 사람이 게임을 하는 건 아니잖아요." 에릭은 연관을 짓지 못하는 것이었다.

분명히 고학년이지만 에릭의 학년인 중학교 1학년 내에서도 학생들은 에세이 주제를 자유롭게 선택할 수가 없다. 따라서 질문 연관 짓기를 어려워한다면 감정적 · 경험적으로 연결되는 방법을 발견해야 한다. 에릭이 관계를 맺는 것을 돕기 위해, 나는 시간에 거쳐 검증된 가족관계의 익숙한 경험인 보편적 공통분모를 주제에 연결하는 전략을 사용했다. 가족관계는 감정적인 연결을 탐구하기 알맞게 만들어졌으며, 이런 종류의 문제에 대해 내가 보는 요소이다. 부모도 사용할 수 있는 간단한 방법인데, 주어진 에세이 주제와 연관 있는 가족 역학을 빠르게 연마하게 할 수 있기 때문이다. 중요한 것은 그 연결고리를 만들기 위해서 아동은 또한 비교하는 사고와 회색 영역 사고 기술이 필요하다는 것이다. 아동은 자신의 경험을 다른 사람과 비교할 수 있어야 한다.

나는 에릭에게 말했다. "네게 동생이 있지? 둘 다 닌텐도를 갖고 놀고 싶어 할 때 어떻게 돼?" 에릭은 그럴 때마다 일어나는 논쟁과 불화를 묘사했다. 그런 뒤에 내가 다시 물었다. "누가 이겼어?" "음, 보통 제가 이겨요. 제가 더 크거든요."

"에릭, 너와 네 동생은 닌텐도를 위해 경쟁을 할 거야. 그걸 '경쟁'이라고 불러. 자, 그럼 혹시 아버지와 경쟁할 일이 있어?"

에릭은 대답했다. "네. 가끔 나는 공을 차고 싶고, 아빠는 농구를 하고 싶어 해요. 아빠는 나더러 내가 원하는 걸 얻을 때까지 떼를 쓴대요." 에릭은 사려 깊게도 다음을 덧붙였다. "그럼 그럴 때도 제가 이기는 거 같네요." 개인적으로 관련된 정서적인 상황을 통해 에릭은 자신의 경쟁에 대한 개념을 넓혔다.

그래서 나는 말했다. "책을 보면 아빠가 허클베리를 오두막에 가두는데 허클베리는 나가고 싶어 하는 부분이 있어. 그럼 이 경쟁에서 무슨 일이 일어나고 있는 걸까?"

"흠." 에릭은 고민하며 대답했다. "허클베리는 거기 있고 싶지 않고 아빠를 지혜로 이길 방법을 생각해 내요. 몰래 돌아다니다가 친구랑 도망가요. 아빠가 그러지 말라고 했는데도요. 그러니까 실제로 걔가 이긴 거네요." 에릭이 경쟁에 대해 보다 일반적인 생각을 갖게 되자 허클베리와 그의 아버지에 대해 더 추상적인 내용으로 연결해 나가는 것은 쉬웠다. 에릭은 비교하는 사고 단계에서 생각을 했다.

어떤 아동은 추상적인 상황을 자연스럽게 개인적인 경험과 관련시킬 수 있다. 어떤 이들은 지도가 필요하다. 아동들이 친구 및 가족과 관련하여 비교할 수 있고, 그만큼 이 문제에 대한 복잡한 질문을 해체할 수 있기 시작하면 아동들은 작품 속 인물, 현재 일어나는 사건 또는 본인이 갖고 있지 않았던 관심사에 그 동일한 분석 원리를 적용할 수 있게 된다. 이 초기 연결이 잘 되어 있지 않다는 것은 근본적인 언어 지연이나 문제를 나타내는 것이 아니다. 기반이 탄탄하면 아동은 자신의 경험을 이용하여 더 높은 단계의 언어 능력을 향상시키고 추상적 사고력을 높여 이해력을 향상시킬 수 있다.

14세의 클레어(Claire)는 에릭과 비슷한 접근법을 써야 할 문제가 있었다. 클레어의 문제는 소설을 분석하는 것이었다. 클레어는 주제를 이해할 수 없었고, 등장인물과 그들 사이에 얽힌 관계를 잘 이해하지 못했다. 이것은 순서화의 문제이다. 이 경우 클레어는 자신이 듣거나 읽은 내용을 큰 그림으로 모아서 보는 것이 어려웠다. 이 단계에 도달하기 위해서, 아동은 "이 모든 것이 온전히 하나로 보면 어떻게 되는가?"라는 질문에 답할 필요가 있다. 에릭과 마찬가지로 클레어는 자신의 경험을 사용할 때 해결책을 떠올릴 수 있다. 큰 그림을 볼 수 있고 동시에 가장 높은 단계의 사고 단계인 성찰적 사고에 이르기 때문이다.

다시 말하지만, 가족 관계 패턴은 유용하다. 클레어에게 이것은 엄마와 아빠뿐 아니라 자매인 멜리사(Melissa)와 에이미(Amy)도 포함했다. 가족 구성원은 각자 클레어가 좋아하는 행동과 싫어하는 행동을 했다. 여기서 일어나는 질문은 다음과 같다. "이 모든 사람이 가진 공통점은 무엇일까?" 또는 "여기서 큰 그림이 무엇인가?" 이 질문에 답하기 위해서는 공통적인 특징을 추출하고 성찰적 사고를 해야 한다. 이것은 아동들을 아동 정신건강 전문가로 만들자는 것이 아니다. 다만 아동들이 보통 가족에 관해 이야기하기를 좋아하기 때문에 좋은 질문과 경청이 아동의 정서적인 통찰을 불러일으키고 연결을 하는 데 도움을 줄 수 있다. 즉, 성찰적 사고 단계에서 순서화를 연습하는 것이다.

나눠 볼 주제는 클레어가 좋아하는 가수, 작가 또는 학교 친구들처럼 쉬워도 좋다. 아동이 더 이야기를 나누기 편하다면 말이다. 요점은 공통된 주제를 찾고 자기 성찰능력을 강화하는 것이다. 그래서 클레어는 "나의 여동생 멜리사는 나와 달라요. 걔는 부모님을 위한 좋은 아동이 되기 위해 노력하지만, 저는 있는 그대로의 제 자신인 게 좋아요."

아동이 개인적인 주제에 대해 성찰할 수 있을 때, 그들은 곧 더 뻗어나가 성찰적 사고와 추상적 사고를 이용하여 독해력을 향상시킬 수 있다. 예를 들어, 클레어의 경우에는 소설에서 등장인물의 동기를 이해하는 부분이다. 추상적인 사고란 개인의 시점을 이용해 통찰력을 갖고 그 통찰을 다른 추상적인 문맥에 대입시키는 것을 의미하기 때문이다. 그것은 어떤 경험을 겪고 모든 사람이 같은 반응을 보일 것이라고 가정하는 것이 아니다. 그렇게 생각하는 사람들은 모든 것을 개인적으로 받아들인다. 그들은 자신의 관점에만 빠져버린다.

진정한 추상적 사고는 "그 일이 내게 일어났다면 어떤 기분일까? 나는 화가 났을 거야. 하지만 걔는 달랐어. 그 애는 다른 사람들을 위해 이것저것 해 주는 것을 좋아해. 그 애라면 자신에게 나쁘게 행동한 사람을 안쓰럽게 생각할지도 몰라."와 같은 말을 할 수 있어야 한다. 자신의 감정을 이해하고 서로 다른 특성을 생각해서 생각해 보는 것을 연습하여 클레어는 개인과 추상의 사고 사이를 왔다 갔다 하며 사고하는 법을 배울 수 있다. "소설에 나오는 이 인물은 나와 어떻게 비슷하고, 어떻게 다를까? 이 사람이 느끼는 사회적인 압박은 무엇이고, 나라면 어떤 기분이었을까? 이런 차이가 이 상황에서 어떻게 서로 다른 반응이나 다른 이해로 이어지게 될까?" 이런 식으로 우리는 진정으로 추상적인 관점을 생성하기 위해 자신과 다른 사람들에 대한 통찰력을 사용한다.

성찰이란 당신이 누구인지에 대한 감각을 가지고 있으며, 논리적이고 현실적인 방법으로 다른 경험을 자신의 것과 비교할 수 있다는 것을 의미한다. 이런 식으로 아동은 자신이 듣고 읽은 것에 의미를 부여하고, 단순한 소리를 이해하는 것부터 일련의 추상적인 아이디어를 파악하는 것까지 나아간다.

학령기 아동과의 예시들이 자녀와 직접적으로 관련될 수 있기 때문에 이 장과 제 11장에는 질문을 포함하지 않았다.

10

행동 구성하기:
운동 계획 및 순서화

누구나 알아볼 아동이 있다. 스포츠 팀에서 마지막으로 선택되는 아동, 혹은 중요한 경기에서 모두가 뛰지 않기를 바라는 그 아동. 자전거 타는 법을 배우지 못하는 아동 그리고 체육 수업을 안 듣기 위해 온갖 핑계를 대는 아동. 이들은 자기에 대한 안 좋은 인식과 수치심을 가리기 위해 어떻게든 방지책을 찾아내지만, 부모의 눈은 이를 바로 알아챈다. 그러한 아동이 당신의 자녀라면 마음이 아프고 걱정될 것이다. 내 아동은 선천적으로 몸을 잘 못 써서 결국 뒤에서 친구들에게 놀림 당할 운명일까? 직면하기 어려운 질문이지만, 다행스럽게도 대답은 "그렇지 않다."이다.

아동이 몸을 자유롭게 움직이지 못하는 협동 결핍은 운동 계획과 순서화에 관한 문제에서 비롯된다. 그러나 이 분야의 문제는 운동 능력에서만 제한되지 않는다. 이 용어는 문제를 해결하기 위해 행동 계획을 수립한 다음, 그 행동을 이행하는 것과 관련이 있다. 즉, 미묘한 표정을 표현하기 위해 얼굴 근육을 어떻게 구성할지, 공격적이지는 않되 확신 있게 자기주장을 하기 위해 음성을 어떻게 조정할지, 친구가 다치지 않게 장난스럽고 부드럽게 친구를 밀어내는 것, 혹은 시험 준비를 시켜주는 선생님의 지시사항을 따르거나 칠판의 정보를 필기하는 것과 같은 것이다. (이러한 작업에 대한 복잡한 분석은 많은 하위 요인으로 분류된다. 우리는 운동 계획 및 순서화를 광범위한 범주로 사용하고 있다.)

운동 계획 및 순서화는 운동의 성공 요소일 뿐만 아니라 학교, 친구, 일상생활에서의 기능 성공에도 영향을 미친다. 내가 만난 아동 중 ADHD 또는 ADD 진단을 받는 아동의 거의 대부분이 계획과 순서화에 문제가 있다. 아동이 네 가지 행동을 연속적으로 계획할 수 없어서 욕실로 가는 길에 목적을 잊어버린다면, 아동은 부주의해 보이는 게 아니라 부주의한 것이다. 하지만 아동은 행동의 순서를 쉽게 생각해 내지 못해서 그런 것이며, 머릿속에 행동 계획의 순서를 기억해 두지 못한다. 당연히 항상 마지막 순간에 계획을 몰아서 세운 아동이나 이전에 언급한 정신없는 교수, 혹은 복잡한 행동은 하나도 계획하지 못하는 운동 유망주와 같은 예외는 존재한다. 그러나 운동 행동을 계획하고 순서화를 할 수 있는 대부분의 사람은 사고와 감정을 계획하고 순서화를 할 수 있다.

그렇다면 자신의 행동을 계획하고 순서를 만들 수 없는 아동을 상상해 보자. 아동은 공을 잡고 싶어 하지만 시간 내에 자신의 손을 모으지 못하여 공이 손을 지나가 통과해 버린다. 정말 열심히 노력했지만 손 사이에 구멍이라도 있는 듯이 자꾸 공을 놓친다. 이 아동은 칠판에 수학 문제를 적으려고 하지만 교사가 다음 주제로 넘어갈 때 겨우 반쯤 마쳤다. 어쩌면 어떤 아동은 쉬는 시간에 다른 친구들과 줄넘기를 하고 싶어 하지만 줄을 반절도 뛰지 못하고 매번 줄에 걸릴지도 모른다.

이 장에서는 아동의 총 운동 계획을 향상시키기 위한 운동에 초점을 맞추며, 소근육 운동 계획에 대한 약간의 논의도 포함되어 있다. 아동이 낮은 근육 긴장도를 가졌든 균형이 좋지 않거나 협응이 잘 안 되어 있든, 좌우 통합 또는 손과 눈의 협응에 문제가 있든, 이 연습으로 개선할 수 있다. 부모나 양육자와 상호작용하는 것은 운동 계획을 수립하고 실행하는 연습이 된다. 지속적으로 주고받는 이 연습은 기본적인 움직임을 운율 있게 만들고 조화롭게 만들어 주며 마침내 자동으로 움직일 수 있도록 해 준다. 이러한 능력은 일반적으로 성숙해짐에 따라 있는 모든 영역에서의 향상된 운동 계획 및 순서화로 이어진다.

운동 계획 및 순서화 단계

관심 기울이고 세상에 참여하기

운동 계획하기와 순서화가 어떻게 발달하는지를 이해하기 위해 우리는 아직 태어나지 않은 아기에서부터 시작해야 한다. 태어나지 않은 아기의 신경계, 특히 소뇌와 이마엽이 성숙해지면서 아기의 목적 없는 움직임은 내적 감각에 대한 반응뿐 아니라 외부의 감각에도 반응하여 점점 흐름이 생기고 동시 발생적이 된다. 엄마가 배를 조금 문지른 것이나 자장가를 듣는 것으로 아기는 특정한 패턴으로 몸을 움직이거나 발차기를 시작하게 한다. 이는 신생아들을 볼 때 명확하게 볼 수 있다. 아기는 엄마의 목소리와 다른 소리들을 들을 때 흐름을 갖고 몸을 움직이며 반응한다.

이러한 리듬감은 운동 조직화의 시작이며 운동 계획과 순서화의 근본적인 부분이다. 출생 시 발생한 산소 결핍이나 몇몇 생물학적 어려움을 이유로 신경계 발달에 지연이 있는 아기들은 종종 이런 동시성과 세상에 대한 참여를 늦게 형성한다. 신경계 발달에 지연이 있는 아기들의 움직임은 더 무작위적이다. 이 아기들이 성장해 가면서 그들의 리듬과 타이밍은 지속적으로 잘 예측되지 않는다.

리드미컬한 움직임은 본능적인 움직임에서 의도적인 움직임으로 변해 가는데, 여기서의 동기 부여 요소는 감정이다. 아기가 엄마의 목소리를 향해 얼굴을 돌리는 이유는 그 목소리가 자신을 달래 주고 즐겁게 해 주기 때문이다. 엄마의 얼굴을 찾았다는 보상은 그 행동을 반복하고 싶어 하게 만든다. 엄마를 눈으로 쫓을 때 최고의 보상인 엄마의 커다란 미소를 받게 된다. 참여하기, 감정, 운동 계획하기, 순서화는 모두 함께 발생한다.

점차 커지는 감정적 연결은 욕구를 만들어 내고 나중에 의도적이고 체계화된 행동으로 이어진다. 우리는 부모에 대한 아기의 반응을 'SAM'이라 부르는데, 이는 감각과 정서 운동 반응(Sensory Affect Motor response)이라는 뜻이다. 정서, 다른 말로 감정이 계획된 행동을 결정한다. 아기가 (어쩌면 특정 소리에 민감하기 때문에) 엄마의 목소리를 좋아하지 않으면 관심을 기울여 엄마 쪽을 향해 보는 것이 아니라 반사적으로 다른 곳을 보거나 심지어는 놀라서 당황할 수도 있다.

상호작용과 의사소통

한 단계로 이루어진 의도적인 행동은 이내 네 단계 또는 다섯 단계로 확장된다. 생후 9개월이 되면 아기는 엄마의 얼굴을 볼 수 있고, 엄마가 갖고 있는 색깔 공을 향해 손을 내밀고 공을 손에 쥐고 관찰한 다음 다시 엄마에게 돌려줄 수 있게 되며, 만약 엄마가 자신의 손 안에 공을 숨기면 공이 숨겨진 곳을 찾는 것까지 할 수 있다. 이건 모두 엄마의 행동에 반응하고 정서적인 욕구를 채우는 의도적이고 연속적인 행동들이다. 아기는 상호주의적인 행동을 통해 의사소통을 한다. 마치 재미있고 킥킥 웃게 되는 까꿍놀이와 같이 말이다.

몸짓을 오랫동안 주고받는 이 단계는 무척 중요하다. 운동 과제의 계획 및 실행 문제를 지칭하는 실행장애를 가진 많은 아동은 의도적인 반응을 조직할 수 없기 때문에 이 단계에서 문제를 가진다. 이러한 문제를 가진 아동의 부모는 이 단계에서 겪었던 어려움을 기억할지도 모른다. 만약 아동이 다른 사람과의 리듬을 맞출 수 없다면 유대감이 강한 관계를 형성할 수 없다. 나는 일반적인 증세부터 중증의 운동 계획 문제를 가진 아동의 적어도 50%는 지속적인 의사소통에 능숙하지 못할 것이라 예상한다. 이후 이 아동들은 '주의력결핍' 또는 ADHD/ADD라는 진단을 받게 된다. 아동이 가진 문제는 이 시점에서 시작됐을 수도 있다. 운동 계획 또는 감각 처리의 어려움은 아동이 참여하고, 집중적인 관계를 맺는 것을 방해한다. 이것은 자폐 스펙트럼 장애를 가진 아동에게 가장 심각하게 보인다. 그들은 더 복잡한 순서를 계획하거나 더 많은 개인적 관계를 형성할 수 없기 때문에 장난감 차를 일렬로 세워 놓는 것과 같이 하나 혹은 두 가지 단계로 이루어진 행동을 반복한다.

공유된 문제 해결하기

두 살이 되는 해, 아동들은 자신이 원하는 것을 얻기 위해 행동을 개시한다. 아동들은 적어도 한 단어를 옹알거리며 가리키기, 보여 주기, 웃기와 같은 제스처와 행동을 자신의 욕구를 채우는 데 사용한다. 18개월이 될 쯤, 아동들은 숨겨져 있는 소리 나는 장난감을 찾을 수 있다. 이것은 그들의 운동 계획과 순서화뿐 아니라 시공간적 기술도 보여 준다.

다음은 이러한 기술을 식료품점에서 발휘하는 아기의 예이다.

엄마는 16개월 된 제니(Jennie)와 함께 통로를 지나가며 카트를 밀고 있다. 제니는 카트의 의자에 앉아 있다. 제니는 바나나를 보고 카트를 밀고 있는 엄마의 손을 잡아당기며, "바"라고 말하고 과일을 가리키며 안간힘을 쓴다. 제니의 간절한 표현은 "줘"라는 신호를 보낸다. 웃으며 끄떡하는 리듬으로 엄마는 "제니, 우리 바나나 좀 살까?"라고 물어본다. "바, 바"라는 소리에 엄마는 바나나 한 다발을 집으며, "이것들은 어때?"라고 말한다. 그에 대한 반응으로 아기가 환하게 웃자 엄마는 잠깐 제니에게 바나나를 가까이 대어 제니가 바나나를 만질 수 있고 자신의 성공을 충분히 즐길 수 있게 해 준다. 제니는 자신의 행동이 문제를 해결한 것에 대하여 기뻐한다. 그리고 엄마는 그 소통의 순환을 끝맺는다.

그들의 다단계적 의사소통은 임의로 일어난 것이 아니라 질서 정연하게 연결된 일련의 순서로 결합되어 바나나를 향한 제니의 열망과 같은 문제를 해결한다.

이러한 시나리오는 또 다른 요인을 보여 주는데, 바로 반응의 질이다. 우리가 문제를 해결하기 위해 누군가의 도움이 필요할 때 우리는 그 사람의 반응을 본다. 그 사람의 반응이 어떻든, 기쁨에서 놀라움, 짜증 중 무엇이든, 이 반응은 당신이 다음 단계 계획을 어떻게 할지에 영향을 미친다. 따라서 그 상대가 비정상적으로 일관되지 않은 이상 당신은 새로운 접근법을 형성하기 위해 지속적으로 노력할 것이다. 이것이 바로 놀이를 할 때 양육자와 아동이 함께할 때와 아동 혼자 놀 때의 활동의 질이 다른 이유이다. 후자의 경우는 반복적인 놀이에 빠질 가능성이 크다. 아동이 혼자 놀며 어느 정도 리듬감 있게 몸을 움직일 수 있지만, 각 반응들 이후에 새로운 행동 계획을 만들 필요가 없을 것이다.

감정적인 반응은 의도적인 행동을 유도한다. 부모와 같은 파트너와의 즐거운 연결은 그의 관심, 몰두, 인내심 그리고 문제 해결책을 이끌어 낸다. 따라서 운동 계획 능력을 강화시키기 위해서 아동은 감정적으로 투자하는 파트너가 필요하다. 파트너는 부모, 돌봄이, 교사 혹은 다른 양육자가 될 수 있다. 아동은 다른 사람들과 상호작용함으로써 운동 계획 기술이 향상된다.

운동 계획 문제의 종류

아동의 신경계는 점점 더 복잡해지고 더 정교한 협응과 순서화의 필요성이 점점 커지기 때문에 아동은 언제든지 운동 문제를 겪을 수 있다. 예를 들어, 10~12개월의 아동은 몸의 좌우를 더욱 체계적으로 통합할 수 있게 된다. 같은 시기에 발달하는 전두엽 피질은 뇌의 두 반구를 협응하도록 도와주는데, 좌뇌는 몸의 우측을 통제하며 우뇌는 몸의 좌측을 통제한다. 더 높은 단계의 운동 계획과 순서화를 달성하기 위해서, 우리는 두뇌의 양측을 함께 작용할 필요가 있다. 운동 계획과 운동 순서화에 문제를 갖고 있는 많은 아동은, 혹은 다음 장에서 이야기할 생각의 순서화를 어려워하는 아동은 좌우 통합에 있어 문제를 갖고 있다. 움직임, 특히 몸의 정중선을 넘어가는 움직임은 두 개의 반구 사이의 연결과 뇌를 자극한다.

낮은 근 긴장도나 그와 관련된 어려움이 있는 아동들은 또 다른 종류의 문제를 갖고 있다. 경미한 형태의 뇌성마비나 초기 발달 단계에서는 명확히 보이지 않았던 다른 문제를 가지고 있을지도 모른다. 이런 아동들은 계획된 행동을 이행하기 위해 근력을 강화해야 한다.

어떤 아동들의 경우 감각 입력이 과부하되거나 벅찰 때 운동 계획과 순서화 문제가 함께 나타난다. 그들은 운동 계획을 잘 못하기 때문에 감각 입력의 양을 스스로 제한할 수도 없으며, 이러한 과부하 현상을 효과적으로 해결하지 못한다. 그에 대한 결과로 아동에게 종종 무력감과 불안감이 나타나게 된다. 제12장에서 이에 대해 논의할 것이다.

소아 신경학자 및 물리의학 전문가뿐 아니라 작업치료사와 물리치료사는 좌우 비대칭, 낮은 근 긴장도 혹은 감각 운동장애가 있는 아동을 위한 프로그램을 설계해 줄 수 있다. 전문가와 상담할 때의 일반적인 원칙은 아이의 문제가 삶의 중요한 영역, 즉 친구 사귀기, 학교에 잘 적응하기, 가족에게 좋은 감정을 가지거나 자기 자신에게 좋은 감정을 가지는 것에 부정적인 영향을 미칠 때 상담을 하는 것이다. 상담을 받아보면 문제의 완전한 본질을 이해하고 그러한 문제에 대해 전문적인 경험이 있는 사람의 안내를 받을 수 있다. 다음에 이어지는 운동들은 일반적 면에서 도움이 된다. 만약 치료사와 함께하기로 결정했다면 이 운동들은 전문가의 권고사항에 대한 보충이 되어 줄 수 있을 것이다.

운동 계획 능력과 순서화를 향상시키기 위한 연습

운동 조절은 운동 계획하기를 가능하게 한다. 다음에 제시된 연습은 근력을 강화할 뿐 아니라 근육과 운동 계획하기, 순서화하기 간의 연결을 강화하는 것에 중점을 두고 있다.

이러한 게임과 연습은 방금 논의된 운동 계획하기와 순서화하기의 첫 번째 단계를 넘어가도록 도와준다. 첫 번째 단계는 참여하기, 주고받는 리듬이 있는 의사소통, 상호작용 및 문제 해결하기가 포함된다. 만약 당신의 아동이 나이가 조금 더 있거나 언어가 가능한 친구라면 다음 장에서 심화된 순서화의 예시를 참고해도 좋다.

운동 연습은 딱 아동이 거기에 관심을 갖는 정도만큼만 유용하다. 만약 당신이 열정적이라면, 아동은 여기에 설명된 연습들을 좋아할 것이다. 하지만 만약 그렇지 않다면, 아동이 좋아하는 동시에 대근육, 신체협응, 균형, 좌우통합, 근 긴장도 및 리듬을 전부 사용해야 하는 게임을 생각해 내야 한다. 다음에 설명된 '진화 놀이'는 그 중 하나다.

'진화놀이'는 각 '진화' 단계 내에서 단순한 것으로 시작하여 점차적으로 복잡해진다. 아동이 얼마나 능숙하게 하는지를 보면 언제 다음 단계, 혹은 더 어려운 활동으로 넘어갈지 알게 될 것이다. 아동이 잘할 수 있는 활동에서 시작하고 점차적으로 더 복잡하게 만들어 아동이 높은 성공률을 유지할 수 있도록 한다. 성공은 자녀가 계속 노력하도록 동기를 부여하며, 자녀가 게임을 할 때 당신과 경쟁하게 하되 열 번 중 7~8번 정도를 이기게 해 주는 것도 동기 부여가 된다. 놀이를 할 때 아동이 유리하게 해 주거나 자신에게 핸디캡을 주는 것으로 게임의 난이도를 조정할 수 있다. 그리고 다른 감각, 특히 소리를 더하면서 다양성과 창의성을 더할 수 있다. 가장 기본적으로 할 일은 점점 복잡해지는 몸동작을 생각해 내고 상호작용을 많이 하게 만드는 것이다.

'진화놀이'가 너무 유치하다 생각할 수 있는 나이의 아동들은 다음에서 설명하는 균형 및 협응 활동을 통해 운동 계획하기 및 순서화 기술의 구축을 도와줄 수 있다.

진화놀이

진화놀이의 첫 번째 단계는 하찮지만 아주 조직적인 지렁이 단계이다. 벌레는 어떻게 꿈틀거리며 앞으로 갈까? 손, 발, 팔꿈치 또는 발가락을 이용하는 게 아니다. 지렁이가 가진 거라곤 기다란 배뿐이다. 당신과 아동은 함께 지렁이의 움직임을 표현해 본다. 몸을 비틀고, 흔들고, 꾸물거리고, 살랑거리며 인간 움직임의 진화의 일부를 모방하는 것이다.

바닥에 내려와 지렁이 혹은 원한다면 뱀처럼 꿈틀거리는 것으로 게임을 시작한다. 앞뒤로 흔들거리고 몸을 움직여 보며 다른 곳으로 가 본다. 쉬운 일은 아니다. 이때 리듬감 있는 움직임의 필요성이 많이 드러난다. 리듬감을 조장하기 위해 음악을 켜도 좋다. 꿈틀거리는 지렁이의 행동 패턴을 따라 하기 위해서는 코어 근육을 정말로 많이 사용해야 할 것이다. 이것은 코어 근육에 좋은 운동이 될 것이고, 낮은 근육 긴장도 또는 협응장애가 있는 아동에게 큰 도움이 될 것이다. 아동이 어느 정도 동작을 쉽게 해낼 수 있을 때까지 연습한다. 더 복잡하게 하고 싶다면 동시에 똑같이 움직여 보도록 해도 좋다. 둘 중 한 명이 속도를 정하고, 다음엔 다음 사람이 속도를 정해도 좋다. 지속적인 리듬을 유지하는 것에 신경을 써야 한다. (팁: 바닥에 플라스틱 시트를 붙여 두면 꿈틀거리기가 더 쉬워진다. 피부에 달라붙거나 자극이 가지 않게 긴 옷을 입는 것이 좋다.)

두 번째 단계는 게으른 악어 단계이다. 당신은 흔들기에서 변형된 미끄러지기로 넘어간다. 아직 네 발을 사용해서 몸을 드는 상태는 아니고 발가락/발끝과 팔꿈치로 조금씩 몸을 밀기만 한다. 아동이 이 동작을 어려워한다면 아동의 발에 두 손을 올려 준다. 그러면 아동은 당신의 손을 발로 밀어내며 움직이기 시작할 수 있다. 아동이 원하는 특별한 간식을 방의 저편에 놓으면, 이는 아주 좋은 유인책이자 성취했을 때 긍정적인 감정을 부여하게 해 준다. 아동이 당신과의 악어 달리기 시합에서 이길 때도 마찬가지다.

이 단계는 다른 단계와 마찬가지로 아동의 사고력을 강화하는 데 도움이 된다. 이것은 당연하지만 아동을 참여하게 하는 것에서 시작된다. 만약에 아동이 대화가 가능하다면 이야기를 함께 만들어 낼 수 있다. 어떤 악어가 되고 싶고, 그 악어의 이름이나 성격은 어떨까? 악어가 방을 가로질러서 가야 할 이유가 뭘까? 놀이가 끝나고 난 뒤 아동은 어떤 것이 좋았고 싫었는지 물어볼 수 있다. 이런 질문은 그 즉시 아동이 성찰하고 자신의 아이디어들을 연결하고 자신의 감정을 다시 보고 설명하도록 도와준다. 만약 아동이 근 긴장도는 낮지만 더 높은 사고 단계에 도달한 경우라면, 아동이 왜 그걸 좋아했는지 혹은 싫어했는지, 심지어는 함께하는 다른 놀이와 비교를 하면서 약간의 회색 영역 사고까지 드러낼 수 있다. 공간을 건너는 것만으로 주르륵 미끄러지는 당신의 악어는 다양한 사고 단계를 사용하며, 구체적이고 창의적이며 논리적인 토론을 할 수 있다. 행동 계획을 이행하고 근 긴장도를 개선하면서 나무 몸통 부분을 강화하는 동시에 말이다.

세 번째 단계는 네 발로 걷는 동물 단계며, 손과 무릎을 바닥에 대어 기어 다니는 것으로 모방할 수 있다. 당신과 아동은 아동이 가장 좋아하는 동물을 흉내 내는 것이다. 장난기 넘치는 강아지, 고양이, 쥐, 말 등 무엇이든 좋다. 기어 다니는 놀이는 몸의 다양한 부위를 움직이며 코어 근육 운동과 골반 부위 그리고 어깨를 사용할 뿐 아니라 팔과 다리의 협응을 연습할 수 있게 된다. 아동이 앞을 향해 나아가기 시작하면 다음엔 왼쪽, 오른쪽, 뒤로, 옆으로 움직이거나 어딘가를 넘어가는 연습도 할 수 있다. 신체의 한쪽 팔과 다리를 동시에 들어 올리고 그다음엔 다른 쪽의 팔다리를 들어 올려 넘어간다. 장애물을 넘어 다니는 것으로 협응과 균형을 둘 다 연습한다. 음악을 틀어 움직임의 리듬과 타이밍을 조절할 수 있다. 경쾌한 살사 또는 룸바나 아드레날린이 넘치는 〈록키(Rocky)〉의 주제곡을 틀어 둘 수 있다. 가만히 있을 때 한쪽 팔을 앞으로 뻗어 사냥감이 어디 있는지를 가리키는 사냥견 흉내를 내도 좋다. 혹은 다리 하나를 뒤로 뻗어 위로 걷어차 노새나 당나귀가 뒷발을 차는 흉내를 낼 수 있다.

아동이 기어 다니는 놀이에 익숙해지면 새로운 동작을 넣어 새로운 놀이를 구성할 수 있다. 기본적으로 기어 다니다가 숫자를 세고 (5 이하의 숫자로) 특정한 움직임이나 자세를 말해 주어 몇 초 동안 유지하거나 버티는 것이다. 예를 들어, "1, 2, 3, 가리키기"라고 말하면 몇 초간 한 방향을 가리키는 것이다. 그러고 난 다음에는 아동의 차례다. 예를 들면, "1, 2, 흔들기"라고 할 수 있을 것이다. 여기에 음악적 박자를 추가해도 좋다. 이 놀이는 참여자로 하여금 숫자와 특정한 움직임에 맞춰 행동 계획을 바꾸도록 해 준다.

동물은 여러 움직임에 대한 영감을 준다. 개구리처럼 뛰어오르거나 토끼처럼 깡충깡충 돌아다니기처럼 다양한 움직임이 가능하다.

만약 아동이 많이 어려워하며 스스로 성공 경험을 느끼지 못하는 것 같다면 도와주자. 내 동료이자 롱아일랜드에 있는 센터의 물리치료사인 잉그리드(Ingrid Tscharnuter)는 근본적인 운동 패턴에 문제가 있는 아동을 돕기 위해 혁신적인 접근법을 개발했다. 그녀는 이를 TAMO라고 부른다(그녀의 웹 사이트 www.tamo.com 참조). 그녀의 접근방식은 아동의 신체 일부분을 안정화시켜 아동이 다른 부분을 더 자연스럽게 움직일 수 있게 한다. 다리 또는 몸통의 핵심 부분에 손을 가볍게 올려두면 아동은 몸의 다른 부분을 더 자연스럽게 움직일 수 있게 된다. 이런 접촉은 아동에게 있어 바닥 위에서의 본인의 자세를 더 확고하게 느끼게 해 주며 협응이 잘 되지 않는 동작을 제어할 수 있게 한다. 아동의 골반이나 어깨를 지지해 주면 닻처럼 지탱해 주게 되어 더 자연스러운 리듬으로 움직이도록 도와준다. 아동이 새로운 리듬을 소화하게 되면 점차 혼자서도 더 자연스럽게 움직이게 된다.

네 번째 단계는 기어 다니기가 숙달되고 나면 두 발로 서서 양족동물이 되는 단계다. 사람, 여우원숭이, 긴팔원숭이, 인간처럼 똑바로 선 뒤 걷는다. 그다음엔 뒤로 걷고, 양 옆으로 걷고, 원으로 둥글게 돈다. 기억해야 할 것은 단순한 것에서 시작해 점점 복잡해지도록 하고, 강도와 속도를 조절하는 것이다. 아동이 재미있어 할 수 있는 단순한 게임은 어떤 것이든 좋다. 장애물 코스 또는 보물찾기와 같은 놀이로 시작해 아동이 두 발로 해야 하는 동작의 수를 계속 늘리는 것이다.

걷기도 마찬가지로 속도를 점차적으로 높여 나중에는 달리기로 나아간다. 그리고 앞서 했듯이 왼쪽으로, 오른쪽으로, 앞으로, 뒤로, 넘어가고 돌아서 달리도록 해 주자. 속도를 조절하는 게임을 해도 된다. 빠르게 달리고, 천천히 걷고, 슬로우모션으로 걷고, 보통 속도로 조깅을 하고, 방향의 변화를 추가할 수 있다. 또는 캥거루의 점프와 같은 다른 동물의 움직임을 포함시켜도 좋다.

야외에서는 벽이나 가구에 대한 두려움이 없으니 숫자를 세고 동작을 표현하는 게임을 조금 바꿔 보이지 않는 공 주고받기(또는 발레나 축구공 드리블)와 같은 놀이로 서로 순서를 가져가며 놀 수 있다. 가장 먼저 시작할 때 당신은 (숫자를 세는 사람) 상상의 공을 손안에 쥐고 있다. 아동과 함께 어느 정도 거리를 두고 뛰어 내려가다가 "1-2-왼쪽 후크!"라고 말한다. 공을 던지는 척하면 아동은 지시를 따라 공을 받는 척을 한다. 그리고 난 후 아동의 차례다. 아동이 "1, 2, 3, 4, 점프"라고 말하고 공을 당신에게 던지는 척을 하면, 당신은 점프를 하며 받는 척한다. 상상할 수 있는 건 그 어떤 것이든 가능하다.

이 모든 활동에서 조금의 휴식이나 전환을 하고자 하면 구체적인 신체 부위를 협응하는 것으로 초점을 옮길 수 있다. 예를 들어, 발뒤꿈치부터 발가락까지 가볍게 두드리거나 (또는 번갈아 두드리기) 혹은 손뼉을 치면서 속도를 바꾸어 갈 수 있다. 당신은 발을 까딱이며 아동이 손뼉 치는 리듬을 정하게 해 준다. 만약 박수가 너무 어렵다면, 아동은 허벅지를 가볍게 치는 것으로 박수 소리를 내며 박자를 정해도 괜찮다. 아동은 박수를 치고 당신은 손으로 가볍게 톡톡 소리를 내며, 다음엔 반대로 한다. 아카펠라 혹은 음악에 맞춰 리드미컬하게 함께 박수를 쳐도 된다. 혹은 아동이 봉고나 드럼을 두드리는 것으로 속도를 정할 수도 있다. 그런 다음 이런 활동을 음성 변조 게임과 결합할 수 있다. 큰 소리로 말하고 노래하기, 부드럽게 노래하기, 매우 부드럽게 노래하기로 이어갈 수 있다. 굉장히 다양한 조합을 만들 수 있다.

이제 아동이 '진화론적 단계'의 마지막까지 왔다면 당연히 달리기, 높이뛰기, 깡충 뛰기, 한 발 뛰기, 걷기, 기어가기 및 뱀처럼 미끄러지기를 게임 내에서 결합 할 수 있다. 자녀가 춤, 축구, 체조, 승마 또는 자전거 타기 등의 활동을 하고 싶어 한다면 지금 얻게 된 새로운 힘, 협응력과 계획력을 이러한 목표 안에 포함할 때이다. 먼저, 활동이나 스포츠를 매우 기초적인 수준에서 시작하여 그가 통제감을 느끼도록 하라. 점차 더 복잡한 동작으로 나아가 새로운 운동 계획 및 순서화 기술의 성공을 계속 경험하게 하라.

타이밍, 균형 그리고 협응을 위한 추가적인 운동

리듬과 타이밍은 운동 계획과 순서화에 매우 중요하기 때문에 어떤 형태든 춤, 행진, 노래 또는 음악에 맞춰 움직이는 것이 좋다. 또 다른 방법은 나도 함께 관계하고 있는, 리듬과 타이밍을 향상시키는 컴퓨터 기반 프로그램인 상호주의적 메트로놈(Interactive Metronome)이라고 불리는 새로운 기술이다. 아동은 이어폰을 통해 비트를 듣고 점점 더 복잡한 운동 동작을 수행한다. 그리고 자신이 비트에 얼마나 맞게 움직였는지 지속적인 피드백을 받아 타이밍과 협응을 향상하기 위해 동작을 개선할 수 있다.

균형과 협응을 향상시킨다는 것은 뇌와 정신의 많은 부분을 함께 작용하게 만든다. 균형과 협응의 향상을 위해서는 언제든 창의력을 발휘할 수 있지만 몇 가지 선택사항을 골라 볼 수도 있다. 달리기, 트램펄린 위에서 뛰기(양다리로 뛰다가 나중엔 한 다리로 뛰기), 지각운동(던지기, 받기, 차기), 낮은 균형대 건너기(걷고 서 있기, 눈을 감고 한 발로 서 있기, 균형대를 걷는 동안 공을 던지고 받기), 특별한 판과 쿠션과 같은 불안정한 물체 위에서 균형 잡기, 자전거 타기, 줄넘기 등의 선택사항이 있다.

눈가리개를 사용하거나 눈을 감는 것처럼 시각을 사용하지 않고 균형을 잡는 것은 소뇌 기능 향상에 도움이 되는데, 이는 운동 계획 및 순서화에 중요하다. 당신이 눈을 감았을 때 당신의 몸 안에 있는 고유 수용성 감각으로부터의 피드백에 의존하게 되며, 이 경우에는 바닥을 짚는 발에서부터의 감각에 의존하게 된다. 눈을 감은 채로 걷거나 깡충 뛰거나 한 발씩 경중경중 뛰면 균형, 협응 및 방에 대한 정신적인 이미지에 의존하므로 자녀를 위한 재미있는 놀이로 만들 수 있는 좋은 운동이다. 당신과 아동은 교대로 서로를 위한 가이드가 될 수 있다.

앞에서 언급했듯이, 운동 계획 및 순서화에 문제가 있는 많은 아동은 신체의 좌우를 제어하는 것에 어려움을 겪는다. 왼쪽과 오른쪽을 통합하는 기본 활동으로는 발차기, 던지기, 공 잡기가 있다. 혹은 양손을 번갈아 또는 풍선을 바닥에 닿지 못하게 손바닥으로 튕기거나 제기를 차듯 양발을 바꾸어 가며 차 올릴 수 있다. 또는 비눗방울을 불어 양손을 번갈아 가며 비눗방울을 잡거나 때릴 수 있다. 아동이 재미있고 쉽게 숙달할 수 있는 활동이라면 무엇이든 선택하되, 양손 또는 양발을 교대로 사용하고 몸의 양측을 협응하며 시각과 운동을 함께 사용하는 놀이가 되게 하라. 자녀가 매 시도의 2/3 정도의 성공을 거두게 되면 속도를 더 빠르게 하여 더 속도감 있고 동시다발적인 시각 운동과 청각 운동 기술, 좌우 통합 그리고 좌우 균형을 연습하게 해 준다. 'Brain Gym'(인터넷에서 찾을 수 있음)이라는 매우 유명한 활동 세트는 좌우 통합을 위한 수많은 놀이가 포함되어 있다.

균형과 협응, 리듬 및 타이밍, 좌우 방향 통합이라는 세 가지 과제를 연습할 때 전체 운동 체계를 강화할 수 있다. 아동이 이에 대한 문제가 있다면 매일 몇 번씩 이런 놀이들을 상상놀이와 엮어서 놀게 해 주는 것이 좋다. 이 일련의 활동들은 작업치료사 또는 물리치료사가 지도하고 이후에 보호자가 진행해도 된다. 심지어 10대 베이비시터를 훈련시켜 자녀를 위한 프로그램을 실행하게 할 수 있다.

감각 통합하기

자녀가 기본 운동 기술을 숙달하게 되면 이제 다른 감각 입력을 통합하는 것에 신경을 쓰는 것이 좋다. '가라사대' 놀이는 운동 동작과 청각 신호를 통합하기 위한 좋은 방법이다. "손을 들어 주세요. 무릎에 손을 대세요. 가라사대, 손을 귀에 대세요. 손을 어깨에 대세요. 가라사대, 터널을 기어서 통과하세요." 이러한 게임은 뇌의 서로 다른 영역이 함께 작동하고 모든 감각을 연결하는 일종의 체조 훈련을 제공한다.

시공간 감각과 운동 동작(시각적 단서를 보고 특정 동작을 수행하기)의 경우 아동이 자신의 손으로 손뼉을 치거나, 장애물 아래로 굴러가는 등 플래시카드를 사용할 수 있다. 속도를 점차 빠르게 하라. 혹은 박스 안에 있는 뒤죽박죽 섞인 스크래블

(Scrabble) 게임(알파벳을 모아 단어를 만들어 가는 게임) 알파벳 조각들을 보여 주며 자녀에게 하나를 선택하게 하고 바닥에 올려놓아 알파벳 모양대로 움직이게 한다. 예를 들면, 'L'을 위에서부터 시작하면 앞으로 3칸, 왼쪽으로 2칸 움직이게 되는 것이다. (이사벨이 시력 검사를 위해 했던 제9장의 연습 문제를 다시 확인하라.) 읽는 법을 배우는 아동이라면 소근육과 대근육 활동을 위해 글로 쓴 지침서나 지시사항을 사용할 수 있다.

심지어 장미, 식초, 비누 같이 서로 다른 물건을 아동에게 제공하여 운동과 후각을 연계시킬 수 있으며, 이 물건의 냄새의 근원이 무엇인 것 같은지를 몸으로 표현하도록 할 수도 있다. 아동들의 창의력은 당신을 놀라게 할 것이다.

지루해하는 것인가 혹은 너무 과한 도전을 받은 것인가

아동이 "지루해."라고 말할 때, 그것은 항상 우리가 생각하는 의미는 아니다. 지금 활동이 아동에게 너무 힘들다는 것을 의미할 수도 있다. 따라서 아동이 그런 말을 할 때 유심히 지켜보되 꼭 말 그대로 받아들일 필요는 없다. 아동은 기본적으로 재미있는 것과 본인에게 쉬운 것을 좋아한다. 그들은 어려운 것을 좋아하지 않는다. 그리고 그건 그거대로 괜찮다. 당신은 아동이 성취감을 느낄 수 있게 활동의 난이도를 조정해 주어야 하며, 우리가 이전에 제안했듯이 최소한 70%의 성공률을 갖게 해 주는 것이 좋다. 그러면 아동은 이 활동을 숙달감과 성취감에 대한 좋은 기분으로 연관하기 때문에 그 활동을 하고 싶어 할 것이다. 만약 아동이 그만큼 성공하지 못한다면 흥미를 잃거나 지루하다고 말할 것이고, 그것은 아마도 아동에게 그 활동이 너무 어렵다는 것을 의미할 것이다. 물론, 활동이 너무 쉽고 단조롭다면 아동이 실제로 지루해하는 것일 수도 있다.

아동들은 아직 도전에 대해 성찰할 정도로 성숙하지는 않다. "나는 더 나아가기 위해 강하게 나갈 거야."와 같은 말을 하지 않을 것이다. 아동이 이른 청소년기에

이를 때 스스로를 엄격하게 대하고 강하게 나가는 태도를 취할 수 있게 된다. 그래서 춤, 운동 또는 음악 훈련과 활동에 많은 노력을 쏟을 수 있게 된다. 성공률이 낮더라도 말이다. 하지만 더 어린 나이에는 많은 격려를 필요로 한다.

소근육 기술 발달하기

지금까지 우리는 대근육 운동에 초점을 두었지만, 소근육 운동 기술 개선에도 동일한 가이드라인이 적용된다. 소근육 활동에는 모양 따라 하기, 그림 그리기, 문자 만들기와 같은 활동이 있는데, 마찬가지로 시작은 간단하게 하여 아동의 흥미를 염두에 두고, 감정적인 격려를 해 주며, 활동에 대한 리듬을 만들어라. 아기들은 엄지와 검지로 물건을 집기 시작한다. 때로 물건을 잘 집어 드는 아동들도 크레용이나 연필을 쓰는 작업을 위한 소근육 운동 기술을 익힐 때까지 시간이 오래 걸릴 수 있다. 그렇기 때문에 더 일찍 시작할수록 좋지만 아동의 능력을 밖에서 연습해서는 안 된다. 재미있어야 하고, 아동은 연습 활동의 70%를 완수할 수 있어야 한다.

글쓰기와 그림 그리기를 위한 소근육 운동 기술이 발달하는 순서는 아동이 큰 크레용을 잡는 것, 그다음에는 그걸로 낙서하는 것에서 시작한다. 아동은 종종 "내 손은 흥미로운 것을 만들어 내는 물건을 잡을 수 있어."라고 하는 듯한 기쁜 모습을 표현하기도 한다. 만약 자녀의 근 긴장도가 낮거나 작문 도구를 쥐는 것에 어려움이 있다면, 직업치료사나 물리치료사가 당신에게 자녀의 문제를 해결하는 방법을 가르쳐 줄 수 있다.

아동이 낙서를 즐기기 시작하면 기본 모양을, 그리고 그 물건과 비슷한 물건을 그리는 모방놀이를 할 수 있다. 간단하게 시작하고 재미있게 한다. 모양을 따라 그리되 자유롭게 그리도록 하라. 아동이 원하면 종이 전체를 채울 정도로 큰 동그라미를 그린 뒤 눈, 입, 코가 어디에 있는지를 물어보면서 얼굴을 만들어라. 만약 아동이 잘 해내지 못한다면 당신의 손 위에 아동의 손을 놓고 함께 동그라미를 그려도 좋다. 큰 네모 상자를 그리면, 아동이 그 상자에 네모를 더 더해서 창문과 문을 만들어 집으로 바꿀 수 있다. 아동이 무엇을 만들든지 자랑스러워하라. 아동들은 그림 그리기에 상당히 집중하게 되는데, 그들의 작품에 감탄하는 관객을 갖는 것을 좋아한다.

아동이 어느 정도 이 단계를 편안하고 통제할 수 있는 수준에 이르게 되면 청각적 · 시각적 운동과 소근육 운동 활동으로 넘어갈 수 있고, 아동은 언어적 지시를 그림으로 이미지를 그릴 수 있다. 대근육 운동 활동과 마찬가지로 '가라사대' 게임은 여기서도 잘 어울린다. "네모를 그려라. 가라사대, 원을 그려라. 직사각형을 그려라……." 또는 "가라사대, 그림을 따라 그려라." 또 다른 활동으로 아동에게 간단한 그림을 잠깐 보여 준 뒤 그림을 가져가며 재연할 수 있는지 본다. 반대로 당신이 더 복잡한 그림을 선택하고 한 번 본 것으로 그림을 재연해 볼 수 있다. 그리고 아동이 당신에게 개선점을 조언해 줄 수 있다.

만약 아동이 알파벳을 안다면 찰흙으로 문자를 만들어 보게 하라. 그게 가능해지면 눈을 감고 만져 본 후에 어떤 문자인지 추측하고 그 문자를 그리게 하라. 만약 아동이 모양을 만지면서 어떤 문자인지 오래 고민한다면, 당신이 아동의 손가락을 움직여서 그 문자의 독특한 부분을 만지도록 해도 된다. 그리고 그 모양을 손가락으로 따라갈 때의 느낌을 설명해 줄 수 있다. 'B'로 예를 들어보자. "지금 일직선의 선을 만지고 있어. 여기 아랫부분에는 둥근 모양이 있고, 윗부분에 또 다른 둥근 모양이 있어." 어린 아동을 위한 작은 소근육 운동 기술을 끌어내기 위해, 먼저 문자를 찾아내고 그것을 그리게 한 후에 앞에서 언급했듯이 글자를 표현하듯 걸어 볼 수 있다.

마지막으로, 이러한 활동을 전개해 나갈 때 아동의 흥미를 끌어내야 하며, 선택한 놀이가 당신 그리고 다른 이들과 충분히 상호작용할 기회를 줄 뿐 아니라 아동만의 환상과 창의성을 끌어낼 수 있어야 한다.

아동은 자신의 움직임을 체계화할 수 있는가

1. 아동은 어떻게 움직이는가? 아동은…….

① 매우 늘어지고 (낮은 근 긴장도) 어떠한 운동도 하지 않으려 한다.

② 약간 늘어지나 달리기와 간단한 놀이를 하려고 시도한다.

③ 협응은 가능하지만 움직임이 매우 유동적이지 않다.

④ 협응을 하며 자연스럽게 움직인다.

2. 아동은 새로운 운동을 배울 때 지시에 잘 따르는가? 아동은…….

① 구체적인 방식으로 몸을 움직여야 하는 지시를 받을 때 완전히 혼란스러워한다.

② 초기 지시는 따를 수 있지만 끝까지 따르지 못한다.

③ 불안정하게 지시를 따를 수 있으나 편하게 이행하기 위해서는 연습이 필요하다.

④ 꽤 수월하게 지시를 따르며 새로운 동작을 금방 배운다.

3. 예를 들어, 글씨를 써야 할 때 등 아동의 소근육 조절은 어떤가? 아동은…….

① 굉장히 지저분하게 글을 쓰며 필기구를 제어하는 것을 어려워한다.

② 필기구를 쥐는 것을 어려워하며, 특히 빠르게 쓰려고 할 때 다소 지저분한 편이다.

③ 꽤 깔끔하나 글을 아주 천천히 쓴다.

④ 깔끔하고 글씨를 빨리 쓸 때도 깔끔함이 유지된다.

11

사고 조직화하기

앞 장에서 당신과 아동은 운동 계획과 순서화의 기본적 도구인 코어 힘, 협응, 균형, 리듬감 있는 움직임 그리고 소근육 운동 조절을 열심히 발달시켰다. 계획하기와 순서화의 심화 단계는 신체적으로 덜 힘들며 다른 종류의 운동을 제공한다. 이 단계에서는 우리가 움직임 그 자체보다는 움직임을 지휘하는 아이디어의 계획과 순서화에 더 중점을 두고 있다.

놀이와 배움의 모든 측면은 계획하기와 순서화를 포함한다. 우리의 모든 기획을 보자면, 우선 머릿속에서 행동 계획을 형성해야 한다. 원하는 결과를 성취하기 위해서 취해야 행동의 단계를 특정한 순서대로 짜야 한다. 초등학생의 경우 이런 행동 계획은 가상놀이 안에서 볼 수 있다. 쉬는 시간 동안 아동들이 만들어 내는 카우보이와 원주민에 대한 이야기나 끊임없이 액션이 지속되는 뒷마당 모험 이야기에서 말이다. 아동이 나이 들수록 계획과 순서화가 그들의 학습을 지도하게 된다. 시험을 준비하고, 여러 개의 과제를 다루며, 또는 긴 논문의 조직적인 틀을 잡고 쓰는 것에서 말이다. 그러나 계획과 관련된 문제들은 신체적 움직임의 경우 눈에 보이기 때문에 쉽게 발견할 수 있지만, 더 높은 단계의 사고하기에서는 다소 드러나지 않기 때문에 명백하지 않다. 그래서 종종 오진단되거나 잘못 판단된다.

더 높은 단계의 계획하기와 순서화

아이디어와 행동 순서화하기

아동은 3세에서 4세 즈음 될 때 처음으로 복잡한 상징(단어)을 통해 자신의 욕구와 생각을 표현한다. 24개월 된 아기가 크레용으로 낙서를 할 수 있지만 아직 생각의 단계에 온 것은 아니다. 아동이 점으로 된 원 같은 것으로 얼굴을 그리고 "엄마야."라고 말하면, 아동은 유의미한 생각을 만들어 내는 영역으로 나아간 것이다.

질(Jill)이라고 불리는 3세 소녀를 예로 들어 보자. 질은 인형의 집 속 부엌을 정리하고 있고, 아빠가 도우미 역할을 해 주고 있다.

"아빠, 나는 부엌에 가스레인지가 필요해." 아빠는 부엌에 필요한 것이라며 동의한다.

"인형이 요리할 거야?" 아빠가 묻는다.

"응."

아빠는 궁금해한다. "우리 가족은 무엇을 먹을 거야?"

"나도 몰라." 질이 대답한다. "우리는 식탁도 필요해." 주위를 둘러 본 질은 식탁으로 사용할 직사각형의 블록과 난로로 사용할 정사각형의 블록을 찾는다.

아빠는 말한다. "너의 인형 중 하나가 소리를 내고 있는 것 같아. 배고프다는 소리일까?"

"내가 볼게." 질은 인형에게 다가간다. 그리고 그들이 배고픈 것이 확실하다고 말한다. "팬케이크." 질이 말한다. "얘네 엄마는 팬케이크를 만들 거야. 인형들이 좋아하거든." 아빠는 물을 필요도 없었다.

가구를 고르고 저녁에 대한 계획을 세우는 것과 같이 연속적인 행동이 일어났다. 이는 부엌의 기능과 관련된 생각의 순서를 따른 것이다.

좋은 플로어타이머인 아버지는 질이 이 이야기를 확장할 수 있도록 도전을 계속 안겨 준다. 아동이 식탁에서 인형에게 밥을 주는 척을 하는 것을 보며 아빠는 묻는다. "이제 인형이 배부르대." 질은 그렇게 생각하지 않는다. 아빠는 인형의 목소리로 "나는 아직 배가 고파요."라고 대답한다. 질은 근처에 있는 사과를 찾아 인형의 입에 넣는다. 두 가지 작업이 순서대로 이루어졌다. 아빠는 인형의 목소리로 또 말한다. "나는 사과가 싫어! 다른 거 먹을래!" 그러자 질은 사과를 내려놓고 쿠키를 집어 인형에게 준다. 그렇게 되면 지금 세 가지 행동이 연달아 일어났고, 이 행동들은 세 가지 아이디어로부터 도출된 것이다.

놀이 속에서 아동들은 점차 한 단계에서 여러 단계를 이어가는 것까지 넘어간다. 더 복잡한 아이디어일수록 더 복잡한 행동을 요구한다. 아이디어를 생각해 내는 아동의 능력이 좋을수록 행동은 더욱더 체계적이다.

논리적인 사고하기

사고의 다음 단계에 닿으면 아동은 이런 아이디어와 그를 따르는 행동을 더 논리적으로 연결하게 된다.

질은 인형의 집을 리모델링하기로 했다. 아빠는 굉장히 관심을 보였고 질문을 많이 했다. "인형은 어디에서 자?" 아빠는 물었다.

"그녀는 나처럼 위층으로 올라가서 잘 거야."라고 질이 대답하자, 아빠는 난감해하며 말했다. "하지만 인형의 집에는 위층도 계단도 없잖아." 갑자기 질은 건축 프로젝트를 계획하게 된다. 그들은 '두 번째' 층으로 갈 수 있게 낮은 발판을 찾았고 발판에 종이 꾸러미를 기울여 놓아 계단으로 만들었다. 그러고 나서 질은 인형을 재우기로 했다. 인형이 위로 올라갔다.

2층으로 올라가자 아빠는 인형의 목소리로 말했다. "화장실에 가고 싶어! 어디에 있지?"

"아래층에 있어." 질이 대답했다.

아빠는 말했다. "나 지금 가야 하는데." 질과 아빠는 2층에도 화장실을 놓는 작업을 하게 된다. 조금씩 집의 각 부분이 논리적으로 서로 맞아가게 되었다. 질은 계획을 만들고 인형의 집을 만들어 낸 것에 자부심을 갖는다. 아빠의 질문은 아동의 놀이를 확장시켰으나 결정은 아동 스스로 했다.

농장을 만드는 것은 4세의 빌리(Billy)에게 논리적 연결에 대한 똑같은 허들을 안겨 준다. 계획 짜기와 이행하기는 빌리에게 쉽지 않은 일이었다. 빌리의 작은 농장은 다양한 부분과 기능을 갖고 있었기 때문에 그걸 정리하고 조직화하기보다는 그에 빠져 헤매기 일쑤였다. 아빠는 농장에 대해서 잘 알지 못해서 아들이 문제를 해결하기에 알맞은 질문들을 했다.

"동물들은 밥을 어디서 먹니?" "건초는 어디에 쌓아 두는 거야?" "건초는 먹이통에 어떻게 집어넣어야 해?" 아빠는 빌리가 구체적인 행동으로 하나의 물리적 공간을 다른 공간에 논리적으로 연결하도록 부드럽게 도전을 준 것이다.

"그들이 목이 마를 땐 어떻게 하려나?" 아빠는 물었고, 빌리는 알지 못했다.

아빠는 다른 질문을 하며 빌리가 이전 질문에 대해 답하고 이야기를 더 구체적으로 만들어 가도록 도왔다. "집 앞에 강이 있어." 빌리는 몇 초 뒤에 대답했다 "네, 있어요. 아하! 물을 거기서 마시면 되겠네요."

강은 해결할 문제를 더 안겨 주었다. 대안책을 생각하는 것은 빌리에게 무척 어려운 일이었기 때문에 아빠가 도와주었다.

"좋아, 빌리." 아빠는 말했다. "어떤 강이었으면 좋겠어?"

"할머니 집에 근처에 있는 강 같은 강이에요."

"나도 그 강 좋아. 아주 커. 그런데 소들이 강 건너편으로 가고 싶어 하면 어떡해? 어떻게 해야 해?"

"잘 모르겠어요." 빌리가 대답했다. "그럼 소들은 그냥 목장 안에 있어야겠네요."

"그래도 되겠네." 아빠가 동의해 주었다. "하지만 꼭 나가야 할 때는 어쩌지? 우리가 할머니를 보러 갈 때 강을 어떻게 지나서 가더라?"

"아, 알겠어요. 다리를 만들면 돼요." 빌리는 계획을 짜게 된 것이다. 아빠는 주도권을 뺏지 않고 힌트를 주어서 스스로 생각할 수 있게 했다.

우리는 또한 아동의 그림이 막대 그림 모양의 가족이나 친구의 모습이 되는 것을 보며 논리적인 행동 순서가 발달하는 것을 볼 수 있다. 사람의 신체적인 부분들이 하나씩 더해져 가는 것이다. 그러는 동시에 아동은 글자와 숫자를 만드는 법도 배우며 도형을 차례대로 유의미한 방식으로 더해 가는 것이다. 이런 성취는 소근육 활동을 지도하기 위해 논리적으로 아이디어를 결합하는 것과 관련 있다.

아동이 도형, 즉 글자, 숫자 또는 그림을 그리는 것을 어려워하는 경우에 중요한 열쇠는 바로 인내심이다. 아동이 미숙함에 의해 더 어려워할수록 더 인내하고 기다려 줘야 하고, 연습은 그만큼 재미있어야 하며, 더 많은 성공의 경험을 줘야 한다는 것을 항상 기억하라.

일상적인 사건에 대한 간단한 대화도 계획 및 순서화를 확장하게 해 준다. 어린 소녀가 공원에 갔다가 집에 돌아왔다. 엄마는 많은 것을 궁금해한다. 나중에 또 가고 싶은지, 왜 그렇게 생각하는지, 친구를 데려가고 싶은지, 누구를 데려가고 싶은지, 내일은 어떤지 말이다. 엄마의 질문은 아동이 새로운 아이디어를 더하게 만들고, 아동은 결국 다음 날을 기획하게 되었다. 부분적으로는 엄마가 물어봐서 그런 것도 있고, 공원에서 보낸 하루에 대한 본인의 열정이 대화를 이어 나가게 해 준 것도 있다. 논리적인 계획과 순서화는 공원에 가기 위해 간식을 준비할 때 훨씬 더 확장되었다. 아동은 엄마를 도와 가방을 꺼내고, 주스를 찾고, 땅콩버터 과자를 만들었다. 아동은 자신이 원하는 것이 무엇인지 계획하며 자신의 아이디어를 끌어내고, 계획을 이행하기 위해 눈과 귀, 손을 이용했다. 모두 논리적인 순서에 맞게 말이다. 점심을 싸면서 아동과 엄마는 모양에 대해 이야기를 나눈다. 동그란 사과, 네모난 주스, 삼각형 모양의 반쪽짜리 샌드위치에 대해 말이다. 이 어린 소녀는 플래시카드나 도형 맞추기와 같이 도형을 외우게 하는 반복적이고 감정 표현이 없는 활동보다 지금의 활동을 통해 훨씬 많은 것을 기억할 가능성이 높다.

유치원 연령대에서 아동들은 좀 더 복잡한 게임과 활동에 참여할 수 있다. 특히 자신이 규칙을 만드는 게임(혹은 함께 규칙을 만드는 게임)을 즐길 것이다. 아동이 창조자일 때, 아동은 그에 대해 더 열정적이기 때문에 계획된 순서대로 행동할 가능성이 더 높다. 그러므로 아동이 팀으로 하는 스포츠나 공식 수업에 참여하기 전에 당신만의 가족 버전을 만들어라.

축구로 예시를 들어보자. 아동이 공간 인지가 아주 뛰어나지 않는 이상 많은 사람이 뛰어다니고 공을 차는 거대한 경기장은 아동의 조절을 흐트러지게 한다. 대신 우리만의 축구놀이를 만들어 아동에게 공을 골대에 넣을 수 있는 기회를 네 번 주고, 부모도 네 번의 기회를 갖게 할 수 있다. 그런 다음 규칙을 추가한다. 아동이 골대에 공을 차기 전에 '서로 공을 세 번 주고받으며 패스를 해야 한다.'와 같은 규칙 말이다. 작게 시작해 높은 수준의 성공률을 거두게 하여 더 많은 규칙을 만들고 따르게 한 뒤 아동이 더 좋아짐에 따라 서서히 더 많은 규칙과 참가자들을 더해 가라. 선택에 대한 교훈을 배우게 되는 다음 단계에서 아동은 그 게임의 실제 규칙을 따를 준비가 되어 있다.

순서화와 계획을 선택하기

아동들이 이 단계에서 사고하기 시작하면 (일반적으로 4~6세에) 인형의 집에 침실과 가깝도록 화장실을 놓을 수 있는 공간이 여러 곳 있다는 것과 강을 건널 다리를 놓을 곳도, 다리를 지을 수 있는 방법도 여러 가지라는 것을 깨닫게 된다. 아주 많은 이유와 방법이 있다. 이러한 깨달음은 아동에게 아주 큰 발전이다. 이제 아동은 무언가를 할 때 그걸 해낼 한 가지 이상의 방법들을 생각해 내고, 설명을 할 때 하나 이상의 생각을 설명할 수 있게 되는 것이다. 나중에 아동은 에세이의 요점을 증명하기 위한 다양한 방법을 숙고할 수 있을 것이다. 아동에게 선택지가 있다. 이러한 이해, 향상된 계획, 순서화 능력으로 아동은 자유의 맛을 경험한다. 해리(Harry)를 예시로 들자. 해리는 소프트볼을 배우고 있다. 그는 만약 그가 베이스에 출루해 있고 타자가 안타를 치면, 아마도 다음 베이스로 뛰지 말고 기다려야 한다는 것을 배우게 된다. 그렇지 않으면 공을 치자마자 즉시 뛰어야 한다는 것도 알게 된다. 그리고 해리는 자신이 타자가 될 때 배트를 힘차게 휘두를 수 있고, 연타를 치거나 혹은 아예 배트를 휘두르지 않을 수 있다는 것을 알게 된다. 곧 누가 물어보면 왜 다양한 행동에 다양한 결과가 나오게 되는지에 대해 여러 이유를 말할 수 있게 된다. 더 폭 넓어진 반경의 아이디어들이 해리의 머릿속에 떠올라 행동에 있어 더 많은 선택지, 융통성과 창의력을 가져다준다. 아이디어와 행동 순서화의 전진은 아동의 논리적 사고를 더 복잡하게 만들어 준다.

만약 아동이 게임이나 활동이 복잡해져서 따라가기 어려워한다면 그에 대한 원인으로 몇 가지 가능성이 있다. 말을 순서화하는 것을 잘하는 아동은 규칙을 잘 이해하지만 시공간적 순서화 기술이 부족하여, 예를 들어 축구장에서는 헤매고 조절 능력이 떨어지는 것이다. 혹은 반대의 문제를 가지고 있을지도 모른다. 시각화가 잘 되어 공간에 대한 정리가 잘 되지만 규칙의 순서를 기억하는 것을 어려워하는 것일 수도 있다. 문제가 무엇이든 간에, 그에 대한 연습은 간단한 것에서부터 시작되어야 한다. 언어적인 문제가 있다면 두 단계로 이루어진 규칙만 만들 것, 그렇게 간단하게 시작해야 한다. 공간의 설정을 바꾸는 것을 어려워하는 경우라면 정해진 구역 내에서 간단한 공놀이 혹은 쉬운 장애물 코스로 시작할 수 있다. 그러고 나서 점차적으로 더욱 복잡하게 만들어간다.

만약 조금 더 나이가 있는 아동이 숙제를 정리하고 체계화하는 것에 어려움을 겪는다면 아동이 관심을 많이 갖고 있는 게임이나 활동에 계속 참여하게 하라. 자연스럽게 동기가 부여될 것이다. 그 활동들을 계획하기와 순서화를 위한 기본 연습으로 사용하라. 숙제는 아동이 개선될 때까지 기다려 주지 않기 때문에 그러는 동안 숙제를 하면 그에 대한 보상을 주고, 하지 않았을 때는 조금의 강제력이 있는 규칙을 부여하라. 하지만 너무 복잡하면 그 규칙마저 따르지 못하니 단순하게 가라.

비교 및 회색 영역 사고

비교 및 회색 영역 사고하기는 계획과 순서화의 기회를 더 많이 제공한다. 이제 아동은 크기에 따라 블록을 정렬할 수 있고(이런 비교 유형은 직렬이라 부른다) 숫자 개념을 이해할 수 있으며(무엇이 더 많고 더 적은지 비교하기) 일대일 대응을 이해하게 되었다(숫자와 물리적인 양을 연관 지어 생각하기). 아동은 이제 상대적인 개념에서 사고할 수 있다. 장난감 차를 조금 움직일 수 있고 조금 더, 그리고 나아가 그 너머까지 움직이는 것이다. 아동은 다양한 거리의 경주를 만들어 낼 수 있다. 시간과 속도를 이해할 수 있어 장난감 차를 천천히, 빨리, 그리고 무척 느리게 움직일 수 있다. 또한 수량과 물리적 공간에 대한 섬세한 이해가 필요한 일련의 행동들도 취할 수 있다.

비교와 정도를 사용하는 계획하기와 순서화를 연습하기 위해 당신은 아이와 단순한 활용 이야기를 만들고 사람들을 막대 그림으로 그릴 수 있다. 당신이 먼저 한 인물을 그리고 아동이 다음 인물을 그릴 수 있다. 혹은 막대 몸과 팔과 같이 그리기 가장 쉬운 부분을 아동이 그리고 당신이 달리는 다리와 얼굴을 그려 줄 수도 있다. 이야기는 다음과 같은 식으로 전개할 수 있다. '1쪽: 두 명의 막대 인간이 들판을 가로질러 걷고 있다. 2쪽: 이들은 들판에서 황소를 만났다. 3쪽: 이들은 도망을 치고 황소는 그들의 뒤를 쫓는다. 4쪽: 이들은 아주 빨리 도망을 치고 있지만 황소는 더 빠르다. 이들이 무사히 도망칠 것인가. 5쪽: 휴! 황소에게 따라잡히기 두 걸음 직전에 울타리를 뛰어넘는다.' 이 간단한 생각의 만찬을 열어 준다. 아이디어를 계획하고 순서를 짜야 할 이야기의 흐름이 있으며 거리와 속도에 대한 상대적인 감각과 행동을 연결해 주는 논리적인 그림 그리기를 말이다.

극단적인 기질을 가진 아동들은 행동의 정도를 조절하는 연습이 필요하다. 한순간에 '0에서 60'까지 가 버리는 아동들은 충동적이고 통제 불능이 되는 경향이 있어 그에 대한 결과로 다양한 행동을 연달아서 순서화하지 못한다. 같은 행동을 몇 번이나 반복하게 되는 아동들은 하나의 패턴에 막혀 새로운 패턴의 행동을 시도하지 않는다.

행동의 세상에서 이런 차이는 중요하다. 이런 차이에서 아동들이 자신의 신체에 대한 인식이 시작되며(예: 춤은 잘 추되 축구는 아주 못한다거나), 모종의 활동이 얼마나 쉽거나 어려운지, 그리고 그 활동을 이행하기 위해 들여야 하는 노력의 정도 차이를 인식하게 된다. 그런 미세한 비교를 할 수 있고 그에 따라 행동하는 것은 아동에게 더 좋은 이해력을 선사해 주어 친구가 그저 놀고 싶어서 자기와 씨름을 하는지, 게임에서 져서 화가 나서 진심으로 씨름을 하는 것인지를 이해할 수 있게 된다. 차이에 대한 정도를 이해하는 것은 아동들이 효율적으로 자신의 반응에 대해 판단하고 구성할 수 있게 해 준다. 언젠가는 이런 기술들이 토론을 준비하거나 독후감을 쓰게 도와준다. 자신의 견해에 대한 논점들을 볼 때 중요도의 정도를 볼 수도 있기 때문이다.

성찰적 사고

성찰적 사고 단계에서는 자신의 행동을 계획하거나 생각을 정렬하는 것은 자신 내면에 세운 기준과의 내면적 소통에 기반한다. 아동은 자신이 쓴 에세이나 자신이 만든 디자인을 판단하고 성찰하며 다음을 어떻게 할지 판단할 수 있게 된다. 또한 자신의 논점이나 행동이 가까운 사람에게 끼치는 영향에 대해 성찰할 수 있다. 이것은 아동이 배운 비교 및 회색 영역 사고가 많은 의견 차이로 이어질 수 있기 때문에 아주 중요한 자산이다.

그런 의견 차이는 어떻게 해결될까? 더 이상 "내가 맞아."라며 타인을 밀어내는 것이 아니라 성찰과 자신의 가치관으로 해결된다. 해결 방안이라는 것은 자신의 관점을 이해하고 다른 사람들의 관점 또한 이해하며, 공정하고 모든 요소를 고려한 행동 계획을 수립하는 것이다. 예를 들어, 규칙에 대한 논의를 생각해 보자. 심판은 "스트라이크 세 번이야. 넌 이제 아웃이야."라고 말했지만, 타자는 "헛스윙이었어요!"라고 대답했다. 규칙에는 해석과 뉘앙스가 존재하며 흑백 논리식의 판단은 거의 존재하지 않는다. 아동은 자신이 규칙을 따를 수 있다는 것, 게임의 구조 내에서 규칙을 바꿀 수 있다는 것을 깨닫게 된다. 혹은 초기에는 논쟁으로 이어지겠지만 다른 해석을 짚어 볼 수 있다는 것도 알게 된다. 이런 논쟁을 해결하기 위해서는 양측의 입장에 대한 이해를 전제로 대안을 고려해 보고 방안을 모색할 것을 요구한다.

자기성찰과 자기평가는 컴퓨터 게임을 만들기, 모델을 제작하기, 에세이 또는 이야기를 만들기와 동일한 방식으로 진행된다. 작가 또는 설계자는 미리 요소들을 기획하고, 성찰해 보고 수행한 다음 자신이 수행 한 작업을 평가한다. 에세이 쓰기에서 이 단계에 도달한 아동은 이제 논리적인 논쟁을 도표로 작성하고, 그들이 얼마나 강력한 논거를 제시하는지를 평가할 수 있다. 그들은 자기 논점에서 약한 점이 있는지 확인하고, 이를 해결하기 위해 상대방의 입장에서 생각해 보며 자기 자신과 논의할 수 있다. 이는 논리적인 순서화와 체계화 그리고 자기평가를 강화한다.

집행 기능

계획과 순서화는 '집행 기능'이라는 고차원적인 능력의 필수적인 부분이다. 이런 집행 기능은 시각적 공간 처리, 청각 처리 및 언어 능력, 감각 조절뿐만 아니라 운동 계획 및 순서화 기능의 요소를 갖추고 있기 때문에 혼합된 뿌리라고 생각할 수 있다. 이것은 다른 인지 기술의 조율에 도움이 되는 인지 기술이다. 또한 어려운 문제를 해결하고, 규칙의 미세함을 이해하고, 우리 자신을 조절 및 규율하고, 평가하고, 추상적으로 생각하고, 틀에서 벗어나 창의적으로 생각하기 위해서 필수적이다.

복잡한 문제를 해결하기 위한 집행 기능의 역할은 다음과 같다. ① 감각을 통해 정보를 얻는다. ② 정보를 처리한다. ③ 환경에 내재된 도전에 대한 반응의 개요를 잡기 위해 계획하기 및 순서화를 한다. 그리고 ④ 체계적인 방식으로 행동을 실행한다. 성공을 위해서는 기능을 잘하는 뿌리와 몸통 체계를 필요로 한다.

집행 기능은 가장 어려운 인간의 노력 중 하나이며, 많은 사람에게 있어 부족한 것이기도 하다. 이 기능을 숙달하는 것이 그렇게 문제인 것인지, 심지어 점점 문제는 커져 가고 있는 와중에도 이유는 명확하지 않다. 이에 기여하고 있을지도 모르는 요인으로는 뇌의 배열을 더 어렵게 만드는 환경의 독소와 더 복잡해진 우리의 세계 그리고 우리가 질서 정연하고 논리적인 방식으로 행동하고 계획하며 순서를 정하는 것을 배울 수 있게 해 주는 발달적인 경험의 결여가 있다.

예를 들어, 몇몇 전문가들은 아동이 노는 방식에서 일어난 변화 또한 이 문제에 기여한다고 주장한다. 자유로운 놀이, 특히 아동들이 상상력을 발휘하여 결정을 내리고, 자신 환경을 구성하는 상상놀이는 아동이 집행 기능의 모든 요소를 연습할 수 있게 해 준다. 이는 전자기기로 하는 게임이나 이야기를 만드는 장난감, 혹은 교외 수업에서는 이룰 수 없는 것들이다. 상상놀이의 큰 요소 중 하나는 아동들이 자기 절제를 연습한다는 것이다. 그들은 감정, 욕구와 행동을 조절하는 것을 연습한다. 이는 연구에서 보이는 대로 어려울 뿐만 아니라 오늘날 아동에게서 점차 보이지 않게 된 일이다.

두 가지 유명한 실험이 이 부분을 지적해 낸다. 첫 번째 실험은 심리학자 월터 미쉘(Walter Mischel)이 고안한 마시멜로 실험으로 아동을 간식으로 유혹했다. 실험의 구조는 다음과 같다. 아동은 특별 간식(여기서는 마시멜로 하나)을 골라 자기 눈앞에 내려놓고 책상 앞에 앉는다. 성인 연구자는 아동에게 자신은 잠시 나갔다 올 것이라 말하며 돌아올 때까지 간식을 먹지 않고 기다리면 하나를 더 준다고 말했다. 어떤 아동들은 유혹을 참았고, 어떤 아동들은 그러지 않았다. 이에 대한 후속 연구에서 유혹에 저항한 아이들은 10대가 되었을 때 SAT(미국 수학능력시험) 점수가 더 높았으며, 전반적으로 학교와 가정에서 둘 다 태도에 대한 문제가 더 적은 것으로 드러났다.

60년도 더 전에 실시된 두 번째 연구에서는 3세, 5세, 7세 아동들에게 가만히 서 있으라고 요구했다. 3세 아동들은 답이 없을 정도의 결과였고, 5세인 아동들은 약 3분 정도를 견뎠으며, 7세 아동들은 조각상 같았다. 이 실험을 재연한 최근의 실험에서도 3세 아동들은 이를 수행할 수 없었고, 5세 아동들도 3세에 비해 다를 것이 없었으며, 7세 아동들은 3분 정도는 가만히 있을 수 있었다. 이 7세 아동들은 60여 년 전의 5세 아동들과 비슷한 결과를 보여 준 것이다.

많은 아동과 성인들, 심지어 성공한 사람들도 집행 기능에 문제를 갖고 있다. 우리는 너무 많은 양의 업무에 압도당하고 할 일을 잊어버린다. 우리는 목록을 만들지만 목록을 참고하는 것을 잊어버린다. 우리는 아이디어를 순서화할 수 없어 대화에서 주제를 벗어난다. 아동들의 경우 무슨 숙제가 있었고 언제까지였는지 잊어버리고, 숙제를 제출하는 것을 잊어버리는 것이나 체계적이고 생산적인 방식으로 공부하지 못하는 것으로 집행 기능의 문제가 드러난다.

아동들이 집행 기능을 발달하고 연습하는 원칙은 일반적으로 계획하기 및 순서화에서 말했던 것과 무척 비슷하다. 아동들이 감정 투자를 많이 하며 관심을 많이 보이는 활동에 아동이 참여하게 한다. 연극일 수도 있고 캠핑 여행, 보물찾기 혹은 나무집을 만드는 것일 수도 있다. 우리는 점차 행동이나 생각의 순서화에 더 많은 단계를 추가해 준다. 시각, 청각, 촉각, 운동, 심지어는 후각까지 가능한 한 많은 감각을 통합할 수 있게 도와준다. 아동들은 이런 거대한 계획을 성취한 이후에 보통 그에 대해 단계적으로 말하고 싶어 하며 왜 각 단계에서 그런 행동이나 결정을 했는지 설명할 것이다.

우리는 아동에게 좋은 시작점을 주고 싶어 한다. 아동의 미래와 세상의 미래를 위해 우리는 아동들이 계획하기와 순서화를 잘 해내도록 도와주고 싶어 한다. 그렇기에 여기에 설명된 단계들은 무척 중요하다. 아동의 학습과 주의집중 문제를 극복하는 것을 돕는 것뿐만 아니라 모든 아동이 행동의 세상과 아이디어의 세상에서 자신이 가진 최대치의 잠재력에 맞게 이 핵심 능력을 발달할 수 있도록 말이다.

12

감각 조절하기

민감하거나 까다롭다. 산만하거나 부주의하다. 어떤 아동은 지나치게 눈치를 보고 어떤 아동은 지나치게 눈치가 없다. 아동들은 소리, 촉감, 냄새와 맛의 감각에 굉장히 다르게 반응한다. 많은 아동이 자신의 반응을 조절하는 법을 배워야 하고 도움을 필요로 한다.

20세기 중반에 선구적인 두 연구자 지빌레 에스칼로나(Sybille Escalona)와 로이스 머피(Lois Murphy)는 아기의 신경계가 서로 다른 감각에 반응하는 다양한 방법을 설명했다. 그 뒤 심리학자이자 직업치료사인 장 에이레스(Jean Ayres)는 학습장애가 있는 아동 집단 내에서의 감각적 차이를 발견했다. 이러한 발견은 '감각 통합의 어려움'이라는 용어로 이어졌다. 이 이후로 특히 직업치료사들은 아동의 감각적 차이를 연구하면서 많은 대처 전략을 만들어 냈다.

앞의 장들에서 우리는 아동의 소리 처리, 그들의 움직임 그리고 그들의 계획과 순서화를 개선하는 방법을 논의했다. 감각 통합 접근법은 다른 것에 초점을 둔다. 그것은 아동의 감각 입력을 조절하는 방법을 어떻게 도와주는가에 초점을 맞춘다. (접촉 및 움직임의 처리는 접근법의 일부이다.) 많은 아동은 어떤 방식이든 약간의 조절 문제를 가지고 있다.

성인들 또한 감각에 면역력이 있는 것이 아니다. 이 주제에 대해 조금 더 생각해 보기 위해서 당신이 얼마나 민감한지 민감 척도를 생각해 보라. 예를 들어, 파티 또는 식당에서의 잡담, 음악, 식기가 부딪히는 소리와 같은 왁자지껄한 소리를 좋아하지 않을 수도 있다. 당신이 가장 좋아하는 기호는 '출구'일 수 있다. 또는 당신은 '볼륨을 높여라' 집단 중 한 명일수도 있다. 당신은 락 콘서트나 축구경기에 더 가까워지고 싶고 더 오래 있고 싶으며 더 크게 응원하고 싶어 하는 부류일 수도 있다. 더 많은 소음이 날수록 좋다. 혹은 가벼운 접촉은 싫어할 수도 있다. 예상치 못하게 누가 어깨를 가볍게 두드리는 것은 심각한 폭행처럼 느낄 수도 있다. 혹은 반대로 당신은 닿는 것을 굉장히 좋아해 포옹이나 씨름을 좋아할 수도 있다. 당신은 강한 접촉을 좋아하고 갈망할 뿐이지만 일부 사람들에게 당신은 공격적인 느낌으로 느껴질 수도 있다.

이러한 종류의 감각적 차이들로 인해 잘못된 인상이 새겨지는 것은 쉬운 일이다. 만약 당신이 반응하지 않는 사람에게 말을 건다면 무시당했다는 기분이 들 수도 있다. 실제로는 그 사람은 소리에 과소반응을 하기 때문에 당신의 말을 듣지 못한 것이어도 말이다. 그럴 때는 목소리에 조금 더 생기를 싣기만 해도 달라진다. 당신의 목소리를 듣지 못한 사람도 무시를 당했다고 생각할 수도 있다. 아동들도 같은 문제를 겪지만 이를 다룰 성숙함이나 전략은 없을 것이다. 또한 아동들은 하루 중 많은 시간을 의자에 앉아 있어야 한다. 그들에게 있어 짧은 쉬는 시간을 제외하면 잠깐의 휴식을 위해 정수기 근처에서 친구들과 상호작용하거나 핸드폰으로 수다를 떨거나 좋아하는 사이트를 잠깐 보는 것도 하지 못한다.

부주의를 논의한 제7장에서 우리는 일부 아동이 과잉반응을 하고, 일부는 과소반응을 보이며, 일부는 감각을 갈망한다고 말했다. 이 장에서는 이러한 설명을 확장하고 아동들이 자신의 독특한 신경계에 대처하는 데 도움이 되는 전략을 제시한다.

감각의 차이가 학습에 어떻게 영향을 미치는가

우리는 시각, 촉각, 청각, 후각, 미각, 자신의 움직임 패턴을 인식하는 공간 안에서의 신체 감각들에 대해 압도당하는 반응을 하는 아동들로 시작한다. 민감도 목록의 흔한 현상으로는 가벼운 접촉, 시끄러운 소음, 밝은 조명에서부터 그네를 너무 빠르게 타면서 흔들리는 것까지 다양하게 있다. 아동은 이 모든 감각 혹은 단 하나의 감각에 과민반응을 할 수 있다.

제7장에서 독해력에 관해 논의를 했을 때처럼 흰 페이지에 검정색 인쇄물로 인해 과부하가 걸리는 아동은 읽기에 어려움을 겪을 수 있다. 이 아동들에게 이건 시작에 불구할지도 모른다. 빛이나 햇빛으로 인해 밝은 교실은 그들을 감각적으로 압도할 수 있으며, 수업 시간이나 주어진 지시에 집중하지 못하게 한다. 그 아동들의 주의는 창밖으로 던져지듯 사라져 버린다. 이 모습은 소리에 과민반응을 보여 교실의 소란과 소름으로 인해 감각적으로 과부하되는 아동에게도 나타난다. (심지어 거슬리는 목소리조차도 아동한테는 가해 요소가 될 수 있다.) 공황 상태가 되면 아동은 우스꽝스럽고 미성숙하게 행동할 수도 있으며, 세상을 차단하고 구석진 곳으로 달아날 수도 있으며 혹은 과하게 신중해질 수도 있다. 하지만 어떤 반응이든지 간에 아동 자신, 반 친구들 그리고 선생님이 감당하기엔 너무 벅찰 때가 종종 있다.

과소반응하는 아동은 정반대다. 방향을 제시하거나 말을 거는 것이든 상관없이 아동이 반응할 때까지 소리가 상당한 역치에 도달해야만 할 수도 있다. 아동에게 부드럽게 접촉해도 반응을 하지 않고 조금 더 강하게 잡아야만 반응할 수도 있다. 과잉반응을 보이는 아동과는 반대로 과소반응을 보이는 아동은 그네를 탈 때 그것을 즐기기 위해 더 세게 밀어야 할지도 모른다. 이 아동들에게 활력을 불어 넣어야 하며, 그들의 주의를 끌기 위한 사람이 필요하다. 교사가 이것을 깨닫지 못하고 아동의 관심을 끌어들이지 못한다면, 이 아동들은 쉽게 자신들의 세상으로 들어가 버릴 수 있다.

또 다른 경우는 감각 추구 또는 감각 갈망하는 경우이며, 그리고 앞의 두 가지 유형의 특징을 모두 갖고 있거나 반응을 하는 아동도 이에 포함될 수 있다. 과소반응을 하는 아동 중 일부는 자신의 성향을 반대로 채우기 위해 감각을 추구하기도 한다. 보통의 반응을 하는 아동 중 일부도 에너지 증진을 위해 감각을 추구한다. 과민반응을 하는 친구 중 일부는 상당한 감각을 추구하고, 그로 인해 감각적으로 압도당하여 충동적 · 공격적 혹은 우스꽝스럽게 반응하는 패턴을 만들기도 한다. 이 후자의 패턴에는 갑작스러운 기분 변화도 동반된다. 급격히 기분이 바뀌는 아동들은 흔히 감각 추구와 과잉 행동이 결합되어 나타난다.

감각을 추구하는 아동은 수업 시간 중 가만히 앉아 있는 것에 어려움을 겪는다. 이런 아동은 학습을 할 때 두 발로 서서 움직여야 한다. 쉬는 시간을 자주 가져 뛰거나 게임을 하거나 시끄럽고 활기 넘치는 분위기를 흡수하는 등 자신에게 필요한 감각을 입력하면 스스로를 조절하는 법을 배울 수 있다. 휴식 또는 체육은 이런 친구들뿐 아니라 주변의 아동들을 위해서도 중요하다. 만일 과잉반응과 감각 갈망이 둘 다 있으면, 침착하게 행동하는 법을 배우기 위해 많은 도움이 필요할 것이다.

이러한 각각의 패턴들은 학교에서 아동, 반 친구들, 교사 그리고 궁극적으로 부모에게 각자 다른 문제를 제시하지만, 이 아동들을 집단으로 묶으면 종종 '행동 문제'라는 꼬리표 아래에 함께 묶인다. 이러한 차이점을 이해함으로써 우리는 아동의 환경을 변화시키고 아동들에게 민감성을 조절하는 방법을 가르쳐 줄 수 있다.

아동의 감각 프로파일을 확인하기

과소반응 또는 과잉반응, 조금의 반응 혹은 많은 정도의 반응, 몇 개의 트리거(trigger), 단 하나의 트리거 등 존재할 수 있는 수많은 조합이 존재하기 때문에 아동이 무엇에 민감한지는 매번 명백하지 않다. 아동이 각기 다른 정도의 자극에 어떻게 반응하는지 지켜보는 것으로 어느 정도 그림을 그릴 수 있다. 관찰을 통해 아동의 감각 프로파일을 만들면 아동이 침착함을 유지할 수 있도록 해 주는 방법들을 설계하는 것에 도움이 된다. 그러기 위해 여기서는 각각 다른 감각에 대한 간략한 체계적인 모습에 대해 이야기하도록 하겠다. (이는 매 장마다 질문으로 마무리하는 부분을 대체한다.) 메모지를 꺼내고 연필을 다듬어라.

아동이 유아든 7세든 상관없이 모든 감각에 대한 빠른 감각 목록을 점검해 볼 수 있다. 쉽게 드러나지 않는 후각과 미각도 포함해서 말이다. 만약 3학년 학생이 교사의 향수가 불쾌하다는 말을 하면 부모는 주의해야 한다. 다시 돌이켜서 생각해 보자. 예전에 껴안았을 때 아동이 엄마의 향수나 아빠의 강한 면도 크림 냄새에 짜증을 부린 적이 있었는가? 마찬가지로 점심시간에 '(아동이 싫어하는) 냄새나는 음식 한 입만' 먹은 것만으로 하루 종일 기분이 안 좋았는가? 가끔은 딱 한 입만으로도 자극은 충분하다.

우선 다음의 다섯 가지 감각과 그 감각에 관련된 자극 범위를 생각해 보자.

- 촉각: 강한 압력, 가볍게 두드림, 가려운 옷, 껴안기 및 가벼운 쓰다듬기
- 청각: 높은, 낮은, 긁히는, 귀청을 찢는 듯한 소리
- 시각: 밝은 색상, 어두컴컴한 톤, 복잡한 패턴, 직선
- 미각: 신맛, 단맛, 톡 쏘는 맛, 싱거운 맛
- 후각: 강한 음식 냄새, 향수, 화학 물질 냄새

연관된 감각의 종류는 고유수용감각 체계(proprioceptive system)라는 것에 영향을 주는데, 이는 몸을 흔들거리는 것부터 공중에 던져지고, 놀이기구를 타는 것까지, 어떤 움직임에도 영향을 받는다.

조금 긁힌 것이든 크게 베인 것이든 통증은 아동을 속상하게 하고 감각적으로 과부하되게 만들 수 있다. 아동들은 고통에 저마다 다른 반응을 보인다.

아동은 그 감각 자극에 어떻게 반응하는가? 다음의 목록을 보며 돌이켜 보자. 다

섯 가지 반응이 있다. 이러한 반응 범위와 그 밑의 해석은 모든 감각에 대해 상당히 동일하다.

- 이 감각 중 어떤 것이든 정말 갈망하고 있다.
- 그중 어떤 감각을 정말 싫어한다.
- 불편해하지만 짧은 시간 동안은 견딜 수 있다.
- 오랫동안 지속되지 않는다면 별로 신경 쓰지 않는다.
- 이러든 저러든 알아차리지 못한다.

예를 들어, 아동이 큰 소리를 좋아하면 그 감각을 갈구할 수 있으며, 어쩌면 아동은 모든 소리가 아니라 특정 소리에 대한 감각을 추구하는 면이 있다는 것을 암시하는 것일 수 있다. 아동에게 단조롭거나 부드러운 목소리로 말하면, 아동은 지루해하고 주의를 기울이지 않는다. 그리고 조용한 환경에서 자신이 좋아하는 소리를 만들어 낼 수도 있다. 아무래도 이는 학교, 캠프, 교회나 또 생각할 수 있는 기타 여러 장소에서 좋은 행동은 아니다. 소음을 싫어하는 아동은 시끄러운 학교 행사, 소음이 가득한 교실, 심지어는 쉬는 시간에 감각적으로 압도당할 것이다. 교실이 조금이라도 혼란스럽다면, 이 아동은 주의력을 잃고, 만약 감각이 과부하되면 교사가 문제 있다고 생각할 만한 행동을 어떤 식으로든 하게 될 것이다.

소음을 좋아하지 않으나 잠시 동안 견딜 수 있는, 그러나 결국에는 자극받게 될 아동은 중간 영역에 있다. 이 아동은 더 많은 자원을 갖고 있고 불편한 분위기를 제어하는 법을 고민해 볼 시간이 더 많다. 단지 딱 해결책이 떠오르지 않을 뿐이다. 아동은 자신의 한계가 어느 정도인지, 과한 자극에 의해 속상하지 않기 위해 그 한계점을 넘어가지 않으려면 어떻게 해야 하는지를 파악할 수 있는 기회가 있다. 그러나 이는 연습이 필요할 것이다. 아동들의 상황에 대처하는 능력은 쉽게 휩쓸리기 때문이다.

주변 상태를 알아차리지 못하는 아동은 주위에서 가장 동요하지 않는 아동일 수 있다. 또는 그는 고립되어 현재에 끌어 들일 필요가 있을 수도 있다.

중요: 청각 처리 문제가 있는 아동도 청각적으로 민감할 수 있다(또는 시각 처리 문제 및 시각적 민감성 등). 그렇다면 아동이 작업하기에 편하고 좋은 음성을 사용해야 한다. 운동 계획과 순서화도 동일하게 적용된다. 당신의 자녀가 운동 계획 문제를 가지고 감각 추구를 한다면 계획과 순서화 연습을 통해 움직일 수 있는 충분한 기회를 주고 통제력을 잃지 않도록 해야 한다.

공동균형 잡기

감각에 대한 반응을 조절하는 법을 배워야 하는 아동을 돕기 위한 일반적인 접근 방법 중 하나는 공동균형을 이루는 것이다. 제4장에서 논의했듯이, 불확실한 상황에서 레이첼은 감자를 먹는 것을 거부했다. 아빠는 레이첼의 마음을 바꾸기 위한 몇 가지 선택지가 있었다. 하나는 레이첼에게 화를 내며 레이첼이 그것들을 먹어야 한다고 말하는 것, 또 다른 하나는 레이첼을 진정시키고 장난스럽게 레이첼이 조금 먹도록 유도하는 것이었다. 현명한 아빠는 후자를 선택했다. 즉, 화가 난 아동의 기분을 자신의 장난스러운 기분으로 상쇄시키고, 아동의 시선을 끌었으며, 아동에게 조금 먹어 보도록 유도했다. 자신의 행동으로 인해 아빠는 레이첼의 기분을 추스를 수 있었다. 이 장에서 설명하는 아동들의 경우 다시 관계와 상황에 참여하게 하기 위해서는 아동 대인의 반응을 역으로 상쇄시켜 균형을 잡는 것이다. 멍 때리는 아동은 활력을 돋아 주고 활력이 넘치는 아동은 달래 진정시키는 것이다. 그런 뒤 균형을 촉진하는 방식으로 관계를 맺는다.

제레미를 기억하는가? 그는 앞선 장에서 멋진 요새와 레이저 방패를 만들었다. 그때까지 그는 꽤 조직화된 모습이었으나, 더 어렸을 때 특정 소리에 과잉반응을 보였으며 다른 종류의 감각을 추구했다. 그는 많은 접촉과 움직임을 필요로 했고 충동적으로 될 때가 있었다. 참으로 어려운 조합의 감각체계를 갖고 있어 부모를 미친 듯이 힘들게 했다. 나는 제레미와 부드러운 음악에 맞춰 행진하고, 한 발씩 뛰고 달리는 게임을 만들었다. 박자에 맞춰 움직이고 그 다음에는 매 두 번째 박자에, 다음에는 한 박자에 두 번씩 움직이는 것이었다. 우리는 함께 규칙을 만들었다. 가끔 우리는 팔을 휘둘렀고 잠깐 멈춰 움직이지 않는 순간도 있었고, 때로는 손을 골반에 얹고 때로는 무릎에 손을 얹고 뛰어야 했다. 제레미는 자신의 움직임을 조절하는 법과 특정한 소리를 들으면 제어하기 힘들었던 반응과 감각을 추구하는 것에 대한 반응을 조절하는 법을 배웠다.

감각문제와 사고 단계

주의와 참여

과잉반응이나 과소반응을 보이는 아동은 초기부터 침착함을 잃거나 관계를 형성하지 못할 수 있다. 첫 두 가지의 중요한 사고 단계인 주의와 참여는 문제가 가장 먼저 나타나는 부분이다.

완전히 느긋하고 과소반응을 하는 아동의 엄마라면 자신의 에너지를 사용해 아동의 집중력을 끌어들여야 한다는 것을 기억할 것이다. 그렇지 않으면 아동은 자신의 세계에만 빠지게 될 것이다. 이런 도움을 받으면 과소반응의 아동은 자신의 세계에 있는 사람들이 얼마나 멋진 사람인지 발견하며 더 많은 것을 원하게 될 것이다. (이런 종류의 아동이라면 우리의 열정적인 반응이 역효과를 내지 않도록, 의도치 않게 그를 압도하지 않도록 해야 한다.) 꼼지락거리고 힘이 넘치며 과잉반응을 보이는 아동의 엄마는 아동이 주의를 기울일 때까지 부드러운 톤과 움직임으로 아동을 달래고 진정시킬 수 있다. 엄마는 아동을 부드럽게 참여시킬 수 있다. 또한 이 아동들은 세상을 받아들이는 것이 얼마나 좋은 것인지, 사랑하는 사람과 부드럽게 주고받는 리듬을 가진다는 것이 얼마나 좋은지 알게 되며 관계를 더 깊이 만들어 나간다.

때때로 아동들은 커 가면서 자연스럽게 이런 민감함에서 벗어난다. 그러나 지속될 경우에 야단스럽거나 지나치게 까다로운 아기는 야단스럽거나 지나치게 까다로운 유아가 되고, 그 후 야단스럽거나 지나치게 까다로운 미취학 아동이 되며, 패턴은 이어진다.

관심과 참여는 많은 아동에게 자연스럽게 일어난다. 어떤 학습문제든 조금 나중에 발생한다. 하지만 과잉 혹은 과소 반응을 가진 아동은 나이가 있든 어리든 주의와 참여, 이 두 가지 단계가 정말 중요한 단계로 남아 있을 것이다. 아동과 놀거나 대화하거나 상호작용할 때, 나이가 몇 살이든 늘 아동이 침착하게 참여하고 있는지, 자신의 감정과 행동을 통제하고 있는지 확인하는 것을 잊지 말아야 한다.

효과적으로 의사소통하기

침착하고 집중하는 아동은 몸짓과 표현에 반응하고 순환의 흐름을 만들기 위해 새로운 몸짓과 표현을 개시할 수 있다. 하지만 과잉 또는 과소 반응을 보이는 아동은 쉽게 조화를 이루지 못하고 몸짓, 소리 또는 얼굴 표정의 주고받는 흐름을 놓친다. 그러한 아동은 흐름을 유지하도록 유도해 줄 뿐 아니라 다시, 공동균형을 잡아 주는 사람이 필요하다. 과잉반응을 보이는 아동이 정도가 지나치게 되면 아빠는 자신의 목소리를 부드럽게 함으로써 아동의 균형을 잡아 줄 수 있다. 과소반응을 보이는 아동이 자신의 세계로 빠질 때 아빠는 아동의 에너지와 몸짓을 더 역동적으로 만들고 (지나치지만 않게) 증가시킴으로써 공동균형을 잡아 줄 수 있다. 예민한 아동들의 경우 그러한 균형 잡기는 그들에게 힘을 주게 된다. 아동은 아빠가 자신에게 미치는 영향을 느낀다. 또한 자신의 감각체계에서 희생자가 되기보다는 균형 감각을 재현하면서 아빠와 상호작용할 수 있다는 것을 깨닫는다. 아동이 '정도를 벗어날 때' 부모의 반응은 아동이 세계에 영향을 미칠 수 있고 이를 숙달할 수 있다는 것을 가르쳐 준다.

문제 해결하기

공유된 사회적 문제 해결 단계에서 아동은 더 복잡한 방식으로 신호체계를 사용하게 된다. 아동은 패턴을 구조화하고 더 의도를 갖고 의사소통한다. 자신이 원하는 것이 무엇인지 알고 당신의 도움을 끌어 낼 수 있다. 이 단계에서 과소반응적 · 과잉반응적 혹은 감각 추구적 아동은 도움을 요청하고, 체계적인 방식으로 감각 세계를 넓히는 데 있어 도움을 필요로 한다. 그렇지 않으면 아동은 자연스럽게 하고 싶은 것을 하게 될 것이다. 이 경우라면 자신의 반응에 완전히 자신을 맡기는 것이다.

조용한 활동만을 하고 싶어 하며 조심성이 있고 과잉반응을 보이는 아동은 점차 근육을 사용하고 자신의 감각을 더 사용하도록 하는 적극적인 활동으로 옮겨 갈 수 있다. 처음에는 도서관에 갖다 오도록 격려하는 정도로 아주 간단하게 시작할 수 있다. 한 번 도서관을 다녀왔다면, 또는 과학박물관이나 공원을 다녀왔다면 수동적으로 집에만 콕 박힌 아동은 활발한 탐험가로 변할 수 있다.

목적 없이 감각을 추구하며 주변을 뛰어다니는 아동이라면 빠르고 느리게 조절할 수 있는 움직임 게임을 만들 수 있다. 앞에서 언급했던 '진화놀이'와 비슷한 놀이 말이다. 게임에서 아동은 특정 목표를 이루기 위해 특정한 방식으로 움직여야 한다. 함께 두껍고 끈적이는 진흙을 밟고 있는 척하며 뒷다리를 천천히 앞으로 빼 큰 보폭으로 걷고 다음 뒷다리를 천천히 끌어올리는 것이다. 그러더니 미끄러운 빙판길을 만나 발이 미끄러져 당신의 몸이 균형을 유지하려고 안간힘을 쓰는 것이다. 아동은 엄마나 아빠가 따라야 하는 자신만의 게임을 만든다면 정서적으로 더 투자하게 될 것이다. 나중에 이 아동은 단지 행동으로 보이거나 어떤 경고도 없이 충동적인 행동을 하기보다는 "나가서 축구공을 차자." 또는 "춤추러 가요."라고 말할 수 있을 것이다. 스스로 활동에 대한 자신의 욕구를 정리할 수 있을 것이다.

감각문제를 갖고 있는 아동이 자신이 원하고 필요로 하는 것을 갖기 위해 의도적인 방식으로 행동하도록 도우려면 부모는 아동이 차분하게 자기 조절을 한 상태, 혹은 필요하다면 자극을 받은 상태를 유지하게 도와줘야 한다. 아동의 성공 경험은 더욱더 동기 부여가 될 것이다. 아동은 자신의 타고난 관심을 기회로 활용하기 위해 자유와 조절이 둘 다 필요하다.

단어와 아이디어로 감각 욕구 표현하기

더 분명히 표현이 가능할수록 아동은 자신의 감각 환경을 더 조절할 수 있다. "엄마, 그거 너무 시끄러워요." 또는 "아빠, 같이 레슬링해요!" 하고 말이다. 가상놀이를 통해 아동은 좋아하는 감각과 싫어하는 감각이나 지나치게 흥분하게 하거나 무심하게 느껴지는 감정을 탐색할 수 있다. 아동의 인형들은 밝은 빛을 두려워하거나, 제멋대로 뛰고 싶을 수 있다. 아동은 단어와 아이디어를 자신의 감각적인 느낌에 대입해 표현할 수 있으므로 단어와 몸짓을 사용하여 내면 세계가 어떤 모습인지 상징적으로 표현할 수 있다. 또한 아동은 자신의 욕구를 알릴 수 있다. "나는 달리고 싶어요!" 또는 "나는 지금 안절부절못해요." 또는 "너무 많은 것을 하고 있어요."라고 말이다. 이 정보로 양육자는 더 효율적으로 균형을 잡아 줄 수 있고, 도움을 받는 아동은 세계에 대한 자신의 영향을 경험하면서 큰 숙달의 감각을 발달시킨다.

논리적 사고하기

아동이 자신을 압도하는 감각을 자극하는 감정에 대해 이야기할 때 이런 감정들은 덜 무섭고 덜 강렬해지며, 자신의 환상을 현실과 비교할 수 있다. 아동들은 자신의 내적 세계를 더 인식하게 되면서 감정은 더 이상 무서운 악몽처럼 느껴지지 않을 것이다. 다르게 말하면 아동은 '큰 소음이 그를 짓누를까 봐' 또는 '움직이지 않으면 뻥 터질까 봐' 무섭다고 말을 할 수 있다면 그에 대한 두려움이 덜해질 것이다.

과잉반응을 보이는 아동이 괴물이나 악당인 척할 수 있는 놀이 시나리오를 만들어 내면 서서히 적극적인 태도를 취하는 것을 편히 여기게 된다. 가상놀이의 안전함 내에서 부모의 안내와 함께 아동은 감각 세계를 확장시킬 수 있다. 과잉반응 아동은 보다 적극적으로 되는 연습을 할 수 있고, 감각 갈망을 하는 아동은 사실을 더 인지하고 공감하는 연습을 할 수 있다. 이 방법으로 아동은 자신의 반응을 반대로 규제화하는 힘겨운 노력에 쓸 수 있는 도구를 얻게 된다. 그러고 나서 현실 세계에서 이 행동들을 적용할 수 있게 된다.

더 높은 단계의 사고에서의 감각문제

감각 조절의 과정은 발달 사다리를 올라 다원적 사고, 회색 영역 사고 그리고 비교 사고로 갈수록 더 감지하기 힘들고 미묘한 차이가 생긴다. 이 단계에 들어서면 아동은 어떤 소리가 무섭고 그런 소리가 얼마나 나는지, 서로 다른 무서운 소리를 비교하며 설명할 수 있다. 아동은 하키 또는 독서보다 승마를 더 좋아하는 이유에 대해 쭉 생각함으로써 감각 세계에 대한 자신의 통제력을 미세하게 조정할 수 있다. 그리고 마침내 아동이 성찰적 사고를 할 때, 아동은 "어제 잠을 잘 자지 못해 오늘 평소보다 더 예민하다."라고 말해 줄 수 있게 된다. "오늘 더 긴장이 돼요." 또는 "오늘은 집중하는 것이 더 힘들어요."라고 말이다. 그런 다음 자신을 의식하며 수정 행동을 취할 수 있다. "오늘 밤엔 더 자야겠어요." 또는 "음악을 들으면서 진정해야겠어요."라고 말이다.

감각문제 숙달하기

목표는 바로 아동이 자신의 감각적 차이의 희생자가 아닌 주인이 되는 것이다. 당신은 성인으로서 당신의 선호도에 대한 지식(당신이 즐거워하는 감촉, 음악의 종류, 파티나 활동)과 관련해 무엇을 좋아하는지 안다는 그 안정감이 얼마나 큰 힘을 갖고 있는지 안다. 아동에게 또한 이것은 안심이 되게 해 준다. 조심스러운 아동은 실제로 다른 친구와의 접촉을 좋아한다는 것을 깨닫게 될 수도 있다. 아동이 놀라는 입장이 아니고 그 상황을 통제할 수 있다면 말이다.

작업치료사들은 아동이 그들의 감각체계를 더 효과적으로 조절할 수 있도록 다양한 기술(예: 가벼운 접촉에 과민반응을 하는 아동에게 단호한 압력을 가하는 것, 소리에 과민반응을 보이는 아동에게 부드러운 소리를 제공하는 것, 빛에 과민반응을 보이는 사람을 위해 더 부드러운 조명을 사용하는 것, 반응이 큰 아동에게는 리드미컬한 움직임으로 단호한 압력을 주는 것 등)을 개발했다. 『정서-기반 언어 커리큘럼(Affect-Based Language Curriculum)』을 나와 공동 집필한 재능 있는 언어 병리학자이자 치료사인 다이앤 루이스(Diane Lewis)는 스판덱스 섬유로 만든 그네가 촉각과 고유수용감각적인 지원을 제공하기 때문에, 과민반응을 보이는 아동이 사용하면 언어 발달을 촉진할 수 있다는 것을 발견했다. 이런 종류의 움직임은 아동들이 자기 조절을 하는 것에 도움이 된다.

과소반응을 보이는 아동들은 마사지를 해 주거나 활력이 넘치는 목소리로 말해 주는 것과 같이 많은 감각 자극을 필요로 한다. 또한 움직임은 그들의 체계를 구성하고 그들의 주변 환경을 더 잘 이해하도록 도와준다.

감각을 추구하는 아동은 조직적인 행동을 하기 위해 시간과 제한을 두어야 한다. 아동은 혼란을 최소화하는 것으로 타인을 존중해야 한다. 그러는 동시에 하루에 걸쳐 촉각, 소리 그리고 움직임을 많이 얻기 위한 방법을 찾을 필요가 있다. 당신은 꼼지락거리거나 소음을 내고자 하는 아동의 욕구를 인식하고 있지만 움직여야 할 순간과 조용해야 할 순간이 있다는 것을 가르쳐 줄 수 있다.

아동이 더 언어적으로 되어 가면 자신의 감각체계가 어떤 느낌인지 이해하고 표현하도록 도와주는 것이 중요하다. 시끄러운 소리가 어떻게 느껴지는지? 신나는지, 혹은 과부하되거나 압도되는 느낌인지, 움직이고 싶은데 남들은 모두 조용히 있고, 나 또한 가만히 있어야 할 때는 기분이 어떤지? 드디어 쉬는 시간이 되어 움직일 수 있는 기회를 얻게 되었을 때 어떤 느낌이 드는지? 느낌과 감각을 언어적으로 표현하는 것은 아동이 자신의 감각체계를 숙달하는 것을 돕는다.

당신의 자녀가 추가적인 도움이 필요로 하다면, 감각체계를 중심으로 일하는 작업치료사를 찾아야 한다. 이 분야에서 특별 훈련을 받은 사람들은 그것 자체를 '감각 통합 전문'이라고 부른다.

요약하면, 우리는 특정 아동의 감각체계가 어떻게 반응하는지 인식하는 것에서부터 시작한다. 그러고 나서 우리는 그에 언제든 대응할 수 있도록 대기하며 아동이 관심과 참여를 통해서 자신을 조절하도록 도와준다. 다음으로 아동이 세상에 미칠 수 있는 영향을 느끼게 하고, 감각 세계를 확장하도록 도와준다. 아동이 자신의 감정을 표현하기 위해 생각과 단어를 사용할 수 있을 때 감각에 대한 숙달이 좋아진다. 그러고 나서 자신의 반응에 대해 비교 및 회색 영역 사고와 마침내 성찰적 사고를 적용하면서 그를 통해 숙달을 미세 조정한다. 각 단계에서 우리는 감각과 관련하여 아동의 사고를 강화해 주고, 또한 이런 감각과 함께 나타나는 감정을 강화시켜 가면 아동은 자신을 더 잘 이해하고 감각체계의 숙달을 향상시킬 수 있다.

13

우리가 보는 것을 이해하기

시공간 감각 처리와 시공간적 사고에 관한 이 장에서는 20세기 중반에 장 피아제(Jean Piaget)와 함께 일했던 해리 와치스(Harry Wachs)의 작업에 크게 초점을 맞추고 있다. 와치스와 그의 동료인 한스 퍼스(Hans Furth)는 그들의 책인 『생각은 학교에 간다(Thinking Goes to School)』에서 피아제의 이론을 시공간적 사고하기로 확장한 개척자다.

우리가 보는 것을 이해하고 그것을 사용하여 생각하고, 배우고, 문제를 해결하기 위해서는 시각적 정보를 처리해야 한다. 우리는 시력을 사용하여 몸이 어떻게 작동하는지를 인지하고, 몸이 다른 사람 그리고 물리적 환경과 어떻게 관련되어 있는지를 파악하며 이 환경을 이해한다. 예를 들어, 책으로 가득 찬 도서관에 걸어 들어간다고 생각해 보자. 일부 통로는 비어 있고, 일부 통로는 사람들로 가득하다. 이는 꽤 흔한 장면이다. 우리는 방의 모양을 보고, 그 안에서의 자신의 위치, 가까이에 있는 물체 및 멀리 있는 물체 그리고 행을 식별하는 모든 표시를 본다. 우리는 이 모든 것을 받아들여 거의 즉각적으로 원하는 지점에 도달하기 위한 경로를 설정하고, 혼잡한 통로를 통과할 것인지 아니면 먼 길을 돌아서서 그 길을 피할 것인지 결정한다. 대부분의 사람에게 이 모든 정보는 자동으로 처리된다.

우리가 시공간적 인식의 어려움이 커지는 곡선을 타고 올라가면, 예를 들어 외야에서 공을 잡는 것처럼 처리 과정은 끊임없이 지속되며 훨씬 더 복잡해진다. 우리는 시각적인 정보와 경험을 이용하여 초 단위로 판단을 내려야 한다. 경기장의 정확한 위치로 달려가서 공을 잡을 수 있는 자세를 잡기 위해, 우리는 머릿속에서 경기장의 차원을 지도로 그리고 공을 눈으로 추적하며 팔과 손, 몸통, 다리와 머리의 움직임을 계획하고 조정해야 한다. 연습을 통해 많은 사람이 이 작업을 꽤 손쉽게 수행할 수 있다.

그러나 일부 아동의 경우 이 모든 정보를 처리하는 것이 그렇게 자동적이거나 빠르지 않다. 도서관에서 그들은 공간을 파악하지 못하고, 가야 할 곳으로 안내하는 지도를 만들 수 없다. 그들은 좁은 곳을 뚫고 들어가기 위해 몸을 돌리거나 꼬는 방법을 모른다. 야외 경기장에서 그들은 주어진 시간 내에 알맞은 장소까지 가지 못하며 손을 올바른 위치에 두지 못한다. 그들은 혼란스럽고 체계적이지 않게 된다. 그들은 공간을 머릿속으로 조직화하거나 공간 내에 있는 자신의 신체 움직임을 체계화할 수 없다. 축구를 하는 아동이 만약 축구장에 대한 머릿속 지도를 갖지 못하고 끊임없이 위치가 변하는 선수들의 포지션과 공의 위치를 지속적으로 염두에 두지 못하면 공을 차거나 슛을 막을 수 있는 위치에 가 있지 못할 것이다.

시공간 기술은 시력뿐만 아니라 운동 계획, 순서화, 소리 및 촉각을 포함한다. 시각장애인은 소리와 촉감을 이용해 머릿속으로 방에 대한 지도를 만들 수 있다. 이 장에서는 공간의 차원이 서로 어떻게 맞물려 아동이 공간을 정의하고 그 안에서 움직이는 방법을 파악하는 데 도움이 되는지를 보여 준다. 당신은 뿌리에 대해 언급할 때 예시로 나왔던 앤디를 기억하는가? 앤디는 신발을 찾으러 가기 위해 위층으로 올라갔으나 자신의 방에 대한 물리적 감각이 좋지 않아 한 군데만 살핀 후 금방 포기하고 좋아하는 장난감에 정신이 팔렸었다. 이 아동은 방의 공간적 특징을 이해하지 못했기 때문에 신발을 찾지 못한 것이다. 만약 아동이 누워서 손을 뻗었더라면 닿았을 공간이 침대 밑에 있었으나, 아동은 그런 생각을 하지 못했다.

시각적 공간 처리가 쉽게 이루어지지 않는 아동은 다음과 같은 도움이 필요할 수 있다.

- 해당 공간의 모든 것, 그 공간 내 모든 개체의 위치까지 포함된 공간 지도화하기(mapping)
- 공간을 탐색하고 목표에 도달하기 위해 필요한 움직임을 계획하기 및 순서화
- 신체가 중심축을 중심으로 회전하거나 물건을 집기 위해 오른쪽 팔이 왼쪽을 가로질러 갈 때와 같이 운동을 실행하기 위해 자기 몸과 팔다리가 어느 공간에 있어야 하는지 느끼는 것
- 움직이는 물체 추적

축구공, 플라스틱 원반 또는 사랑하는 고양이와 놀 때 이 모든 것을 격려하는 모든 운동은 당신이나 가족 구성원과 함께 좋아하는 장난감과 활동을 포함해야 한다. 그제야 아동은 그들에게 감정적인 의미를 지니고 함께 있을 것이다.

시공간 처리 단계

시각에 집중하기

세상을 알아차리는 것이 우리의 첫 걸음이다. 신생아는 얼굴에 끌리게 된다. 아기들은 부모의 목소리를 들으면 부모의 얼굴을 찾기 위해 고개를 돌린다. 매우 빠른 속도로 그들은 나중에 코, 입, 귀 그리고 눈이라고 부르게 되는 것의 일련의 모양이 하나의 패턴을 만들어 내어 얼굴이 된다는 것을 배우게 된다. 신생아는 매우 기본적인 패턴을 구별할 수 있기 때문에 인간의 뇌는 그러한 능력이 미리 입력되어 있는 것처럼 보인다. 이렇게 이른 초기부터 아기들은 세상을 이해할 수 있는 능력을 발달시킨다.

관찰의 중요성은 모든 연령대에서 중요하다. 호기심이 많은 아동은 그들이 보는

모든 것을 받아들이며 세부적인 사항, 패턴과 움직임을 흡수한다. 자연 산책로에서는 꽃의 색깔과 모양, 나무껍질의 감촉, 나뭇잎의 모양 또는 날개가 있는 작은 단풍 씨앗을 보게 된다. 동물은 언제나 아동의 관심을 끈다. 서로 쫓는 다람쥐, 장난감을 물고 있는 강아지, 경찰관의 말과 같이 말이다. 긴 시간 자동차 여행을 할 때, 그것들을 보고 수를 세는 것은 심심한 아동들을 즐겁게 하는 완벽한 기회이다. 그들이 10분 안에 몇 개의 빨간 사물을 찾을 수 있을까? 얼마나 많은 동물이 있는가? 트럭은 몇 대인가? 우리가 지하철을 타고 가거나 박물관에 방문하는 것 혹은 장보러 갈 때, 아동들과 무엇을 하고 있든지 간에 우리는 아동들에게 무엇이 재미있었는지 말해 달라고 요청할 수 있다.

하지만 앞 장에서 말을 나눈 것처럼 아동들이 시각적 자극에 의해 과도한 자극을 받는다면, 그들은 수정된 방식으로 새로운 시야에 노출될 필요가 있다. 그래야 아동들은 평온을 유지하고 자신의 인내의 정도를 벗어나지 않을 수 있다. 밝은 조명이나 색상이 아동의 감각체계를 압도하면, 축제를 가는 것은 아동에게 가장 좋은 외출은 아닐 것이다. 최소한 한동안은 말이다. 하지만 반대편 끝에 있는 과소반응적인 아동들에게는 축제의 야단법석이 완벽할지도 모른다.

하지만 과잉반응을 보이는 아동조차도 시각을 다른 감각과 균형 잡는 것을 즐길 수 있다. 아름다운 정원은 좋은 시작점이 될 수 있다. 정원의 수많은 색과 모양, 향, 질감, 꿀벌의 윙윙 나는 소리나 나비의 날갯짓 소리가 한가득 있는 곳 말이다. 아니면 체험형 동물원을 더 좋아할지도 모른다.

시각 세계에 참여하기

어린 시절의 모든 게임은 시각적 흥분을 제공하고 시각적 기술을 장려한다. 까꿍부터 보물찾기까지, 이런 게임은 관찰력과 공간 감각을 필요로 한다. 아빠의 등에 업히기 위해 뛸 준비를 하는 아동을 생각해 보자. 방을 돌아다니고 있는 아빠는 딸이 노리는 공간을 정해 준다. 아동은 아빠를 지켜보고, 아빠의 움직임을 추적하고, 자신의 움직임의 계획과 순서화를 짜고, 아빠를 잡기 위해 아동이 어떻게 공간 속에서 이동을 하는지 감을 잡고 있다.

상호작용 및 의사소통

공을 발로 차며 주고받는 것이나 술래잡기를 하는 것과 같은 게임은 아동이 있는 곳과 연관하여 모든 것이 어디에 있는지와 같은 시공간적 세상에 대한 인식을 높여준다. 부모와 아동 또는 형제와 아동 사이에서 팔, 머리, 몸이 동시에 조화롭게 움직이며 만들어 내는 흐름은 아동으로 하여금 공간 속 물건들의 관계를 감지할 수 있게 한다. 아동이 호기심을 자극하는 것을 보기 때문에 유동성, 균형감, 신체적 협응과 운동 계획 등이 모두 존재한다. 이러한 특성을 사용하여 아동은 공간을 가로질러 의사소통하고 공간을 탐색한다.

심지어 아직 언어가 트이지 않은 아동에게도 아동이 잡아 들어 올린 장난감의 위치를 묘사할 수 있다. "위에 있네, 아래에 있네. 높이 있네, 낮은 곳에 있네. 여기 있네, 저기 있네. 내 앞에 있네, 내 뒤에 있네." 당신은 보여 주고 설명한다. 아동은 손을 뻗고 가져간다. 단어를 이해하기 훨씬 전에 아동은 시야와 소리, 장난감의 각 다른 위치를 '어디 있을까' 게임을 통해 경험한다.

시공간 세계에서 양방향 의사소통은 아동이 공간 내에서, 그리고 다른 사람과 사물에서의 관계에서 자신의 몸을 인식하도록 도와준다. 이때 타인과 사물은 움직이고 있을 수도 있다. 아동은 다른 놀이 참가자들을 추적하고 계획하여 움직이고 그들과의 거리를 판단한다. 초와 분의 개념을 알기 전에, 아동은 시간 감각 또한 갖게 된다. 저기까지 가려면 시간이 걸린다는 것을 알게 되는 것이다. 이런 식으로 공간과 시간의 개념은 경험을 통해 형성된다.

아동이 운동 계획에 가벼운 문제가 있는 경우(즉, 어색하게나마 몸 전체를 움직일 수 있음), 앞에서 설명한 진화 게임과 같은 활동을 통해 이런 종류의 연습을 할 수 있다. 재미를 더하기 위해서는 흥을 보태도 좋다. 장난감이나 간식을 이용하는 것이다. 만약 아동이 더 심각한 운동장애가 있는 경우, 신체적인 과제는 단순한 회전 동작이나 보기, 혀를 움직이는 것과 같이 되도록 간단한 것이어야 한다. 만약 움직임이 다른 사람들과의 소통과 공간에서의 움직임을 기반으로 만들어진다면, 아동은 환경에 대한 시각적 인식을 발달시킬 수 있다.

시각적 문제 해결

아동들이 사물을 찾을 수 있고, 사물을 얻으려고 노력하고, 몸짓과 단어를 사용해 도움을 요청하게 되는 순간, 그들은 사물이 공간 속 어디에 있는지를 배우게 될 것이다. 만약 아동의 특별한 동물 인형이 없어졌다면, 아동은 방에서 그것을 찾아야 한다는 강한 동기를 가지게 된다. 그 특별한 인형은 그 공간에 의미를 부여한다. 아동들은 문제 해결 단계에서 그들이 들었던 공간적인 용어를 사용할 준비가 되어 있다. 이것들은 공간을 특징짓는다. 본인이 원하는 물체의 위치 또한 마찬가지다.

보물찾기는 우리가 말했듯이 시공간적 문제 해결을 위해 만들어졌다. 보물찾기에는 의도적인 것과 의도적이지 않은 것, 두 종류가 있다. 아동들은 아마도 후자에 대한 가장 많은 경험을 가지고 있을 것이다. 뭔가 특별한 것이 없어지는 경우에 말이다. 그러나 전자의 경험은 아동들이 후자를 더 성공적으로 다루는 데 도움을 줄 수 있다. 어린 아동의 경우 아동이 지켜보는 동안 당신은 큰 관심 대상을 숨길 수 있다. 당신은 대놓고 반짝이는 플라스틱 별을 주머니 속이나 당신의 몸 밑에 숨기는 것이다. "나는 별을 내 밑에 두고 있어. 찾을 수 있니?" 그것이 쉬워지면 숨기는 장소도 조금씩 덜 쉬워지고 언어적 지시를 동반한다. "내 아래에 있을까, 내 뒤에 있을까, 내 발 밑에 있을까?" 당신이 어디에 있을지를 제안하는 동안 아동은 당신을 조금씩 밀어 보며 찾을 수 있다. 당신의 손 안에 있는가? 당신의 주머니 안에 있는가? 당신이 그 위에 앉아 있어서 아동이 당신을 조금 밀어야 하는가? 조금 더 복잡하게 하자면 별을 당신의 몸에 숨기고 기어가기 시작해 아동이 별을 찾기 위해서 당신을 쫓아오게 하는 것이다. 흥미로운 장소에 숨기면 세부적인 사항에 대한 아동의 관심을 증가시키게 된다.

다중 감각적인 게임을 만들어라. 아동이 공간 속 방향을 잡는 데 어려움이 있다면 소리의 단서를 추가할 수 있다. "빵빵, 나 여기 있어." 또는 "가까워." 또는 "멀어." 같은 단서를 제공한다. 대안적으로, 흥미로운 질감이나 냄새를 가진 '보물'을 선택하거나, 뻗기나 스트레칭과 같은 다른 움직임을 필요로 하는 것을 선택한다. 아동이 나이가 들면서 왼쪽과 오른쪽 손발을 함께 사용해야 하는 행동을 장려하라. 기어 다니거나 어딘가를 올라가거나 달리거나 점프하는 것 등 말이다. 보물찾기가 더 큰 물리적 공간으로 확대됨에 따라 그 공간에 대한 아동의 내면적 이미지도 커진다. 사물이 어떻게 연결되는지, 어떤 움직임이 실내에서 물체를 탐색하는 데 도움이 되는지, 그리고 방 전체가 어떻게 기능하는지 말이다.

시각장애가 있는 경우에 우리는 청각, 촉각, 움직임의 시공간적 세계를 구성해 줄 수 있다. 말할 수 있는 아동은 촉각, 냄새, 크기, 맛을 이용해 (맛을 볼 수 있는 것 한정) 어떻게 생겼을 것 같은지를 설명할 수 있다. 벽을 따라 걸으면서 방의 크기를 알 수 있고 공간 속 물건을 두드릴 때 나는 소리(예: 원목 탁자를 두드리는 소리)로 물건의 위치를 파악할 수 있다. 방 안에서 아동의 위치가 바뀔 때 소리에 변화를 줄 수 있다. 성인이 두드리는 물건에 가까이 올수록 더 큰 소리를 내는 것이다. 아동은 자신의 시공간 지도를 형성하고 언어 신호와 소리로 보물찾기를 할 수 있다.

시각적 문제 해결의 핵심은 패턴 인식이다. 이것은 언어뿐만 아니라 행동 모방도 포함된다. 엄마는 집에 와서 가방을 내려놓고 신발을 벗고 발을 문지른다. 곧 수지(Susie)도 신발을 벗고 발을 문지른다. 모방은 복잡한 사회적 · 지적 기술을 배우는 한 가지 방법이다. 수지의 어머니 모방은 밀접한 관찰과 다단계적인 행동 계획, 상당히 복잡한 시공간적 문제 해결을 수반한다.

패턴 인식은 아동이 튀어 나오는 장난감이나 기타 기계적 물체가 어떻게 작동하는지를 파악할 수 있게 해 준다. 이 사고능력은 발판을 끌고 와 책꽂이 위에 있는 장난감에 도달하는 방법을 알아내는 것처럼 아동이 세상의 주인이 되도록 돕는다. 이러한 문제 해결을 위한 행동은 운동 계획과 순서화뿐 아니라 물건은 어디에 있고 어떻게 찾을 수 있는지, 시공간적 지도를 그리며 세상이 어떻게 작동하는지를 이해하는 것이다.

세상의 '기능적 이해'는 패턴 인식의 또 다른 형태이다. 관찰과 모방을 통해, 아동은 사용 패턴으로 물리적인 물체의 기능을 이해하기 시작한다. 패턴은 결국 '인형' 또는 '전화'라고 알게 되지만 아동은 그에 대한 이름을 알기 훨씬 이전에 패턴을 보고 그 물체의 기능을 이해한다. 16개월 된 아동조차 전화를 귀에 대고 소리를 내며 성인을 흉내 낸다. 아동은 그 기능이 의사소통이라는 것을 이해한다.

아마 아동은 자신의 가방에 빗, 솔, 거울을 가지고 있을 것이다. 아빠가 머리를 빗고 있을 때 아동은 아빠 옆에 서 있다. 아동은 아빠를 모방하기 위해 자신의 물건 사이에서 빗을 찾을 것이다. 아동은 물체를 기능뿐만 아니라 색, 모양, 질감 또는 단지 일반적인 매력과 관련시키기 시작한다. 특히 아동은 그들이 원하는 것을 얻으려 할 때 자연스럽게 모방을 하려 한다.

시각적 상징과 아이디어

이 단계의 아동은 공간 감각과 그 안에서 어떻게 움직이는지에 대한 감각이 이미 발달되기 시작했다. 아동은 물체가 어떻게 패턴과 기능을 가지고 있는지 보았다. 아동은 한 물체와 다른 물체를 구별할 수 있다. 이제 물건에 이름표를 붙임으로써 경험을 더욱 개념적으로 만든다. 당신은 항상 아동을 위해 이것을 해 왔다. 놀이터에서의 친숙한 활동과 산책로에서 볼 수 있는 모든 것에는 이름표가 있다. 식물과 동물, 땅과 하늘 등 말이다. 아동은 자라면서 당신이 그것들을 설명하고 스스로 질문하는 것을 통해 이름에 익숙해진다.

언어는 물리적 세계를 구성하기 위해 상징을 사용하게 한다. 지난 몇 년에 걸쳐 아동은 점차적으로 이전에 감지한 공간적 차원을 상징화한 다음 소파 아래, 엄마 머리 위에, 옷장 안에 '어디에 있지?'를 연습해 왔다. 이러한 시각적 공간 단어를 사용하여 아동은 문제를 보다 쉽게 해결할 수 있다. 이런 이름을 듣고 사용하면, 아동은 '안에' '위에' '넘어' 또는 '아래에'가 어떤 것인지 점점 더 개념을 형성할 수 있다.

가상놀이에 건설적인 장난감을 추가하면 공간적 개념을 향상시킬 수 있다. 블록 쌓기는 공간에서 다른 물건을 만든다. 말을 위한 울타리나 가족을 위한 집 같은 단순한 것들 말이다. 시각적 상상의 범위는 끝이 없다. 아동이 블록으로 무언가를 쌓을 때 당신이 물체의 거리, 수량, 높이 등과 같이 이름을 붙일 수 있다.

아동들은 천천히 양과 공간의 크기에 대한 감각을 얻으면서 더 높은 인지적 역량을 발달하기 시작한다. '1'은 우리가 '일대일 대응'이라고 부르는 것이고, '3'(하나의 상징)은 잔뜩 쌓인 더미에 있는 세 개의 블록과 같다. 이 능력은 일반적으로 나중에 다른 감각에서 나오지만 시각적 공간 세계에서는 더 쉽게 온다. 눈에 명백히 보이는 3개의 블록 대 2개의 블록은 더 개념적 숫자인 세 단어 대 두 단어를 말하는 것보다 인식하기 쉽다. 또한 아동들은 그들이 보는 모양(선, 원 및 반원)이 글자를 만들고, 각자 소리에 대응하며 함께 섞으면 단어가 만들어진다는 것을 이해하기 시작한다. 이런 방법으로 좋은 시공간적 능력은 보다 공식적인 학업 활동의 토대를 마련한다.

논리적 분류

이제 싹트기 시작한 아동의 상징의 사용은 세상을 이해하기 위해 아이디어들을 논리적으로 연결하고 '왜'라는 질문에 대답하기 시작하며 더 많은 연습을 거치게 된다. 분류할 수 있는 능력은 패턴 인식에 기반을 두고 있으며, 이 새로운 이해의 일부다. 자녀에게서 이 기술의 발달이 보이지 않는다면, 조금 특별하고 재미있는 연습을 통해 이 새로운 단계로 발전하도록 도울 수 있다.

여기서는 다양한 모양과 색깔의 블록이 유용하다. 아동은 각각의 색 중 하나, 모양 중 하나를 찾을 수 있다. 또는 두 명의 아동이 특정 수 만큼 순서를 바꿔 가며 누가 가장 다양한 블록을 얻는지 확인한다. 아동들에게 줄 도전으로는 다양한 모양의 블록으로 집을 짓는 것일 수 있다. 아동에게 가장 좋아하는 모양과 이유에 대해 묻는다면 아동은 이제 당신에게 이유를 설명할 수 있지만, 보통 이 시점에서는 하나의 이유가 나올 것이다. 아동이 좋아하는 색과 가장 좋아하는 집 디자인도 마찬가지다. 분류와 짓기를 통해서 아동들은 공간 세계가 어떻게 구성되어 있고 얼마나 많은 선택지가 있는지 보기 시작한다. 이러한 종류의 게임은 더 높은 단계의 상징 패턴 인식을 확립하는 데 적합하다.

이 나이 때, 특히 아동이 관심의 대상에 정서를 투자할 때 아동은 일대일 대응 개념이 확장된다(예: 계산하기). 따라서 3개의 오레오 쿠키가 탑처럼 쌓여 있거나 기차처럼 나란히 있는 경우 아동에게 어느 쪽을 원하는지 물어 볼 수 있다. 아동이 쿠키 탑을 선호하면 기차에 쿠키를 하나 더 추가하라(또는 반대). 아동은 4개가 3개보다 크다는 것을 개념적으로 모를 수 있지만, 이제 가장 많은 쿠키가 있는 쪽을 좋아한다는 것을 알게 될 것이다. 아동은 쿠키의 배열 방법이 아니라 쿠키의 개수가 중요하다는 것을 알기 시작한다. 아동들이 아이디어를 연결하는 이 단계에서 점차 더 언어 표현이 많아지면서 수를 세는 법을 배울 수도 있다. 여기에는 하나, 둘, 세 개의 쿠키가 쌓여 있지만, 저기엔 하나, 둘, 셋, 네 개의 쿠키가 나란히 있다.

아동이 더 큰 패턴을 보고 이름을 알게 되기 시작하면 분류는 모든 것에 적용된다. 식료품 가게에서 아동은 "카트의 한쪽 구석에 큰 물건(병)을 놓고, 저쪽 끝에는 둥근 것(과일)을 놓고, 가운데에는 작은 상자, 큰 상자는 밑에 두자."라는 말을 이해할 수 있다. 어쩌면 장난감을 분류하고 정리하는 것도 재미있는 게임이 될 수 있다.

제11장에서 사고를 구성할 때 질은 인형의 집에 계단을 만들어야 했고, 빌리는

농장의 강 위에 다리를 놓을 곳을 알아내야 했다는 것을 기억하는가? 이 아동들은 시공간적 개념을 논리적으로 연결하고, 기능적 부분을 계획하며 순서화를 했다. 블록이나 레고로 집을 만드는 것은 모든 부분이 어떻게 연결되어 하나를 이루는지 보기에 좋은 연습이며, 시공간적 차이에 대해 점점 더 복잡해지는 언어적 단서가 있는 보물찾기도 마찬가지다. 공간 구성 요소가 논리적으로 다른 구성 요소와 연결되면 아동은 공간에서 사물의 관계를 볼 것이다.

제11장에서 생각을 계획하고 순서화를 하기 위한 게임의 예를 제시했을 때, 우리는 아동들이 자신의 규칙을 만들어 내는 것에 대해 이야기를 나누었다. 규칙은 논리적인 순서가 있어야 하기 때문이다. 운동 경기는 경기 구역인 시공간 영역을 포함하기 때문에 동일한 규칙이 적용된다. 규칙이 축구를 위해 만들어졌든 방망이로 풍선을 때려 주고받는 것이든 말이다. 이런 게임은 아동이 원하는 만큼 단순하거나 정교할 수 있다. 아동이 공간에 머무르는 데 어려움이 있다면 작은 곳에서 간단한 움직임의 패턴으로 시작하라. 경계가 있는 공간에서 시각적으로 보이는 경계선을 놓고, 아동이 그 선과 나란히 서서 파트너와 가까운 거리에서 공을 걷어찬다. 점차 아동은 표시된 경계에서 멀리, 중간을 향해 안쪽으로 이동한다. 아동과 파트너는 기준점을 갖고 다른 관점에서의 거리를 느낄 수 있도록 선을 향해 다른 각도로 공을 찰 수도 있다. 당신이 아동의 행동에 대한 설명을 뒷받침해 준다면 아동은 시공간적 순서와 말의 순서를 결합하여 공간 학습을 보다 개념적으로 만들 수 있다.

아동이 규칙을 만드는 어떤 게임이든 플로어타임 스타일로 점차 복잡한 질문을 할 수 있다. 예를 들면, "멀리 있는 벽을 향해 공을 던져서 다시 잡을 수 있어? 두 번 튀기고 잡을 수 있어?" 공간 방향은 조금씩 균형과 협응, 신체의 좌우 통합, 여러 단계로 이루어진 복잡한 순서를 따르도록 독려한다. 새로운 규칙과 움직임을 만들 때 아동은 게임의 논리를 설명하고, 공간에서 자신의 위치를 찾으며, 운동 체계를 사용하고, 계획과 순서화를 하며 모든 감각을 함께 사용한다. 시공간 아이디어를 모두 함께 연결한다. 아동이 계획하는 게임을 할 때 아동이 게임을 너무 복잡하게 만들지 않도록 하라. 아동이 모든 게임 중 70~80% 정도를 성공한다면 참여를 지속할 것이다.

다원적 시각적 사고

우리가 모르는 사이에 아동은 곧 더 복잡한 집(더 많은 방을 연결하여)을 설계하고, 게임에 대해 보다 정교한 규칙을 만들며(미묘한 시각적 단서가 필요한 복잡한 보물찾기를 통해 친구를 이끄는 것), 더 큰 패턴을 인식하게 된다(신속하게 농구 코트에서 위치를 보고 이해하는 것).

이제 아동은 서로 다른 물체의 특성을 구별할 수 있다. 아동이 한 집단의 대상을 본 뒤 눈을 가리고 촉각이나 후각(음식이라면 맛)을 이용해 구분하려 한다면 어떤 물체인지 파악할 수 있다. 아동은 다른 감각에서부터 시각적 이미지를 구성하는 법을 배우며, 이는 시공간적 문제 해결 능력을 강화한다.

이 단계의 아동들은 정해진 수의 서로 다른 모양 블록을 이용해 자동차, 집 또는 비행기의 논리적인 디자인을 얼마나 많이 만들 수 있는지 보는 것을 재미있는 과제로 생각할 수 있다. 또는 추상적이고 독특한 디자인을 만들 수 있다. 이러한 디자인은 아동들을 공간 차원에서 다원적 사고를 하도록 유도한다. 같은 모양 사이에서 수많은 인과관계가 발달하는 것이다.

앞에서 설명했듯이, 아동의 독서 기술을 돕는 Lindamood-Bell 접근법은 아동이 그들의 몸으로 단어를 표현하거나 바닥에서 그 글자대로 움직이게 한다. 아동은 단어에 맞게 걷거나 춤을 추거나 기거나 공중에 손으로 단어를 쓰거나 블록이나 레고로 단어를 표현함으로써 '개'와 같은 단어를 상징화할 수 있다. 단어나 개념을 상징하는 이런 다양한 방법을 사용하면 아동에게 더 의미가 생기고, 아동들이 자신이 보는 것과 자신의 감각 및 운동 체계를 연결하도록 도울 수 있다.

비교 및 회색 영역 시각적 개념

쿠키나 점토를 가지고 놀면 아동들은 언젠가 점토 조각을 가지고 둥근 공을 만들거나 뱀처럼 뻗어 낼 수 있다는 것을 배우고, 두 물체가 같은 양의 점토로 만들 수 있다는 것을 알게 된다. 아동은 곧 길고 얇은 유리에 들어 있는 액체의 양과 짧고 넓은 유리에 들어 있는 액체의 양이 같다는 것을 알게 된다. 회색 영역 사고는 시각적 영역에서 작용할 수 있는 것이다. 상대적인 비율과 여러 차원에서 대상을 보는 것이다.

아동은 물리적 세계를 실험하여 공간, 무게, 양과 모양이 모두 어떻게 변형되는지 직접 보는 것으로 개념을 가장 재미있게 잘 배운다. 집에 점토, 아동용 점토, 물, 다양한 크기, 저울, 무게로 당신의 집에 '과학실험실'을 설치한다. 곧 아동은 자신이 만든 놀라운 업적과 발견을 봐 달라며 당신을 부를 것이다.

그러한 활동에 끌리지 않거나 시각적인 관계 또는 수학을 이해하는 데 어려움을 겪고 있는 아동의 경우라면 게임을 제공해 줄 수 있다. 정확히 동일한 사각형 모양의 점토로 시작한다. 한 조각은 공처럼 둥글게 말고 다른 조각을 뱀이나 대나무 같은 긴 물체로 만든다. 그런 다음 묻는다. "공 또는 뱀 중에 어느 것이 점토가 더 많아?" 주스 또한 다른 편리한 예시이다. 처음에는 비슷한 잔 두 개에 같은 양의 액체를 넣는다. 하나는 길고 얇은 잔에 붓고, 하나는 짧고 뚱뚱한 잔에 부은 뒤 어떤 잔에 주스가 더 많은지 물어본다. 아동이 잘 이해하지 못한다면 처음의 잔들에 하나씩 부어 넣고 다시 시도해 보자. 한 번에 즉각적으로 이해하지 못할 수도 있다. 질문을 하라. "자, 처음엔 똑같았는데 이제는 이쪽이 저쪽보다 양이 많다고 하는 거야, 너 마술사였어? 어떻게 그게 가능하지?"

이 활동을 복잡하게 바꾸려면 아동이 찰흙으로 뱀, 공, 사각, 탑과 같은 다양한 모양을 만들게 한다. 그런 만들어 낸 모양 중 어느 것에 더 점토가 많은지 물어본다. 아동은 각 점토들의 생물을 다시 공 모양으로 만든 다음 가장 작은 것부터 가장 큰 것까지 차례대로 나열하는 것으로 실험할 수 있다. 이 게임은 시각적 관계, 또는 피아제가 '순서화 과제(seriation tasks)'라고 부른 것을 보여 준다. 이것은 수학적 추론을 위한 기본 토대다.

자신의 실험과 이런 게임을 통해서 아동들은 겉으로 들어난 모습이 착각을 일으킬 수 있고, 하나의 양이 다른 것보다 많고 적은지 알아내기 위해서는 다차원적인 접근을 할 필요가 있다는 것을 알게 된다. 이 이해는 오랜 세월을 걸쳐 성숙한다.

실제 물체를 이용하여 이 단계의 비교 및 회색 영역의 시공간적 사고를 하는 아동들은 간단한 곱셈의 감각을 개발할 수 있다. 그들은 이미 양에 대한 감각(상징적 의미로서의 숫자)과 하나의 단위를 없애거나 하나를 추가하는 것이 자신이 가진 것을 어떻게 변화시키는지 이해하고 있다. 만약 아동이 친구를 집에 데려왔고 둘 다 사과를 먹고 싶어 한다면, 아동은 아마 당신에게 사과가 몇 개인지 말해 줄 수 있을 것이다. 만약 세 명의 아동이 있고 각자 두 조각의 치즈를 먹을 수 있다면, 아동에게 여섯 조각을 주며 "하나는 네 것." "하나는 네 것."을 반복하며 수를 센다면 아동은 아동들이 각각 두 개씩 받는다는 것을 눈으로 볼 수 있다. "만약 한 명이 안 먹고 싶어 한다면 그럼 남은 두 명은 몇 개를 받게 되는 걸까?" 간단하게 실생활 상황에서의 실제 물체를 사용하면 산수과정은 물리적 의미를 갖게 된다. 그런 다음 숫자로 표현하는 법을 자녀에게 보여 줄 수 있으며, 심지어 더하기, 빼기, 곱하기의 과정에 이름표를 붙일 수도 있다.

시각적 공간능력을 강화하면 수량 감각과 시간 감각도 함께 강화된다. 이 두 감각은 공간의 구성 방식을 보고 이해하는 것에서 기반되기 때문이다. 단지 암기된 정의로만 보는 것이 아니라 크고 작은 것에 대한 용어를 배우고 '더와 덜'에 대해 경험적으로 배우는 것은 아동이 세상을 보는 감각의 일부로 만든다. 시간 개념을 이해하는 것도 동일한 과정을 거친다. 시간은 감각적인 의미로 존재하며, 한 시간 정도의 TV 프로그램이나 점심시간과 같이 현실 세계에서 경험한 것과 관련시켜서 시간을 느끼게 된다. 우리는 이렇게 시간에 대한 내면적인 감각이 발달하게 된다. 당신이 “로켓 발사까지 3초 남았다.”라고 말하면 놀이의 문맥 내에서 시간에 대한 개념을 배우게 된다.

이 단계에서 디자인도 확장된다. 해리 와치스는 다양한 관점에서 디자인을 따라하게 하는 여러 게임을 만들었다. 아동에게 보이는 디자인이 아니라 거울로 봤을 때의 시점이나 건너편에 앉은 사람의 거꾸로 보는 시점에서 말이다. 아동은 그대로 따라 그리는 것이 아니라 자신이 보는 것을 변화시켜 다른 사람에게 보이는 방식대로 디자인을 그려야 한다. 디자인이 어려울수록 변형이 어렵다. 집의 정면 그림이 있다. 집의 뒷부분은 어떻게 생겼을까, 아동이 그릴 수 있을까? 공간은 시각적이지만 다양한 형태로 나타낼 수 있다. 아동은 자기 방을 어떻게 구성하고 싶은지 이야기할 수 있다. 그것을 그림으로 그릴 수 있다. 자신의 형제와 함께 자신이 방에서 노는 것을 그림에 포함시킬 수 있고, 방을 어떻게 바꾸고 싶은지 몸으로 보여 줄 수도 있다. 아동이 아이디어를 서로 연결하는 관점에서, 아동의 사고가 점차 복잡해지며 우리는 그 아이디어를 여러 형태로 표현하도록 권장하고자 한다.

성찰적 사고

성찰적 추론을 통해 아동들은 건축, 디자인 및 그림을 보고 그것의 질을 판단할 수 있다. 그들은 요새나 나무집을 디자인할 수 있을 뿐 아니라, 스타일을 친구들이나 자신의 실제 집과 비교하여 어떤 것 같은지 평가할 수 있다. 상상력을 사용해 환상적이고 미래 지향적인 항공기와 로켓을 그릴 수도 있다. 그들은 훌륭한 코치에 대해 읽고 받아서 ‘픽앤드롤(pick and roll: 농구 공격 전술)’이나 다른 전술에 자신만의 색을 입혀볼 수 있다. 10대가 되면 이 능력은 점점 더 좋아질 것이다. 아동들이 자신만의 예술가, 디자이너 및 건축가가 되고 실험을 하도록 격려하는 것이 좋다. 자신의 아이디어가 논리적이고 자신의 작업을 평가하며 개선하도록 하는 동시에 말이다.

시공간적 세계는 복잡하고 다양한 차원을 가질 수 있다. 상위 단계의 시각적 공간 처리 기술을 개발하는 것에 있어, 핵심 개념은 우선 아동들이 감정적으로 유의미한 이유를 위해(예: 원하는 것을 찾아내는 것) 공간을 탐색하도록 권장함으로써 시각적 공간 세계의 모든 부분에 자신을 투자하도록 돕는 것이다. 다음 단계는 모든 다른 공간 차원에 대해 학습하고, 공간 사용을 창의적으로 하며, 다른 공간의 실체 간 논리적 연결을 생성하는 것이다. 그런 다음 아동이 다른 사람들의 관점(문자 그대로)에서 생각해 보는 것과 같은, 공간에서의 다원적 사고, 회색 영역 및 성찰적 사고를 통해 발달 사다리를 올라가도록 돕는다. 그런 다음 공간에서 사물의 관계를 배우는 것이다. 이 모든 것은 수학, 과학, 시각 및 운동 예술의 기반을 발전시킬 것이다. 세계를 이해하는 능력은 언어적 이해뿐만 아니라 시각적 · 공간적 이해에도 있다.

아동이 다른 종류의 공간 속에서 얼마나 잘 움직이는가

1. 자동차 열쇠를 잃어버린 경우, 아동이 쉽게 찾을 수 있다고 생각하는가? 아동은…….
   ① 아마 열쇠를 찾을 수 없을 것이고, 아마 시도하지도 않을 것이다. 아동은 항상 물건을 잃어버리고 찾지 못한다.
   ② 아마도 시도는 하겠지만, 물건이 어디에 있을 수도 있을 거란 감각이 없어 당연한 곳만 살핀다.
   ③ 물건이 어디에 있을 수 있는지에 대한 다양한 가능성의 감각이 조금 있다.
   ④ 모든 구석과 숨겨질 수 있는 공간에 대한 좋은 감각을 가지고 있으며 체계적으로 주변을 살핀다.

2. 아동은 물건을 조립하거나 건설하는 것을 똑똑하게 하는가? 예를 들어, 소파 쿠션으로 요새나 기초적인 나무집 만들기에 이르기까지? 아동은…….

① 어떻게 시작해야 하는지 몰라 타인이 무언가를 지어 올리는 것을 관찰한다.

② 시도하지만 그 결과는 아동에게 만족스럽지 않다.

③ 어떻게 만드는지에 대한 아이디어가 있지만 항상 성공하지는 못한다.

④ 만드는 것을 좋아하고 잘한다.

3. 길고 늘씬한 유리잔과 짧고 넓은 유리잔에 아동이 가장 좋아하는 음료를 같은 양으로 넣은 것을 아동에게 보여 준다. 아동에게 어느 잔으로 마시고, 왜 그것으로 마시고 싶어 하는지 물어보라(부피, 길이 및 숫자의 보존 개념은 7세 때 나타난다). 아동은…….

① 크고 늘씬한 유리를 선택하며 이게 양이 더 많다고 말한다.

② 짧고 넓은 유리를 선택하며 이게 양이 더 많다고 말한다.

③ 결정을 못한다.

④ 둘 다 동일하기 때문에 상관없다고 말한다.

14

모든 뿌리를 통합하기: 시드웰 프렌즈의 영양 프로젝트

리처드 로디시(Richard Lodish, Ed.D.),
모니카 소런슨(Monica Sorensen), & 리즈 윌슨(Liz Wilson)

시드웰 프렌즈 유치원의 교사인 모니카 소런슨(Monica Sorensen)과 리즈 윌슨(Liz Wilson)은 음식에 관해 유쾌하고 상상력이 풍부한 사회 과목을 개발했다. 단원의 목표는, ① 아동들에게 새로운 음식을 시도하는 것에 대한 개방적인 태도를 형성하도록 장려하기, ② 일상생활에서 건강한 음식 선택을 장려하기, ③ 학부모가 특별 행사를 위해 학교에 가져온 음식의 종류에 영향을 주기 등이다. 이 단원은 언어 예술, 시각 예술, 수학 및 과학을 통합했다. 그러나 가장 중요한 것은 한 교사가 말했듯이, "우리의 교과 과정은 우리가 공부하는 것에 아동들이 정서적으로 투자를 하기 때문에 아동들과 공명한다."

음식 피라미드

이 프로젝트는 이야기 시간에 음식에 관한 책을 샘플링하며 시작되었는데, 이 책들은 아동들이 일반적인 배경지식을 얻을 수 있도록 전시되었다. 그들은 『7명의 어리석은 포식자들(The Seven Silly Eaters)』, 『난 절대 토마토를 먹지 않을 거야(I Will Never Eat a Tomato)』, 『잘 먹기: 식품과 영양에 대한 어린이 가이드(Good Enough to Eat: A Kid's guide to Food and Nutrition)』와 다른 많은 책을 살펴볼 수 있었다. 이 프로젝트는 순식간에 아동들이 저녁식사 때 무엇을 먹었는지를 기록하는 과제로 직접 체험이 되었고, 종이에 각 음식을 그려 상자에 넣고 이름을 맞추기도 했다. 다음 날 학교에서 아동들은 각 상자를 열고 탁자 위에 종이를 펼쳐 놓은 다음, 집단의 결정을 통해 여섯 가지 범주로 분류했다. 유사한 항목을 집단으로 묶는 것을 어느 정도 이해한 아동들은 면, 과일, 채소, 다른 나라의 음식 및 기타(여러 가지 종류)를 구성했다.

교사들은 그다음 음식 피라미드의 개념을 소개하고, 아동들에게 자신들이 분류한 음식 집단과 비교해 보도록 했고 큰 차이는 없었다. 음식 피라미드의 개념이 명확해진 다음 각 아동들은 음식 집단 중 하나에 배정되었다. 그러고 나서 각 팀은 그들의 음식 집단에 어울리는 사진을 골라 큰 종이에 붙였다. 인상적인 결과는 거대한 음식 피라미드였다.

아동들은 교실 벽에 그들의 걸작을 자랑스럽게 걸었고, 그렇게 함으로써 재빨리 교실의 주요한 요점 중 하나를 만들었다. 많고 적은 방문객이 교실에 들어오면 모두 열성적인 유치원생들로부터 영양교육을 받았다. 음식 피라미드를 설명하는 것은 소중한 활동이 되었다.

영양 프로젝트에는 많은 예술 프로젝트가 포함되었다. 아동들은 그들이 먹는 음식을 벽화로 그렸고, 음식 피라미드에 관한 시를 배우고 그림으로 그렸으며, 실제 음식이 있는 바구니를 정물화로 그렸다. 마지막 프로젝트는 엄청난 보상을 받았다. 그림이 완성되었을 때, 교사들은 바구니 안에 있는 실제 음식들을 자르고 그것을 접시 위에 놓았다. 어느 날 오후, 아동들은 각각의 음식 집단의 대표로 호두, 바나나, 포도, 브로콜리, 스위스 치즈, 바게트 그리고 다크 초콜릿을 골랐다. (이때 이 음식 피라미드에는 지방, 기름 그리고 단 간식이 포함되어 있었다. 그래서 다크 초콜릿이 있었다.)

과거에는 많은 아동은 이 가벼운 음식들에서 코를 돌렸을 것이다. 하지만 이번엔 그런 친구가 거의 없었다. 이 음식들은 이제 그들이 알고 있고 관련된 음식들이다. 그들의 호기심은 강렬해졌다. 그들은 한 입 베어 물었다.

이제 음식 피라미드에 대해 알고 음식 선택지를 확대했기 때문에, 아동들은 자신들이 얼마나 균형 잡힌 식사를 잘 하는지를 알아내기 위해 실험에 참여했다. 3일 동안 각각의 아동들은 점심식사로 무엇을 먹는지를 빈 음식 피라미드에 기록했다. 피라미드의 각 집단 옆에 아동들은 그들이 먹었던 음식의 양을 적었다. 첫날과 그 뒤로 이틀 동안 각각의 아동들은 특정 집단에 대해 먹은 양만큼에 상응하는 수의 동전을 세어 보았다(곡물을 세 번 먹은 것은 동전 세 개). 그런 뒤 그 돈을 음식 집단의 공동 컵에 넣었다. 그러고 나서 학급은 각각의 컵에 담긴 동전들을 세어 보았고, 막대그래프를 만들었다. 각 막대그래프의 높이는 해당 음식 집단의 동전 개수에 해당한다. 교사는 그에 대해 다음의 글을 썼다.

> 아이들은 우리가 컵 안의 동전을 셀 때마다 시선을 고정했고 얼마나 먹었는지를 나타내는 막대그래프를 만들었다. 숫자가 얼마나 올라갈지, 막대그래프로 나타내면 얼마나 높이 솟을지에 대한 긴장감이 고조되었다. 그래프는 아이들이 방금 결정한 음식과 자신에 대한 정보에 기반하고 있었다. …… 아이들은 그래프에 애착이 너무 커서 몇 명은 학기 말에 그래프를 집에 가져가도 되는지를 물었다.

유치원생들의 관심은 그들의 일상생활로 흘러 스며들었다. 점심시간에 많은 아동이 학교에서 배급하는 음식을 먹는 것에 대해 더 수용하게 되었다. 그들은 가끔 더 달라고까지 했다.

교사들이 참여하지 않은 유일한 감각 영역은 운동 계획에 관한 것이었고, 만약 그들이 그에 대해 생각했다면 역시 특별한 프로그램을 만들어 낼 수 있었을 것이다. 다른 모든 영역, 청각, 시각, 미각, 후각, 촉각은 이 경험의 큰 부분이었으며, 읽기, 말로 표현하기, 판화, 수학, 과학 및 예술 표현, 말하자면 거의 모든 것이 포함되었다. 이러한 감각과 운동을 통해 아동들은 음식에 대해 편안함과 정보를 얻게 됐다. 가장 중요한 것은 그들이 정서적으로 관심을 갖게 됐다. 그들이 한 경험을 바탕으로 스스로가 무엇을 알고 있는지, 무엇을 생각하고 있는지, 그리고 무엇을 결정하는지에 대한 것이었다.

음식 피라미드가 다른 교육 자료에 의해 대체되어야 했던 순간이 왔을 때 아동들은 마치 친구를 잃은 것처럼 느꼈다.

영양성분표

하지만 교사들은 여기서 끝내지 않았다. 다음 단계는 아동들에게 포장된 식품의 영양성분표를 소개하는 것이었다. 대부분의 패키지에 영양가가 있는 영양성분표가 있음을 아동들이 깨달을 때, 그들은 숫자를 열심히 비교했다.

이 프로젝트에서 아동들은 작은 팀으로 나뉘게 되었고, 학교 간식과 집에서 일반적으로 먹는 음식에서 수집된 여섯 개 패키지의 영양성분표를 비교했다. 그들은 설탕, 단백질, 나트륨의 양을 보고 어떤 음식이 이런 성분을 가장 많이 함유하고 있고 어떤 성분이 가장 적게 가지고 있는지 골랐다. 학급들은 그들의 결과를 공유했고, 아동들은 모든 성분이 딱 알맞은 양만큼 갖고 있는 완벽한 음식은 찾기가 무척 어렵다는 것을 순식간에 깨달았다. 추가적인 수학 과제로서 아동들은 팀의 모든 영양성분표를 모아서 이 각각의 세 가지 재료에 대해 가장 적게 갖고 있는 것부터 가장 많이 함유된 것까지 분류를 했다.

아동들은 이 새로운 도구를 금방 사용했다. 그들은 부모에게 건강한 식습관에 대해 강의하고 집에서 라벨을 확인했다. 아동들은 버터가 너무 많이 든 팝콘을 먹는 것에 대해 교사들에게 충고했다. 또한 학교 간식과 점심식사에 적힌 성분표를 확인했고, 가장 건강한 것을 결정했다. 이런 탐정 활동은 아주 큰 영향을 미쳤다. 일부 어린이들은 지방 함량 때문에 초콜릿 우유나 아이스크림을 먹지 않기로 선택했고, 너무 짠 프레첼을 버리기도 했다. 어느 친구는 이탈리안 아이스(과일을 얼린 디저트)가 지방이 전혀 없다는 것을 발견하고 무척 기뻐했다.

성분표를 읽을 때 아동들이 발견한 흥미로운 점은 종합 시리얼(Total cereal)이 높은 비율의 철분 함량이 들어 있다는 것이었다. 이 과정에서 자연스럽게 과학 실험을 하게 되었다. 철분이 시리얼에서 분리될 수 있을까? 아동들은 그릇에 담긴 시리얼을 갈아 뭉개고 자석으로 물 안을 저었다. 놀랍게도 약간 휘저은 후에 그들은 자석에 붙어 있는 철을 볼 수 있었다. 말할 필요도 없이 아동들은 부모와 친구들에게 이 모든 것을 말할 수 있는 순간만을 기다렸다.

교사들은 아동들이 새로 배운 지식을 두 가지의 작품으로 요약하게 했다. 하나는 책, 다른 하나는 연극이었다. 특별한 학급 음식 책자를 만들기 위해 각각의 아동들은 (교사의 도움을 받아) 좋아하는 음식에 대한 사실을 한 페이지 분량만큼 쓰고 정보를 그림으로 그렸다. 이 모든 것은 아동들의 전문 지식에 근거한 것이었다. 교실 책꽂이에 있는 고정 자리에 올라가게 된 아동들의 책은 영양분에 대한 영구적인 자원의 일부가 되었다.

학기 말에 선보인 학급의 연극은 〈골칫거리 선물: 트롤 이야기(The Trouble with Treats: A Troll's Tale)〉(『빌리의 세 마리 염소(Three Billy Goats Gruff)』를 각색함)라고 불렸다. 이 공연은 영양 정보가 한 가득한 이야기였고, '식품 경찰'의 개입에 의해 제공되는 드라마였다. 이 식품 경찰은 관객에게 열정적으로 음식 피라미드에 대해 설명하는 내레이터였고, 배우들은 다른 친구들에게 자신이 배운 지식을 대사를 통해 알려 주었다. 선데이 아이스크림보다 더 좋은 것이 무엇인지 말이다. 물론 항상 그렇진 않겠지만 말이다.

학년이 끝날 무렵 교사들이 아동들의 음식 피라미드를 벽에 다시 걸어 놓자, 한 아동이 교실 안으로 들어올 때 즐거움 가득한 한숨을 쉬면서 "피라미드를 다시 보게 되어 기분이 좋다."라고 말했다.

이 아동이 이제 양파, 버섯, 혹은 심지어 가지를 먹는지는 알려지지 않았지만, 그는 자신이 무엇을 먹는지에 대해 관심을 가졌고 자신을 위한 좋은 결정을 내리게 해 주는 지식의 힘을 느낄 수 있었다.

15

샐리 도와주기: 나무 몸통과 뿌리의 강화

제2부와 제3부에서 아주 많은 정보를 제공했기 때문에 일부 독자들은 이 모든 것을 모으는 과정이 도움이 될 것이라 생각한다. 독해력 문제가 있는 제1장의 샐리를 다시 보자. 우리는 이 아동을 예시로 들어 아동의 부모가 여태 이야기된 사고 단계와 감각 정보의 설명과 질문을 어떻게 사용하여 아동이 가진 학습 능력의 강점과 약점에 대한 프로파일을 창조할 수 있는지의 과정을 보여 주고자 한다. 제1장으로 돌아가서 처음 몇 페이지('샐리의 문제 점검하기'까지)를 다시 읽어 기억을 새로 하는 것을 추천한다.

샐리의 부모가 본 것

샐리의 부모는 관찰을 통해 샐리가 학교에서 스트레스를 받고 있는 착한 소녀였고, 그중 일부는 잘 처리했으나 일부는 잘 대응하지 못한다는 것을 알고 있었다. 그들은 샐리의 독서 문제를 인지하고 있었고, 그것이 얼마나 그녀를 괴롭혔는지 알고 있었다. 이것이 노력의 목표였다. 그들은 또한 샐리가 협응 문제를 가지고 있다는 것을 알았지만, 그 부분은 크게 걱정하지 않았다. 엄마는 같은 문제를 가지고 있었고, 지금까지 인생을 그럭저럭 괜찮게 살아 왔다. 학교의 인기 있는 무리에 대한 샐리의 걱정은 약간 우려가 되었으나, 다른 부모와 대화를 해 보니 많은 친구가 그 무리에 대해 같은 감정을 갖고 있다는 것을 확인했다. 그러면 그들은 학습나무의 관점을 통해 샐리의 문제를 보았을 때 무엇을 배울 수 있을까?

사고 단계

1. 집중력: 그들은 샐리가 긴장되었을 때를 제외하고는 관심을 기울이는 것에 어려움이 없다는 것을 알고 있었다.
2. 세상에 참여하기: 샐리는 따뜻하고 친근하며 다른 사람들과 어울리는 것을 좋아했다.
3. 상호작용과 의사소통: 이것은 부모를 잠시 멈추게 했다. 그들은 때때로 샐리가 그들의 표현을 혼란스러워하고 잘못 해석하기도 한다는 것을 깨달았다. 마치 제스처가 전달하는 감정의 모든 범위를 샐리가 충분히 숙달하지 못한 것 같다. 하지만 샐리는 좋은 대화를 이어갈 수 있었고, 적절한 표현과 몸짓을 개시할 수 있었다.
4. 문제 해결 공유하기: 또다시 이 단계에서는 조금 섞인 모습이었다. 샐리는 자신의 욕구 말하는 데 아무런 문제가 없었지만 지시사항을 따르는 것에 어려움을 겪었다. 이는 지시사항이 얼마나 복잡하냐에 달려 있다.
5. 아이디어의 유의미한 사용: 엄마는 샐리와 학교 문제에 대해 충분히 이야기를 나눴기 때문에 샐리가 속상한 감정에 대해 대답할 수 있다는 것을 알고 있었다. 엄마는 다른 감정에 많은 관심을 기울이지 않았지만, 그녀는 샐리가 괜찮다고 생각했다. 샐리는 명확히 의미 있는 아이디어와 의견을 제시할 수 있었고 친구들과 노는 것을 좋아했다.
6. 논리적 사고: 엄마는 샐리가 이 단계에 조금 문제가 있다는 것을 볼 수 있었다. 가끔 샐리가 학교에서 안 좋은 일이 있는데, 자신을 충분히 위로할 시간을 갖지 못하면 샐리는 엄마에게 화를 냈지만 그 이유를 설명하지는

못했다. 또한 샐리는 창의적인 부분을 더해야 하는 복잡한 이야기에서도 친구들에 비해 더 어려워했다. 샐리의 오랜 친구관계는 꽤 잘 유지되었지만, 샐리가 글을 읽는 것을 어려워한 것처럼 새로운 지인들의 신호를 읽는 것도 어려워했다. 그래서 샐리는 그들이 자신을 좋아하는지 아닌지에 대해 논리적으로 생각하는 것이 쉽지 않았다. 비록 샐리는 따뜻하고 사랑스러웠지만, 자기 자신에 대해 확신이 없어 새로운 관계가 어려웠다.

7. 다원적 사고: 이 단계에서 부모는 더 큰 결실을 보았다. 비록 샐리가 자기 자신이 좋아하는 것과 아닌 것에 대한 여러 가지 이유를 제시하고 때때로 다른 사람의 행동에 대한 여러 이유를 이해할 수 있었지만, 샐리는 자신의 문제를 볼 때 흑백논리로 생각했다. 샐리는 자신의 독서 문제에 대해 한 가지 이상의 이유를 제시하지 못했다. 샐리는 학교에서 글을 잘 읽지 못하는 날에는 스스로를 '반에서 가장 멍청한 아이'로 위축시켰다.
8. 비교 및 회색 영역 사고: 샐리는 종종 어떤 친구들이 다른 사람들보다 좋다고 이야기했다. 또한 상점에서 무엇을 사거나 고를 때 비교해 보았다. 샐리는 확실히 이 단계에서 사고하고 회색 영역을 보는 것에 대한 감각을 가지고 있었다. 그러나 다시 말하지만, 샐리가 스트레스를 받을 때 자신에 대해 흑백논리로 생각하는 것은 이 단계를 유지할 수 없다는 것을 분명히 보여 주었다.
9. 성찰적 사고: 샐리는 이 수준에서 확고한 기반을 가지기엔 조금 어렸으나 조금씩 이 역량이 발아하고 있었다. 어느 정도는 우정에 대해 성찰할 수 있었다. 다른 사람들의 동기를 제대로 파악하지 못했을 때, 샐리는 그들이 자신을 싫어한다거나 자신이 인기가 없다고 생각하지 않았다. 그녀는 단순히 그 의미를 혼동했다. 이것은 샐리가 독서 문제의 맥락에서 자신을 판단할 때 바뀌었다. 그 뒤로 샐리는 다른 아동들이 아마도 그녀를 비웃고 자신을 바보 같다고 여긴다고 생각했다. 샐리는 자신의 재능을 감사히

여기며 남들도 다 그렇듯 개선이 필요한 영역이 있다는 것을 동시에 인지하는 법을 잊어버렸다.

부모는 아동을 초기 단계의 역량이 잘 형성되어 있고, 다정함, 대화를 지속할 수 있는 능력과 자신의 의견을 제안할 줄 알며, 자신이 느끼는 감정의 일부를 이해할 줄 아는 것에 강점이 있는 사람으로 묘사했다. 아동은 실제로 모든 단계에서 힘을 가지고 있었지만, 단계를 올리자 아동의 약점이 더욱 분명해졌다. 각 감각을 보면서 부모는 아동이 자신의 사고 수준의 범위를 넓히고 독서력을 향상시키는 데 어떻게 힘이 되어 줄 수 있는지를 알게 되었다.

감각

1. 청각 처리: 부모는 샐리가 비교적 쉽게 말을 배웠고, 처음에 "마마" "빠빠" 등의 적절한 소리를 만들어 냈다는 것을 기억하고 있었다. 샐리는 또한 어린 시절에 책을 읽어 주는 것과 그림을 보는 것을 좋아했는데, 본인이 읽는 것을 시작했을 때 단어에 (음절이 많은 단어일수록 더 심하게) 버벅거렸으며 읽고 나서 무슨 이야기였는지 설명할 수 없었다. 샐리의 노력은 각 부분이 서로와 이어져서 결론까지 다다르지를 못했다. 샐리가 설명을 더 하려고 할수록 갈피를 못 잡게 되었다. 모든 것이 자꾸 자리를 벗어나는 것이다. 부모는 이와 비슷한 맥락에서 아동이 숙제의 지시사항을 따라가지 못한다는 것도 볼 수 있었다. 그리고 이런 상황에 대한 샐리의 스트레스가 그것을 더욱 악화시킨다는 것 또한 보았다.
2. 운동 계획 및 순서화: 이 단계는 쉽다. 샐리는 체육시간이든, 운동을 하든, 춤을 추든, 운동 계획 및 순서화에 문제가 있었다. 샐리는 그에 대해 독서만큼이나 스트레스를 많이 받았다. 비록 부모는 이 기술에 큰 의미를 두

지는 않았지만, 그들은 특정 순서로 움직이는 것에 대한 샐리의 문제가 이야기의 순서를 이해하는 문제와 닮았다는 것을 알기 시작했다.

샐리의 소근육 운동 능력은 문제가 되지 않았다. 샐리는 꽤 훌륭한 예술가이며, 이 재능으로부터 많은 즐거움을 얻었다.

3. 조절: 샐리는 가벼운 조절 문제를 가지고 있었으며, 주로 소음에 조금 민감한 정도였다. 이 문제는 아동을 어느 정도 불안하게 만들었기 때문에 순서화나 단어 혹은 사람의 반응을 읽는 문제가 아동에게 더 어렵게 다가왔다. 아동은 놀이터가 정말 시끄럽고 정신없이 바쁘거나 집단 활동이 시끄러웠을 때 이상한 기분(압도됨)을 느낀다고 부모에게 호소했다. 대부분의 경우 아동은 진정된 상태를 유지할 수 있었다. 단지 그런 상황을 좋아하지 않을 뿐이었다.
4. 시공간적 처리: 샐리는 이 단계에서 탁월했다. 샐리는 엄마의 안내자였다. 샐리는 자신이 어디에 있었는지를 알고 그 지식으로부터 안정을 확보했다. 이 강점은 샐리의 예술적 강점과 합쳐졌다. 샐리는 이미지를 정확하게 묘사할 뿐만 아니라 흥미로운 장면을 만들고 구성했다.

불안은 샐리의 프로파일의 일부이기에, 부모가 샐리를 도울 수 있는 방법에 대해 설명하기 전에 이에 대해 몇 가지 이야기를 해 보려 한다.

불안

행복, 슬픔, 흥분은 평범하고 건강한 감정이며 성장의 일부인 것처럼, 불안과 같은 감정은 도전이 될 수 있다. 특히 자신의 능력을 방해하는 경우에 말이다. 성인은 불안을 관리하고 줄이기 위한 적응 방법을 찾을 수 있다. 그러나 이 새로운 감정에 빠져 허우적거리는 아동들은 단지 그것을 그들이 보는 대로의 삶으로 경험한다.

보통 아동들은 그 감정을 식별할 용어도 없으며, 이에 대해 뭐라도 할 수 있을 거라는 단서조차 갖고 있지 못하다. 때때로 불안은 특별히 학습 문제 때문에 발생한다. 예를 들어, 수업 중 독서에 대한 섀리의 감정처럼 때때로 더 포괄적이다. 기존에 있는 학습 문제는 간접적으로 영향을 많이 받는다. 학습 문제 때문에 불안이 일어나면 어떻게 되는지 살펴보도록 하자.

일반적으로 아동들은 수학 문제, 에세이 또는 복잡한 지시를 따르는 과제에 대한 개인 능력의 불확실성 때문에 불안해한다. 아동은 약한 소근육이나 시공간적 기술, 언어적 도전 또는 능력을 방해하는 어떤 요소 때문이든, 이러한 불확실성에 대처하기 위해서는 자신만의 도피 전략을 만들게 된다. 그들은 회피하거나 공격적이 되거나 포기하거나 자신이 충분하지 않다는 느낌으로 이런 상황을 대처할 수 있다. 대표적인 반응으로는 과제 자체를 피하거나 (숙제가 없다고 하거나 아파서 학교에 못 간다), 부정적이게 되거나 또는 반항을 할 수 있고("안 할 거야!"), 우울증을 느끼며, 자신에게 실망을 하거나 환상의 세계에 빠져 현실을 직시하지 않을 수 있다. 아동에게 학습 문제가 있다면 아동이 불안해할 때 보통 증상이 악화된다.

우리가 영리하게 도피할 방법을 고안해 냈다 해도, 불안은 융통성을 저하시키고 모든 것을 보고 들리는 그대로만 보게 만들어 성찰과 집중을 흩트린다. 불안을 완전히 차단하는 것은 거의 불가능하다. 우리가 달성한 사고 단계는 스트레스를 받게 되면 당연히 조금 불안정해질 수 있다. 앞에서 설명한 세 가지 매개(한 단계를 도달하고, 그 단계에 범위와 깊이를 더하고 안정화시키는 것) 모두가 공격받게 된다. 스트레스 여부에 따라 어떤 아동들은 다른 아동보다 더 많이 무너지게 된다.

섀리의 경우, 섀리는 불안을 막으려 하지는 않았지만 반응은 사고 단계를 덜 안정되게 만들었다. 독서 문제로 인해 섀리는 세 가지의 가장 어려운 단계의 사고(다원적 사고, 비교와 회색 영역 사고, 성찰적 사고)를 사용해야 하는 영역에서 문제를 시야 안에 두고 해결할 수 있는 자신의 역량을 잃었다. 섀리는 즉시 자신의 능력을 도 아니면 모 정신으로 축소시켰다.

부모는 샐리를 어떻게 도왔는가

샐리를 돕기 위해 제1장에서 논의한 계획은 세 가지 영역으로 세부화된다. 성찰적 사고, 청각 처리와 순서화 그리고 감각 과민증이다. 제2부에서 더 구체적인 연습과 활동을 묘사했기 때문에 우리는 이러한 아이디어들을 기반으로 확장할 수 있다. 우리는 또한 불안감을 다룰 수 있는 몇 가지 제안을 제시한다.

1. 샐리의 성찰적 사고능력 강화하기: 이 단계를 돕는 것은 아동이 다원적 사고와 비교/회색 영역 사고 내에서의 더 낮은 단계를 연습하게 하는 것에서 시작한다. 이 부분을 지지하면 샐리에게 이 최종적인 사고 단계를 위한 더 안정적인 기반을 만들어 줄 것이다. 부모는 매일 함께하는 대화를 통해 샐리가 다원적 및 비교/회색 영역 사고를 사용해서 자신의 의견을 표출하도록 격려할 기회가 많다. 이미 아동이 편안하게 여길 주제에 대한 토론을 시작하면 앞서 말한 사고 영역 내에서 안정감을 느끼도록 해 줄 수 있다. 그런 다음에 천천히 익숙하지 않는 영역으로 나아갈 수 있다.

   이 정의를 충족하는 두 개의 명백한 영역은 아동의 그림과 시공간적 기술의 강점이다. 아동이 부모에게 자신의 작품을 보여 주면 부모는 감탄을 하며 아동이 지지, 관심과 감탄을 느끼는 방식으로 질문을 해 줄 수 있다. 그런 질문을 통해 샐리는 자신이 어떤 방식으로 작업하는지 보여 줌으로써 주도권을 가질 수 있다. 기본적으로 이것은 성숙한 아동과 함께하는 플로어타임인 것이다. 부모가 샐리의 세계에 들어가 샐리를 따르고, 샐리가 주도권을 갖도록 지지적인 도전을 제공해 주어야 한다. 아동들이 대장이 될 때, 그들의 열정은 생각을 확장시키기 위해 그들을 이끌어 낸다. 예를 들어, 샐리가 다른 색 구성표를 사용하는 여러 그림을 만든다고 가정해 보자. 부모는 그들이 배울 수 있도록 샐리에게 이걸 어떻게 했는지 보여 달라고 한다.

그 순간을 이용해 비교하는 사고를 연습할 수 있다. 어떤 그림이 가장 마음에 들고 왜 그런지, 두 번째로 마음에 드는 것은 무엇인지, 그런 식으로 말이다. 자신의 작품이 얼마나 멋진지 볼 때는 어떤 기분이 드는지 등을 물어볼 수 있다. 이건 섈리의 시공간적 기술에도 똑같이 적용될 수 있다. 예를 들면, 잃어버린 리모컨을 아동이 집안에서 찾을 수 있는 순간을 생각해 보자. 진심으로 아동에게 고마워하며, 부모는 그들이 다음엔 더 잘 찾을 수 있도록 아동에게 어떻게 이걸 찾았는지 과정을 보여 주고 설명해 달라고 할 수 있다. 아동은 왜 특정한 장소를 살펴보았는가? 그 생각은 어떻게 했는가? 아동이 선생님이 된다. 아동이 관심을 갖고 정서적인 가치가 있는 것을 설명하는 것은 아동의 순서화 기술을 개선하게 한다. 아동이 전혀 눈치 채지 못해도 말이다.

이러한 주제에 대한 논리가 점점 안정화되고 자신이 한 일에 대한 여러 정도를 판단할 수 있게 되면 아동은 자신이 안정감을 덜 느끼는 독서와 움직임과 같은 기술에 대해 대화를 시작할 수 있다. 하지만 아동은 그에 앞서 사고 단계를 유지하면서 자신의 능력에 대해 이미 더 넓은 시야로 성찰할 수 있는 영역의 코어 능력을 강화해야 한다.

2. 청각 처리 및 순서화 강화하기: 섈리는 이 감각 모드에서 개선해야 할 부분이 조금 있다. 아동은 시각적 이미지를 소리에 연결하고, 소리의 순서를 기억하고, 전반적인 순서화를 향상시켜야 했다. 우선 섈리는 제9장에서 시각-독해 문제가 있는 이사벨과 동일한 연습을 해 볼 수 있다. 이사벨의 감각 강점은 청각이었고 섈리는 시각적인 공간이었지만, 양쪽 모두의 주된 문제는 그들이 본 것을 그들이 들었던 것으로 변환하는 것이었다. 이 연습에서 부모는 섈리가 70~80% 정도는 매번 성공할 수 있는 정도의 난이도에서 시작을 하고 연습을 어느 정도 한 후에는 더욱 도전을 제공해야 한다.

샐리의 독해력에 대해서 부모는 샐리가 좋아하지 않는 연습을 하도록 격려할 방법을 찾아야 했다. 샐리의 예술적 재능은 완벽한 접근 방법이었다. 부모는 샐리가 즐겁게 읽은 책을 고르라고 제안했다. 그런 다음 그들은 게임을 했다. 샐리가 그 이야기를 읽고 그림을 그리는 것이다. 부모는 아동이 그린 그림만 보고 어떤 이야기인지 알아 맞혀야 했다. 연기로 보여 줄 수도 있었지만, 샐리는 그림을 더 선호했다. 자신의 예술적 · 시각적 능력을 사용하여 샐리는 이야기의 여러 다른 부분이 어떻게 서로 관련되는지를 보기 시작했다. 점차 샐리가 읽고 이해하는 이야기는 샐리의 서사를 따르는 안정성이 성장함에 따라 더 복잡해졌다. 서면으로 된 단어를 읽어 내는 샐리의 능력도 이야기의 세심함에 잘 맞춰 따라가게 되었다. 아동의 청각 및 시각 패턴을 통합하는 연습을 쭉 했기 때문이다.

소리 순서화와 지시사항을 따르는 부분에 관해서 보자면, 여기에서도 샐리의 강력한 시공간 감각이 샐리의 약점인 순서화 기술을 지원해 줄 수 있다. 보물찾기는 지시사항을 따르는 것을 연습할 완벽한 방법이다. 여기에 친구를 놀이에 초대하는 즐거움까지 함께할 수 있다. 이 활동을 통해, 샐리는 시공간 감각의 안정성이 보물을 찾고자 하는 동기와 함께 어우러져 지시를 따르도록 하는 것이다. 물론 이러한 활동 중 어떤 것이든 중요한 건 첫 시도가 얼마나 어려웠는가에 달려 있다. 샐리는 그 수준에 편안한 정도면 되었다. 완벽하게 해낼 필요는 없다.

마지막으로, 샐리의 운동 계획 그리고 순서화 기술에 대한 작업은 앞서 설명한 연습으로부터 얻은 개선 상황을 강화할 수 있다. 샐리는 아마도 제10장에 언급된 진화놀이의 초기 단계로 놀이를 시작하기엔 나이가 조금 있는 듯하지만, 엄마 또한 비슷한 문제를 갖고 있기 때문에 그들은 첫 단계로 돌아가 서로와 경기를 하는 것도 아주 즐거울 수 있다. 지렁이 대 지렁이로 경주를 하거나 착한 악어 산책을 갈 수도 있다. 그렇지 않으면 샐리는 자신이 시도하고 연습하기를 원하는 단계에서의 진화 단계를 고를 수 있다. 협동, 리듬, 균형 그리고 좌우 통합이 진전하기 시작하면 섀리는 다른 활동을 시도해도 좋다. 예를 들어, 발레리나 흉내를 내거나 테니스를 치는 것과 같은 활동 말이다. 그리고 만일 엄마 아빠와의 경쟁이 있을 때, 섀리가 대부분 이기도록 해 준다.

3. 아동의 감각 과잉반응 감소시키기: 섀리는 자신을 불편하고 감각적으로 압도하게 만드는 시끄러운 환경을 파악하는 방법을 배워야 한다. 이미 이러한 반응을 섀리 스스로 알아차리기 시작했기 때문에 잠재적인 유형의 상황에 대한 공감적인 논의가 인식을 높이는 데 도움이 될 것이다. 이 인식이 가능해지면 소음의 영향을 어떻게 감소시킬지 방법을 알아낼 수 있는 기회들이 온다. 예를 들어, 소음에서 잠깐 벗어나거나 신경이 쓰일 때까지 얼마나 오랫동안 그 소리를 견딜 수 있는지 알아내는 것과 같은 기회 말이다. 그 감각에 대한 제어가 생기면 섀리는 안심할 수 있을 것이다.
4. 불안에 대한 대처 개선하기: 이전에는 이 문제에 관해 논의하지 않았기 때문에 섀리가 필요로 하는 것보다 더 큰 그림을 제공하고자 한다.

공감을 하는 청취자가 어떻게 아동들에게 안정감을 주고 불안을 대처할 역량이 있다는 기분을 느끼게 해 주는 것은 놀랍다. 이 모든 것은 아동과 공명하고, 공감을 해 주고 함께하는 것이 핵심이다. 성인은 자녀의 문제에 대해 아동만큼이나 걱정이 많아 때론 곧바로 해결책부터 찾으려고 한다. 이러한 유혹은 피해야 한다. 아동들은 아직 해결책을 찾으려고 하는 것이 아니다. 아동들은 가장 먼저 이해받고 위로받기를 원한다. 아동들에게 있어서 누구를 비난해야 하고 해야 할 일이 무엇인지는 우선순위가 아니다. 부모가 더 편안해하고 인내할수록 (인내는 절대적으로 좋다) 아동은 감정적인 접근에 더 반응을 할 것이다.

부모는 이미 섀리가 독서를 얼마나 싫어하는지, 본인이 교장이었다면 독서 수업은 취소했을 거란 말을 할 수 있도록 격려했다. 그들은 샐리가 너무나 어려운 일을 하게 만드는 사람들, 즉 부모, 교사들, 과외 교사에 대한 좌절과 분노를 언어로 표현하게 해 주었고, 그뿐 아니라 슬픔, 무능함 혹은 혼란에 대한 감정도 표현하게 해 주었다. 부모나 교사가 이러한 감정에 대해 줄 수 있는 가장 좋은 해독제는 이해하는 마음으로 들어 주는 것이다. 이 시점에는 독서가 왜 그렇게 중요한지에 대한 이유를 제시할 필요가 없다. 그저 불안과 관련된 여러 다른 감정과 환상을 분리하도록 도울 필요가 있을 뿐이다. 여기엔 "나는 실패할 거야." "나는 똑바로 생각할 수 없어." 또는 "나는 바보처럼 보일 거야."가 있다. 한 아동이 내게 말하길 "제 뇌는 고장 난 것 같아요. 다시는 작동하지 않을까 봐 걱정되어요."라고 말한 적이 있다. 공감해 주고 이해해 주는 성인에게 이런 두려움을 언어로 표현하는 것은 불안감을 감소하게 해 줄 수 있다.

도피를 하는 친구의 경우(샐리는 그러지 않은 경우였다), 부모는 이런 두려움과 환상을 부드러운 방법으로 식별하도록 도와주어야 한다. 아동이 그에 대해 인지하고 인정하는 것이 편하도록 말이다. 다시 말하지만, 이것은 듣는 사람이 공감해 주는 것으로 시작된다. 아동이 자기 내면의 타조[1]나 호랑이[2]든 무엇이든 끌어내어 구분하는 상황이 편해지게 되면, 부모는 더 가벼운 어조로 코멘트를 하면서 아동에게 자신이 도피를 했는가의 여부를 결정하게 수 있다. 만약 아동이 회피하는 성향이라면 "앗! 지금 모래에 머리를 박아 넣는 타조가 되었니?"라고 할 수 있다. 아동이 타조로 변하는 것에 대해 쉽게 이야기를 꺼내게 된다면, 조금의 장난스러운 놀림이 부담을 줄여 아동이 대답하게 해 줄 수 있다. "나 지금 타조야. 이거 정말로 하고 싶지 않아서."라고 인정하거나 "아니, 난 지금 타조 아냐. 이거에 관심이 없는 거야."

1) 역자 주: 타조는 두려움을 느낄 때 머리를 숨겨서 상황을 회피한다는 미국의 설
2) 역자 주: 공격성

라고 말할 수 있다. 두려움과 싸우는 것보다 두려움을 인지하고 직면하는 법을 배운다면, 아동은 더 긴장을 풀고 학습 문제와 그에 동반된 불안감에 다가갈 것이다. 피해야 할 두려움이 아니라 해결할 도전이라는 자세로 말이다.

감정의 갑작스러운 폭주를 멈추기 위한 구체적인 이완 도구도 많다. 예를 들어, 서서히 깊게 숨을 쉬는 법을 배우거나 또는 간단하게는 30초간 잠깐 쉬는 법을 배우는 것과 같이 말이다. 과제 중 잠깐 휴식을 갖고 서서히 다시 돌아오면 불안감을 덜어 주고 압력이 적은 환경에서 자신의 기술을 키울 수 있게 해 준다. '투모로우 게임(Tomorrow Game)'도 또 하나의 도구이다. 학교에서 문제 상황이 발생하려고 한다. 샐리는 다음 날 수업에서 시를 낭독해야 한다. 상황을 미리 예기하고, 그에 대한 모든 감정을 말하며, 반응을 확인하고, 계획을 세우면, 그 사건은 샐리에게 훨씬 덜 위협적으로 느껴질 수 있다. 두려움과 공상의 강도는 일단 인지되면 보통 감소한다. 샐리의 계획에는 집에서 시의 등장인물과 행동을 사전에 파악하여 그려 보는 것이다. 그러면 아동은 시의 의미에 대한 시각적 감이 생기기 때문에 안정감이 커지게 될 것이다. 부모는 아동과 함께 이런 기술들을 연습하여 어느 것이 아동에게 가장 도움이 되는지 확인할 수 있다.

마지막으로, 아동들은 문제점에 대해 여분의 연습이 필요하다. 이 부분에 대한 장들은 특정 약점을 보완하기 위한 연습 활동으로 가득하다. 감각 발달 경로의 기초로 돌아가는 것이든, 제9장에서 잭이 더 복잡한 에세이 질문에 대답을 하는 법을 배우는 것과 같이 실제 기술을 연습하는 것이든 말이다. 당연한 말이지만, 아동들이 더 향상될수록 불안감과 감각적인 압도감은 줄어든다. 때때로 다른 문제가 간섭하기 때문에 추가 연습이 어려울 때가 있다. 예를 들어, 에세이 쓰기에 어려움을 겪고 있는데 소근육 운동 능력 또한 어려워하는 아동이 있을 수 있다. 이 아동의 소근육 운동 문제가 아동의 에세이 쓰기에 있어 걸림돌이 되면 안 된다. 대신에 제8장에서 제안하는 것처럼 아동에게 녹음기를 주어 자신의 생각을 쭉 나열할 수 있도록 도와주어라. 누군가가 자판으로 아동의 생각을 쳐 준다면 글쓰기의 대부분은 해결된다. 그런 다음 아동은 에세이를 개선하는 작업을 할 수 있다. 아동이 자신의 소근육 운동 능력을 키우면서 여전히 자신의 생각을 정리하고 요점을 만드는 연습을 할 수 있다.

일반적으로 청각, 시각, 혹은 운동이든 정보를 순서화하는 것을 어려워하는 아동들은 더 단편적이고 산만하고 불안해한다. 샐리는 이것의 완벽한 예시다. 시간제한이 있는 시험은 상황에 스트레스를 더한다. 처리 문제가 있는 아동들에게 우리는 되도록 시간제한이 없는 시험을 추천한다. 지능은 속도와 전혀 관련이 없기 때문이다. 시간제한이 없는 에세이도 마찬가지이다. 불안은 시험 문제를 순식간에 뒤죽박죽으로 만들 수 있다. 인생의 일부 과제에는 속도가 필요하지만, 대부분은 그렇지 않다. 정말로 중요한 학업적인 것들은 급하지 않은 성찰적 사고를 요구한다.

모든 부모는 자녀를 지지해 주고 불안을 줄이기 위한 방법을 만들어 낼 수 있다. 중요한 요소는 감정에 공감하고, 아동들의 도피 방법을 인지하게 해 주며, 약한 기술을 점진적으로 강화하기 위한 재미있는 활동을 하고(70~80% 숙련도가 필요함), 도전받는 영역에서 부담을 줄이기 위해 교사와 협력하며, 강점에 무게를 실어 아동들이 자신에 대해 균형 잡힌 시각을 갖게 하는 것이다. 시간이 지남에 따라 아동들은 자신의 사고력에 있어 보다 유연하고 안정되면서 불안을 다루는 법을 배우고, 불안이 자신의 성장과 발달을 저해하지 못하게 만들 수 있다.

제4부

가지

16

실전에서의 학습나무: 시드웰 프렌즈의 공룡 프로젝트

리처드 로디시(Richard Lodish, Ed.D.), & 매리언 다울링(Marion Dowling)

신비와 발견은 모든 아동의 호기심을 자극한다. 그리고 공룡보다 더 신비하고 흥미로운 것이 있을까?

시드웰 프렌즈 학교의 5~6세 유치원 아동들은 오랫동안 기억할 수 있는 경험이 있다. 공룡 시대에 대한 전면적인 조사에 착수한 그들은 공룡 관련된 사실을 연구하고, 이론을 개발하고 상상력을 사용했다. 다음은 매리언 다울링(Marion Dowling) 교사가 기획하고 주도한 프로그램이 어떻게 작동했는지 보여 준다.

아동들을 처음부터 끌어들이고 참여시키기 위해 교사들은 교실을 상호작용적인 공룡들의 만남으로 변화시켰고, 아동들이 약 6주 동안 공룡과 함께 살게 하고 호흡하게 했다. 아동들은 공룡에 관한 책을 읽고, 벽을 채운 공룡 포스터를 보았고, 전시된 공룡 화석을 만지고 탐험했으며, 공룡 서식지에 대한 연구를 한 이후에 공룡을 위한 주택을 설계했다. 그들은 흉포하고 힘이 센 공룡들과 약하고 더 작은 것들에 대해 배웠다. 그들은 힘 있는 공룡들을 위해 왕좌를 세웠고, 약한 공룡들을 위해 안전한 서식지를 건설했다. 벽 차트에는 공룡이 가장 작은 것부터 가장 큰 것까지 나열되어 있었고, 세부사항, 즉 공룡의 이름, 이름의 의미, 키, 몸무게, 길이까지 모두 적혀 있었다. 다양한 아이디어를 순서대로 나열하면서, 아동들은 유형을 구별하고, 특정 패턴, 예를 들어 그들의 서식지, 먹이 그리고 그들이 가지고 있는 신체적 특징 등의 패턴이 특정 집단과 어떻게 관련되는지 알게 되었다.

공룡은 아동들에게 매우 흥미로운 것이다. 하지만 아동들을 끌어들이는 것은 알려진 사실들이 아니다. 아동들을 끌어들이는 것은 그 미스터리이다. 공룡에 관해서라면 아무도 모든 답을 알지 못한다. 교사도 모르고, 부모도 모르고, 고학년 학생도 모른다. 모든 아동은 이론을 생각해 낼 수 있다. 아동들이 잃어버린 세계를 깊이 파고들어 갈 때 생각과 상상력을 위한 공간은 끝이 없다. 싹트는 과학자들과 탐험가로서 아동들은 몇 가지 사실을 알고 있지만, 이 사실을 이용하여 상황이 어떻게 되었을지 자신의 생각을 스스로 생각해 낼 수도 있다. 교사 중 한 명이 말했다.

> 아동들의 열정에 대한 촉매제는 교사들과 학생들이 진정으로 함께 배우고 조사하고 있다는 믿음으로부터 나타나는 것이 분명하다. 아동들은 다른 사람들이 주장하는 가설과 이론에 열심히 귀를 기울인다. 세심한 주의와 공동의 감탄은 전형적으로 학급 토론을 이끌어 간다.

교사들은 간단한 질문부터 시작한다. "여러분은 공룡을 본 적이 있나요?" 처음의 반응으로 아동들은 열정적으로 손을 들어 박물관, 책, 영화에 대한 이야기를 나누지만 궁극적으로 한 아동은 'E'가 들어간 단어, 즉 멸종(Extinction)을 사용한다. 어떤 아동들은 그것이 무슨 뜻인지 모른다. 어린 아동들에게는 어려운 개념이기 때문이다. 하지만 교사들은 공룡들이 6천5백만 년 동안 존재하지 않았고, 왜 그들이 모두 죽었는지 아무도 모른다고 말한다. 아동들은 모든 사람이 동의할 수 있는 정의를 만들어 낼 때까지 멸종의 의미를 알아내기 위해 함께 협동한다.

아동들은 '진실을 찾는 사람들과 수수께끼 풀이의 집단'이 된다. 이를 위해, 그들은 모든 단계의 사고력을 동원하고, 심지어 더 어려운 사고의 단계인 추상화와 성찰까지 직면하게 된다.

한두 명의 아동들은 항상 운석 이론을 알고 있으며, 멸종에 대한 토론에서 동료 학생들을 열심히 가르친다. "운석이 지구와 충돌했어!" 대화를 끝내기보다는 다음 질문으로 이어진다. "어떻게 운석이 수천 마리의 공룡을 죽일 수 있었을까?" 모래

밭에 돌을 던져 떨어뜨리는 것으로 아동들은 힌트를 얻을 수 있다. 그들은 먼지와 흙이 위로 튀는 것을 보고 교사가 한 가지 이론을 설명하는 것을 듣는다. 만약 먼지가 공기 중에 남아 있다면, 햇빛을 차단하고 공기를 식혀 식물들이 죽게 되고 식물을 먹는 생물은 아무것도 먹지 못하게 된다. 이 이론을 시작으로 아동들은 열심히 자신의 생각을 공유한다. 이 부분의 정점은 그들의 개별 연구서의 첫 페이지가 된다. 각각의 아동들은 공룡에 관한 그림을 그려서 완성한 후 공룡의 멸종에 대한 자신의 이론을 교사에게 설명한다.

다음 주에는 또 다른 질문을 한다. "공룡이 어떻게 생겼는지 우리는 어떻게 알 수 있을까?" 무엇이 알려졌고 무엇이 알려지지 않은 것인지에 대한 논의는 오늘날의 동물을 관찰하도록 만든다. 아동들은 코끼리와 기린, 특히 공룡이 파충류에 속하기 때문에 파충류를 보게 된다. 연구서의 두 번째 페이지에는 공룡이 어떻게 생겼는지에 대한 그들만의 생각을 담게 된다.

특별한 신체 부위를 가진 공룡, 예를 들어 판을 달고 있는 스테고사우루스, 뿔과 주름이 있는 트리케라톱스, 목이 몸 길이의 두 배인 새롭게 발견된 긴 목의 공룡, 그리고 자그마한 팔, 큰 이빨, 이족 보행을 하는 티라노사우루스 등 공룡들이 가진 특성을 일주일씩 나누어 논의했다. 이는 그런 특성을 왜 갖고 있는지에 대한 이론 발달을 위해서다. 다원적 사고가 꽃핀다. 티라노사우루스가 얼마나 큰지 이해하기 위해 아동들은 전봇대 옆에 서 보았다. 가장 키가 큰 공룡의 높이를 파악하기 위해서, 아동들은 주차장으로 가서 4층까지 엘리베이터를 타고 간다. 그들은 측정하고 비교한다.

아동들은 심지어 쉬는 시간도 프로젝트의 일부로 만들기도 한다. 그들은 공룡놀이를 하는데 공룡은 말을 하지 않았기 때문에, 아동들은 소리를 내고 몸짓을 주고받는다. 강력한 공룡은 때로는 착하고 다른 때는 사납다. 작고 근소하지만 빠른 공룡은 이러한 장점을 사용하여 크기의 문제를 해결한다. 아동들의 공룡들이 모래언덕의 왕을 결정하기 위해 모래판에서 서로 싸우는 것과 같은 행동도 일어난다.

미술 교사는 찰흙으로 공룡을 만들고 크레파스로 공룡 그림을 그리게 해 주며, 과학 교사는 공룡의 뼈와 화석에 대해 이야기하고, 담임교사들은 토론과 그림책과 포스터를 볼 시간을 제공한다. 마지막 피날레는 자연사박물관으로의 특별한 현장학습으로, 성인 한 명과 아동 두 명의 소집단으로 나뉘어 아동들은 지난 몇 주간 모은 정보를 재구성한다. 그들은 박물관에 있는 모델들을 보고 가장 흥미로운 특징이 될 만한 것들을 그림으로 그린다. 학교에서 돌아오면 공룡 쿠키가 아동들을 기다리고 있다.

이러한 역동적인 학습 환경에서 아동들은 공룡을 상상하고, 논리적으로 생각해 보고, 이론을 세우고 멸종과 같은 추상적인 아이디어를 이해하도록 격려받는다. 그들은 자신들의 아이디어를 토론하고 다른 사람들의 의견을 경청했다. 모든 것이 다방면으로 이루어졌고, 모든 감각이 기여했으며, 아동들은 훌륭한 과학자만큼이나 답에 가까워질 수 있었다.

아동들이 배우는 것에 관여하고 싶어 하면 성공은 쉽다. 이것은 모든 아동에게 적용되지만, 우리가 말한 것처럼 관심은 학습장애를 가진 아동들에게 특히 중요한 것이다. 이 아동들은 어려운 부분을 해쳐 나가기 위해 남들보다 많은 흥미가 필요하기 때문이다. 학교에서 협동과 협력을 하고, 다른 사람의 장점으로부터 배우고, 다른 사람의 약점을 돕고, 그리고 아는 것을 나누는 것을 통해 스스로에 대해 기분 좋게 느낀다.

17

독해

이전 장들에서 우리는 독해력 문제를 가진 아동들을 묘사했다. 샐리가 첫 번째였고 샐리의 독서 문제는 기초부터 시작되었다. 소리를 구별하는 것, 이것은 소리를 들은 순서대로 머릿속에 유지할 수 없는 것으로 이어지고, 이 문제는 일반적인 순서화 문제까지 이어졌다. 잭 또한 순서화하는 것에 문제가 있었다. 잭의 문제는 복잡한 질문을 이해하는 것에서의 혼란이었다. 그리고 에릭은 읽고 쓰는 개념을 이해하기 위해 더 많은 경험이 필요했다. 잭과 에릭의 문제는 주로 글쓰기에서 나타났지만, 그 문제들은 이해력 부족에서부터 뻗어나오는 것이었다.

독해력을 저해할 수 있는 또 다른 문제는 아동이 다른 사람의 아이디어에 연결할 수 없다는 것이다.

소피의 이야기

소피(Sophie)에게는 소리 내어 읽는 것이 문제가 되지 않았다. 소피가 수업 시간에 큰 소리로 읽을 때 소피의 전달은 다른 아동들과 마찬가지로 유창했다. 소피의 문제는 더욱 복잡한 것이었다. 소피는 자신이 읽었던 것을 설명할 수 없었다. 심지어 간단한 문장 몇 개여도 말이다. "메리는 새로운 아기 인형을 좋아했습니다. 그녀는 인형을 공원으로 데려 갔습니다. 밤에는 인형에게 키스를 해 주고 재워 주었습니다." 이 정도의 문장도 아동을 혼란스럽게 했다. 메리가 무엇을 했는지, 그리고 메리가 어떤 기분일 것 같은지 교사가 물었을 때 소피는 얼어붙었고 아무 말도 하지 않았다. 소피는 그 질문에 대답할 수 없었다. 교사는 소피에게 도움을 권했다. 부모는 소피를 데리고 나를 보러 왔다.

사무실에서 소피는 매우 상냥하고 열정적이었지만, 나는 소피가 반응을 잘 하지 않는다는 것을 알게 되었다. 소피는 아이디어를 표현하고 창의적으로 놀았다. 인형이 점심을 먹거나 모험을 떠나는 것과 같은 이야기들을 만들어 냈다. 하지만 내가 "소피, 너의 인형은 왜 달리고 있는 거야?"라고 질문을 던졌을 때, 소피는 내 질문을 무시하고 자신의 이야기를 계속했다. 부모에 따르면, 소피는 종종 집이나 학교에서도 말하는 것에 반응하지 않았다. 그들은 아동이 독해력 문제와 더불어 ADD나 ADHD를 앓고 있을 수도 있다고 생각했다.

나는 더 근본적인 문제를 보았다. 소피는 자신의 아이디어를 다른 사람들에게 완전히 연결하는 법을 배우지 못했다. 소피는 논리적 사고를 결코 숙달하지 못했다. "왜 너는 밖에서 외투를 입고 싶니?"라고 물으면, 소피는 거의 대부분 대답하지 않았다. 논리적인 대답을 요구하는 질문들은 소피를 곤란하게 했다.

전체 평가 결과, 소피는 다른 사람들이 말하는 것을 받아들이고 이해하고 처리하는 것을 어려워했다. 아동이 혼자서 수다를 떠는 것이 아동에겐 훨씬 쉬웠다. 아동을 위해 내가 만든 프로그램은 집에서 길게 양방향 대화를 하고 일대일로 많이 노는 것이 주된 핵심이었다.

처음에 시작할 때는 부모가 소피에게 반응할 동기를 부여했다. 소피가 무언가를 요구했을 때, 그들은 왜 그런지 호기심을 표현했다. 그들은 소피에게 가장 감정적인 호소력이 있는 것을 이용하여 소피를 끌어 들였다. "요구르트를 먹어도 되나요?" "물론 네가 가장 좋아하는 맛은 어떤 거니?" 만약 소피가 대답했다면, 그들은 이유를 묻는 것이 쉬워진다. 만약 소피가 대답하지 않았다면, 그들은 소피의 관심을 잡기 위해 음성을 더 크게 사용하거나 눈에 보이게 극적이 되어 에너지를 쏟아

부었다. “아, 소피, 딸기? 아니면 레몬인가?” 부드럽고, 호기심 많고, 달래는 질문들이 사용되었다.

조금씩 그들의 노력은 더욱 정교해졌다. 만약 소피가 놀이터나 친구의 집에 가고 싶어 하는 논리적인 이유를 밝히지 않았다면, 소피를 지금의 현장으로 데려오기 위해 소피가 좋아하는 몇몇 활동들을 몸짓과 표정으로 표현했다. 그네 타기, 철봉에 매달리거나 깡충깡충 뛰기 등 말이다. 그들은 소피에게 이유를 선택하고 말로 이야기하도록 유도했다. 이러한 전략은 소피의 모든 감각과 운동 체계를 감정적으로 의미 있는 교환으로 활용하여 소피의 아이디어를 부모의 것으로 연결했다. 연습을 통해 소피는 처음에는 겨우 30% 정도의 응답률을 보였으나, 이후에는 50%로, 그리고 결국 80~90%로 서서히 반응했다.

독해력이란 다른 사람으로부터 온 아이디어에 주의를 기울이고 이해하는 것을 의미한다. 소피가 자신과 다른 사람들이 수업에서 읽은 것을 이해하기 위해서는 논리적인 연결이 가능해야만 했다. 소피는 이러한 연결관계가 개선됨에 따라 독해력도 향상되었다. 관심을 기울이는 것은 항상 사고의 첫 번째 단계이다. 그러나 단순히 소피에게 ADD 또는 ADHD라는 진단명을 부여하면 독서 문제를 해결하지 못했을 것이다.

소피가 독해력에 대한 문제를 되돌리려면 다른 사람들의 생각과 연결하는 기능이 발달에서 빠진 것을 규명하는 게 얼마나 중요한지 알 수 있을 것이다. 소피의 경우 다른 사람들의 생각을 포괄적으로 연결하는 것이 부족했다. 그리고 부모가 아동의 관심사를 이용하여 초기의 연관성을 발휘할 수 있도록 하는 것도 무척 중요하다. 흥미롭게도, 나중에 소피는 이야기를 풀어내는 타고난 재능과 새로 습득한 독서의 강점을 결합시킨 취미를 찾았다. 아동은 스토리텔러가 되었다. 아동은 오래된 편지로부터 이야기를 끌어내고 실제 삶을 이용해 청중과의 감정적인 교감을 촉발하는 드라마를 만들어 갔다.

독해 구축하기

제8~9장은 독서의 청각적 뿌리의 윤곽을 잡아 준다. 다른 소리들을 구별하는 것에서부터, 소리를 시각적인 표현에 연결하는 것 그리고 마침내 글자를 이어 붙여 단어를 말하고 그것이 무엇을 의미하는지 이해하기까지 말이다. 이들은 독해력의 전조다.

이 기본적인 독서 기술(뿌리)은 기본적인 사고 기술(몸통)과 함께한다. 사람은 자신이 생각하는 것 이상의 수준을 이해할 수 없다. 다양한 동료들의 작업을 바탕으로, 우리는 나무 몸통에 있는 모든 사고 단계를 통합하는 독해력에 대한 다단계 접근법을 제안했다. 여기 각각에 대한 단락이 있다.

첫 번째 단계는 읽은 내용에 관심을 주는 것이다. 아동이 문장과 짧은 단락을 읽을 수 있게 되면, 우리는 아동이 모든 감각과 사고 수준을 통해 큰 그림과 세부사항을 흡수함으로써 그 과정을 다중 감각적인 경험으로 만들어 주기를 바란다. 따라서 독해력의 첫 단계는 사고의 첫 단계, 즉 주의를 기울이기이다. 당신은 아이와 함께 구절을 읽은 뒤 호기심을 표현하며, 그에 대해 보고 듣고 냄새 맡고 맛볼 수 있는 모든 것을 최대한 풍부하고 풍성하게 묘사해 달라고 요청할 수 있다. 글에 써 있는 것은 아니지만 아동이 추측할 수 있는 것도 포함해서 말이다. 만약 장면이 "나무는 바람에 흔들린다."와 같이 단순하다면, "그건 어떤 모습이야? 나무에 잎이 있니? 바람은 약하니, 강하니? 바람에 따라 흔들리는 잎이 소리를 내니? 만약 이야기가 동물원에 있는 소녀처럼 더 많은 이야기를 포함한다면, 무슨 일이 일어나고 있어? 소녀는 무엇을 했어? 그 구절에서 소녀가 맡은 냄새에 대한 이야기 나와 있지 않더라도, 그 소녀가 어떤 냄새를 맡을 수 있다고 생각하니? 동물들은 어떤 색깔의 털을 가지고 있니? 털은 어떤 느낌일까? 동물은 얼마나 크거나 작을까? 그들이 어떤 종류의 소리를 내니? 원숭이가 나무를 타고 있니?"와 같이 물어볼 수 있다. 어쩌면 아동은 그 구절에 나온 동물들의 움직임을 모방할 수도 있다.

두 번째 단계는 아동을 세상에 참여시키는 것이다. 아동이 독서에 참여하도록 돕기 위해 질문할 수 있다. “한 구절에 한 명 이상의 사람이 나오니? 그렇다면, 등장인물 간의 관계는 어떨까? 당장 보이지 않지만 중요한 등장인물이 있어? (즉, 이야기 속의 소년이 크리스마스에 자전거를 받을 거라고 생각한다면, 누가 그에게 그 선물을 줄까?) 또는 주인공이 물체(예: 연이나 동물 인형) 또는 애완동물과 관련되어 있니?”

세 번째 단계는 상호작용과 의사소통을 포함한다. 아동이 읽은 것 내에서의 감정과 상호작용에 대해 생각하게 하는 것 또한 아동의 이해를 깊게 할 것이다. “인물들 사이에 대화가 있나? 동물원의 소녀가 좋아하는 동물을 보고 울타리로 오라고 부를까? 동물이 정말 다가오면 소녀는 어떤 기분일까? 아동은 여기 있고 싶은데 소의 아빠는 집에 갈 시간이라고 생각한다면? 소년은 자기 새 자전거에 대해 뭐라고 말할까? 다른 사람들은 부러워할까?”

네 번째 단계로, 당신과 아동은 공유된 문제 해결에 참여할 수 있다. 이야기는 해결해야 할 문제로 가득하다. 등장인물이 직면하고 있는 딜레마와 그걸 어떻게 해결할 수 있는지에 대해 이야기할 수 있다. “새로운 자전거를 가지게 된 어린 소년이 페달에 닿는 데 어려움을 겪고 있다면, 소년은 그걸 어떻게 해결해야 할까? 누가 소년을 도울까, 도구가 필요할까? 두 마리의 작은 원숭이가 동물원에서 서로를 쫓고 있다면, 한 마리는 다른 원숭이에게서 벗어나기 위해 무엇을 할 수 있을까? 엄마 원숭이는 무슨 생각을 할 거라고 생각하니?”

이 시점에서 우리는 아이디어의 의미 있는 사용을 장려하여 아동의 상상 영역으로 들어가기를 바란다. 우리는 아동이 창의력을 발휘하여 이야기를 꾸밀 수 있는지 보고 싶다. 다음에 어떤 일이 일어나는가? 이전에는 어떤 일이 일어났는가? 그녀는 장면을 보고 바꾸고 싶은 부분이 있는가? 어쩌면 사육사가 그 소녀에게 기린의 먹이를 주도록 할지도 모른다. 다시 말해서, 아동은 자신의 생각을 사용하여 구절에 덧붙일 수 있는가? 아동들이 이야기에 대해 정교하게 풀어 가면서도 이해할 수 있도록 많은 질문을 해야 한다.

논리적인 사고를 사용하여 함께 아이디어를 연결하면 아동이 원인과 결과를 설명하는 새로운 수준에 다다를 수 있다. 해설자나 인물이 특정한 기분을 느끼도록 만드는 요인이 있는가, 또는 나무에 관한 이야기일지라도 나무가 폭풍 속에서는 어떤 기분인가? 아동이 다음과 같이 대답할지도 모른다. "음, 눈이 내리니까 아마 추워서 기분이 좋지 않을 거야." 또는 "다른 나무가 없기 때문에 나무가 외로워." 아동이 해당 구절에서 암시될 수 있는 인과관계를 찾도록 도와줘야 한다.

나중에 보다 정교한 해석 단계가 되면, 아동은 다원적이고 비교 및 회색 영역의 사고를 독서에 적용할 수 있다. 구절에서 일어나고 있는 일에는 이유가 여러 개가 있는가? 가능한 한 많은 감정과 결과를 탐구해야 한다. 아동에게 등장인물들을 비교하고 그들 동기의 강점을 비교해 달라고 해 보자. 예를 들어, 동물원에 머물기를 원하는 소녀의 감정은 집에 가고 싶다는 아빠의 감정과 어떻게 다른가?

성찰이 가능하기 시작한 나이가 되면 아동은 자신의 읽기를 평가할 수 있다. 9~12세가 되면, "그 구절에 대해 어떻게 생각하니?"라고 물을 수 있다. "저자가 뭐라고 말하려고 한 것 같니?" "인물이 한 말을 믿니?" 또는 "너라면 어떻게 이야기를 다르게 풀었을까?" 결국 아동들은 자신의 독서에 성찰적 · 비판적 · 분석적 사고를 적용하기 시작할 수 있으며, 각 구절을 다른 글쓰기와 자신의 경험을 선호도에 비교할 수 있다. 그들은 이야기에 자신을 투사할 수 있게 된다. "똑같은 일이 너에게 일어난다면, 너는 화가 났을까?" 아동이 읽은 것을 비슷한 경험이나 다른 경험의 관점에서 해석하도록 독려해야 한다. 다시 말해, 나는 그 이야기 속의 소년처럼 되기를 원하는가? 다른 인물들은 어떤가? 내가 그 상황에 있다면 나는 어떻게 했을까? 아동이 이것을 할 수 있게 되면 그 구절을 이해하고 그것을 자신의 일부로 만들게 된다. 그러면 아동이 내용을 기억하고 설명하는 것이 쉬울 것이다.

아동의 궁극적인 이해 단계는 사고능력에 따라 결정된다. 왜냐하면 일단 정보가 한 번 '업로드'되면 머릿속에 그것이 어떻게 정리되는지가 중요하기 때문이다. 아동들이 더 높은 사고를 하고 더 많은 것을 이해함에 따라 읽는 구절은 살아난다. 그

것에 대해 생각하지 않아도 좋은 독자는 등장인물을 보고, 목소리를 들으며, 등장인물들에 대한 감각을 가지고 있고, 좋든 나쁘든 그들에 대한 감정을 갖게 되며, 그들의 어려움을 이해한다. 사고 단계를 오르는 것은 읽는 구절을 아동의 개인적인 경험의 일부로 만들어 갈 수 있다. 이것은 그저 한 구절의 사실을 암기하는 것과 작성자의 주된 메시지를 실제로 이해하는 것 사이의 큰 차이점 중 하나이다.

추가적인 독서 과제

아동에게는 읽은 것을 이해하지 못하게 하는 여러 다른 문제가 존재할 수 있다.

시각적 민감성

어떤 아동들은 시각적으로 너무나 민감하여(예: 과민반응) 검정색 문자로 덮여 있는 흰 종이를 본 것만으로도 감각적으로 압도당한다. 이런 아동들은 단어를 구별해 낼 수 없다. 일부 아동들의 경우 손가락으로 페이지의 단어를 추적하면서 보는 것이 집중하게 해 주지만, 다른 사람들에게는 이러한 자연스러운 방법이 너무 어렵다. MIT의 연구자들은 이 문제에 대한 두 가지 혁신적인 기술을 발견했다. 첫 번째 기술은 한 단어, 구절 혹은 문장만 격리해서 볼 수 있을 크기로 골판지 안쪽을 직사각형 모양으로 잘라 낸 후 아동이 전체 페이지 중 직사각형 안에 있는 내용에만 집중할 수 있게 하는 것이다. 시행착오를 겪어 보고 아동이 한 번에 받아들일 수 있는 양이 얼마나 되느냐에 따라 직사각형 최적의 크기를 결정하게 된다. 아동이 집중을 더 잘하게 될수록 직사각형의 크기는 더 커져도 좋다. 결국에 아동은 언젠가 '독서 직사각형' 없이도 글을 읽게 될 것이다.

시각적으로 과민한 아동을 위한 두 번째 기술은 청색 색조의 플라스틱 조각을 사용하여 검은 글자와 흰색 페이지 간의 대비를 줄이는 것이다. 색이 칠해진 플라스틱 조각으로 명암을 부드럽게 하면 아동들이 단어와 의미에 더 쉽게 집중할 수 있다.

일부 아동은 둔감하므로 단어가 눈에 잘 띄지 않는다. 이런 아동들을 위한 도구가 있으며, 문자와 용지의 대비를 선명하게 하는 노란색 색조 필터, 보통보다 큰 크기의 문자, 문자의 색상이나 서체 변경, 용지 색상 변경 등의 방법을 사용할 수 있다. 이러한 여러 가지 방법으로 실험해 보면 특정 아동에게 무엇이 효과가 있는지 결정할 수 있다. 일반적으로 자녀가 더 잘하게 되고 자신감이 생기면, 자녀는 과민반응이나 감각 저하를 조절하기 위해 이러한 도구에 의존할 필요가 없어질 것이다.

운동체계 문제

또 흔하게 볼 수 있는 독서의 문제 요인으로는 운동체계 문제가 있다. 즉, 페이지 속 글자를 추적하는 문제이다. 어떤 아동은 눈을 왼쪽에서 오른쪽 또는 오른쪽에서 왼쪽으로 부드럽게 움직이는 것에 어려움을 겪어 그 행을 쉽게 놓친다. 이 경우 직사각형을 잘라낸 골판지를 이용하는 것이나 눈이 갈 길을 안내하기 위해 텍스트 줄 밑에 손가락을 움직이는 방법을 아동을 가르치는 것 외에도 추가적으로 시각 추적을 직접 수행할 수도 있다. 가장 좋은 방법 중 하나는 자녀와 함께 공 주고받기 놀이를 하는 것이다. 아동 가까이에 서서 크고 말랑말랑 한 공을 던지고, 점차 멀리 이동하며 더 작은 공을 사용한다. 이것은 아동에게 눈과 손의 움직임을 조율하는 연습을 하게 한다.

이전에 언급한 해리 와치스(Harry Wachs)는 시각적 추적을 강화하기 위한 좋은 연습 활동을 만들었다. 먼저 구멍이 있는 펜던트를 끈에 걸고 아동이 연필을 구멍 속에 넣게 한다. 다음으로 천천히 줄을 앞뒤로 움직이게 하여 펜던트가 진자 운동을 하게 한다. 목표는 펜던트가 진자 운동을 하는 동안 아동이 연필을 구멍에 넣는 것이다. 이는 추적(tracking)과 손과 눈의 협응을 요구한다. 보는 것과 움직이는 것을 함께해야 하는 게임은 무엇이든, 예를 들어 움직이는 물건을 맞추거나, 공을 차거나, 스피트[1)]와 같은 빠른 카드 게임 등은 아동의 추적 능력을 향상시킨다.

독서에 대한 이러한 다중 감각적 접근법은 감각 반응, 감각 처리 및 우리가 행동을 계획하는 방식에 있어서 개인적 차이를 인식한다. 당신은 아동에게 가장 잘 맞는 것이 무엇인지 찾기 위해 실험을 할 수 있다. 다만, 아동이 특정한 감각 문제를 가지고 있다는 것을 확인한 경우에만 말이다. 이해력 문제가 있는 모든 아동이라면 소리와 글자 또는 단어를 연결하는 것을 얼마나 쉽게 하는지를 먼저 확인해 보고 기본적인 연습이 더 필요한지의 여부부터 결정해야 한다. 다음으로 아동이 글자와 글자의 조합을 실제로 얼마나 잘 인지하는지 보라. 그런 다음 자녀가 주의력 문제나 기억력 문제를 갖고 있는지 확인한다. 마지막으로, 자녀가 이해를 하는 것을 어려워하는지 혹은 사실을 넘어 추론을 하는 것을 어려워하는지의 여부를 살펴본다. 이 경우에 문제는 근본적인 사고 단계를 개선하는 것에 있다.

줄리의 이야기

모든 사고의 단계를 글과 말을 이해하기 위해 통합하는 단계의 요약으로, 다음은 동료 다이앤 루이스(Diane Lewis)와 내가 개발한 공식 프로그램인 정서-기반 언어 커리큘럼(Affect-Based Language Curriculum: ABLC)을 기반으로 한 사례이다. 이 프로그램은 지속적으로 독서와 작문 실력을 향상하기 위한 각 단계의 사고에 대한 작업을 포함하고 있다.

줄리(Julie)는 과학 숙제로 벤자민 프랭클린(Ben Franklin)의 연 실험에 대한 설명을 읽고 번개가 전기임을 증명한 그의 방법을 배워야 했지만, 줄리는 그것을 이해하지 못했다. 1752년 10월 19일, 프랭클린이 피터 콜린슨(Peter Collinsen)에게 보낸 편지는 다음과 같았다.

1) 역자 주: 자신이 가진 카드를 최대한 빨리 없애는 게임

삼나무 두 개로 작은 십자가를 만들어라. 길고 얇은 실크 손수건의 네 귀퉁이에 닿을 만큼 길게 뻗은 팔. 손수건의 모서리를 십자가의 끝에 매어 두어라. 그래서 네가 연의 몸통을 가지고 있을 수 있도록. 그러나 이 실크로 된 존재는 찢어지지 않고 천둥 돌풍의 습기와 바람을 견디기에 더 적합하다. 십자가의 직립 막대기 꼭대기에는 나무 위로 1피트 이상 올라오는 매우 날카롭고 뾰족한 철사를 고정해야 한다. 꼬인 철사 끝에는 다음의 열쇠가 고정될 수 있다. 이 연은 천둥번개 치는 것이 보일 때 들어 올려야 하며, 끈을 잡는 사람은 실크 리본이 젖지 않도록 문이나 창문 안쪽이나 덮개 아래에 서 있어야 한다. 그리고 꼬인 철사가 문이나 창틀에 닿지 않도록 주의해야 한다. 어떤 천둥 구름이 연 위로 오면 열쇠가 구름에서 전기를 끌어올 것이며, 연과 꼬인 철사에 전기가 통하고 꼬인 철사의 느슨한 필라멘트가 사방으로 튀어 나올 것이다. 그리고 다가오는 손가락에 끌린다. 그리고 비가 연과 꼬인 철사를 적셔 전기가 자유롭게 전도될 수 있을 때, 당신은 손가락 관절이 접근하는 열쇠에서 전기가 풍부하게 흐르는 것을 발견할 것이다. 이 열쇠에서 작은 병이 충전될 수 있고, 이와 같이 얻어진 전기료로부터 활력을 태울 수 있으며, 다른 모든 전기 실험이 수행될 수 있고, 이는 일반적으로 문질러진 유리 글로브나 튜브 덕분에 이루어지며, 따라서 번개의 전기 물질이 완전히 동일함을 증명한다.

줄리는 아빠에게 도움을 요청했다. 아빠는 관심과 참여 단계에서 시작하여 줄리에게 실험에 대해 좋았던 것이 무엇인지 물었다. 그건 쉬웠다! 연을 날리는 것은 꽤 멋졌다. 줄리에게 싫어하는 것과 싫은 이유를 물었을 때, 줄리는 그것에 대해서도 대답했다. 줄리는 구름을 기다리고 무언가가 일어나기를 기다리며 땅을 걷는 것이 정말로 지루할 것이라고 생각했다. 줄리와 아빠가 대화를 나누는 것은 어려운 일이 아니었다. 그러나 아빠가 문제 해결 공유하기의 단계로 발전했을 때 줄리는 더 많은 어려움을 겪었다. 벤자민 프랭클린은 실험을 하기 위해 어떤 단계를 밟았나? 줄리는 설명할 수 없었다. 소크라테스식 방법을 사용하며 본문으로 돌아가서, 아빠는 연을 날리는 이유, 열쇠에 있는 재료 그리고 프랭클린이 다치지 않도록 손에 쥐고 있던 마른 재료를 확인하도록 도와주었다. 줄리는 그 구절을 다시 읽었고, 아빠는 줄리가 프랭클린의 실험과정을 이해할 때까지 질문을 했다. 그런 다음 즐거움과 상상력을 불어넣기 위해 아버지는 폭풍우 속에서 연을 날리는 가상 실험을 줄리가 지도해 줄 것을 제안했다.

조금 더 나이가 있는 아동은 가상으로 연기하는 것이 '유치하다'고 할 수 있으니 질문으로 이해와 창의력을 끌어내 줄 수 있다. "네가 벤자민 프랭클린이었다면 어떻게 했을 거니? 다음 단계는 어떻게 될 것 같니?" 이러한 종류의 질문은 아동이 그 구절을 논리적으로 토론하고 사실에 의해 뒷받침된 의견을 제시하도록 격려한다.

아동들이 배운 토머스 에디슨(Thomas Edison)과 같은 다른 발명가와 프랭클린을 비교함으로써 더 높은 생각의 단계로 올라가볼 수 있다. "에디슨과 프랭클린 중에 누구의 발명이 더 중요하다고 생각하니?" "어느 것이 더 흥미롭니?"와 같이 물어볼 수 있다. 아동들의 대답을 기반으로 더 나아갈 수도 있다. "왜 그게 더 흥미로울까? 그 발명이 우리의 삶을 얼마나 바꾸었을까?" 마지막으로, 성찰적 사고에 도달하여 물어볼 수 있다. "글쎄, 벤자민 프랭클린이 했던 실험을 네가 해 왔던 실험과 어떻게 비교할 수 있을까?" "둘 중 누가 더 롤모델에 가까워? 벤자민 프랭클린? 아니면 토머스 에디슨?"

주의력과 참여의 첫 번째 단계부터 성찰적 사고까지의 과정을 통해 모든 감각을 동원하여 독해를 완전한 배움의 경험으로 만들면서 아동 정신의 모든 영역을 팀으로 끌어 활용할 수 있다. 시각(프랭클린이 어떻게 생겼는지 묘사한 그림, 하늘이 어떻게 생겼는지 묘사한 그림), 움직임(연을 날리는 시늉을 하거나 폭풍이 없을 때 진짜 연을 날리는 것), 소리와 단어(모든 대화), 감정(프랭클린이 성공했을 때의 감정)까지 다양한 감각을 이용해서 말이다. 다시 말해, 이 과학적인 과제에서 아동은 구절을 생생하게 느끼고 그것을 정말로 이해할 수 있도록 다감각적 경험을 만들어 갈 수 있다.

패트 린다무드(Pat Lindamood)의 동료인 낸시 벨(Nancy Bell)은 '시각화/언어화(visualizing/verbalizing)'라는 체계를 개발했다. 이 체계는 아동들이 읽은 것을 시각화할 수 있게 도와주며, 여기서 설명하는 접근법의 한 단계이다. 나는 시각화를 넘어서 행동, 소리, 감정, 감촉, 심지어 맛까지 감미하는 것을 좋아한다. 또한 아동이 읽은 내용에 우리가 말하는 각 단계의 사고력을 적용하기를 바란다. 그랬을 때 그들은 진정으로 각 구절을 익힌다. 한동안 이 접근 방식의 안내를 받으면 아동들이 도움 없이 자동으로 해내기 시작한다. 그들은 텍스트를 스스로 생생하게 만드는 '사고 기반 독자'가 된다. 또한 자동으로 텍스트의 패턴 또는 요점을 본다. 아동들은 글에 창의적으로 접근하고 대안을 생각해 내고, 글에서 무엇이 좋고 싫은지, 왜 그런지를 생각하며 저자가 세상에 대해 하는 말과 본인들이 세상에 대해 어떻게 생각하는지를 비교한다. 이러한 종류의 독서는 소설에서 역사책의 한 장에 이르기까지 모든 텍스트에서 발생할 수 있다.

18

글쓰기와 말하기로 아이디어 표현하기

제이슨(Jason)이 입이 귀에 걸리도록 활짝 웃는 것은 승리를 의미했다. 부모는 저항했지만, 결국 그는 새로운 롤러 블레이드를 살 자격이 있다고 부모를 설득했다. 길 아래에 있는 다른 집에서 라일라(Lila)가 동생을 힐끗 보며 슬쩍 웃어 주는 모습은 그녀의 승리를 드러냈다. 라일라의 말을 들은 부모는 소파 위에 있는 끈적끈적한 손자국이 동생의 것임을 알고 동생을 혼냈기 때문이다. 걸려 있는 게 많은 상황에 놓인 이 5학년 학생들은 모두 설득력 있는 논증을 조직하는 데 능숙했다. 그러나 학교에서는 어느 쪽도 명확한 관점과 뒷받침하는 사례들로 에세이를 구성할 수 없었다.

이건 이 친구들만의 문제가 아니다. 다른 영역에 재능이 있는 많은 고등학생 및 대학생 또한 체계화된 에세이 또는 발표를 잘 구성하지 못한다. 성인들도 예외는 아니다. 일반적으로 에세이의 요점을 강조하는 흔한 방법은 대개 충분하지 않다. 짐작할 수 있듯이 사고 단계를 활용해야 한다.

로비의 이야기

로비(Robbie)는 친구들과 어울려 뛰어다니고, 가장 좋아하는 TV 쇼를 보기 위해 밤늦게까지 깨어 있겠다며 부모와 흥정도 하며, 남동생과도 싸우는 전형적인 9세 아이이다. 로비는 언어도 트였고 운동 능력도 뛰어났지만 학업에 문제가 있었다. 교사가 주말 중 가장 좋았던 부분에 대해 몇 문장을 쓰라고 했을 때, 로비는 "나는 공원에서 어머니와 함께 산책을 갔다."로 알맞게 시작했고 문장 두어 개가 산만하게 따라온 뒤, "여전히 비가 내리고 있다." "나는 쉬는 시간을 좋아한다."로 이어졌다. 로비는 본인이 무슨 이야기를 하고 싶어 하는지에 대해 어떤 감각도 없었다. 단순히 그 순간 생각나는 대로 글을 썼다. 학교 에세이들이 이렇게나 체계 없이 흐트러져 있어 걱정이 된 부모는 로비를 데리고 내게 상담을 받으러 왔다.

내 연구소에서 로비는 부모가 걱정하는 것과 반대였다. 로비가 실제로 어떤 생각이 드는지를 말했을 때 로비는 논리적인 설명을 문제없이 펼쳐 주었다. 로비는 부모가 일곱 살짜리 동생을 편애한다고 말했다. 둘이 싸울 때마다 부모는 로비를 비난하면서, "네가 형이잖아. 네가 더 어른스러워야지."라고 말했다. 동생이 로비의 장난감을 건드렸지만 부모는 그런 부분을 전혀 보지 못했다. 소음이 들려 무슨 일인지 보러 올 때면 로비가 동생을 미는 모습만 발견할 뿐이었다. 로비는 동생보다 훨씬 더 열심히 노력했고, 모든 방면에서 동생보다 더 잘했다. 그러나 부모는 오직 싸우는 모습만 본다. 가족에 대한 로비의 격한 감정은 로비가 학업적 측면에서 생각을 정리하게 도울 수 있는 완벽한 기회를 제공했다.

우선 나는 로비에게 동생보다 더 나은 점을 말해 달라고 부탁했다. 로비는 열심히 세어 보았다. "난 책을 더 잘 읽고, 공을 더 잘 던지고 받을 수 있고, 채소를 편식하면서 먹지도 않고, 많이 어지럽히지 않아요. 나는 아주 많은 면에서 동생보다 더 나아요." 나는 로비에게 어지럽히는 것에 대한 예시를 물었다. "내 동생은 항상 문제를 일으켜요. 내 장난감을 가져가서 나랑 싸우게 만들어요."라고 로비는 말했다. "하지만 나는 동생의 물건을 건드리지 않아요." 나는 로비에게 부모에게도 말할 수 있도록 부모가 알아주길 바라는 것에 대한 에세이를 써 볼 것을 제안했다. "좋아요." 그가 대답했다. "나는 내 동생이 어떻게 나를 귀찮게 하는지, 그리고 내가 개보다 어떻게 더 나은지에 대해 이야기하고 싶어요."

"좋은 시작이야." 나는 격려했다. "그 다음은?" 로비는 말했다. "제가 방금 말한 거요. 제가 왜 더 나은지."

"좋아. 다시 해 보자." 나는 로비에게 제안했다. 그는 자신의 문제에 대해 흥미를 가져 주는 관객이 생기자 기뻐하며 빨리 명단을 훑어보았다.

나는 종이 한 장을 꺼내면서 말했다. "자, 이제 적어 보자." 나는 종이 위에 큰 네모를 그리고 '요점'이라 썼고, 그 밑에는 각각의 지지 요점으로 나누어진 작은 네모 여러 개를 그린 뒤 로비에게 물었다. "그래서, 너의 요점은 무엇이니?"

이 기회에 무척 기뻐하며 로비는 말했다. "제가 동생보다 낫다는 거요."

우리는 큰 상자에 그것을 적고, 나는 물었다. "자, 그럼 그에 대한 예시가 뭐니?" 로비는 나에게 말한 것을 더 작은 네모에 하나씩 적었다. 마지막으로, 나는 다른 종이의 가장 밑에 '결론'이라는 네모를 그렸다. 그리고 뒷받침할 근거까지 적어 놓았으니 처음에 말했던 요점을 반복해도 된다고 말했다. 로비는 결론에 다음과 같이 썼다. "나는 내 동생보다 훨씬, 훨씬 더 낫다."라며 웃고 있는 얼굴까지 그렸다.

나는 이어갔다. "좋아. 다른 종이를 가져와서 이걸 문장으로 써 보자." 로비는 참을성 있게 네모 속에 썼던 요점들을 반복하며 에세이를 완성해 나갔다. 문법 및 철자는 약간의 힘겨워했지만 그것이 중요한 문제는 아니었다. 로비는 논리적이고 조직적이었고, 집중이 흐트러지지도 않았다. 로비의 에세이는 9세 아동이 썼다고 하기엔 매우 합리적이었다.

로비와 나는 에세이의 일반적인 요소를 다뤄 보았다. 항상 요점이 있을 것, 예시를 통해 요점을 뒷받침하고 결론을 내릴 것. 나는 로비에게 얘기하고 싶은 다른 주제가 있냐고 물었다. 로비는 긍정하며 "제일 좋아하는 TV 프로그램이요!"라고 답했다. 내가 답했다. "좋아, 너의 요점은 무엇이니?"

로비는 간절하게 외쳤다. "나는 TV를 사랑해요." 나는 그에게 예시를 물어보았다. 그리고 로비는 자신이 사랑하는 모든 프로그램과 그 이유를 나열했다. 우리는 그것을 함께 도표를 만들고 그것으로 에세이를 썼다.

마침내, 나는 로비에게 관심 없는 주제가 무엇인지 물어보았다. "너는 전혀 관심 없는데 선생님이 쓰라고 할 만한 주제가 뭘까?"

로비가 대답해 주었다. "아, 주말에 했던 일에 대해서요. 가끔 우리는 딱히 재미있는 일을 하나도 안 하는데, 그것에 대해 쓰고 싶지 않아요."

그래서 나는 "그럼 일요일이 얼마나 지겨웠는지 써 볼 수 있어? 네가 했던 재미없는 일에 대해 모두 쓸 수 있니?"라고 말했다.

로비는 그럴 수 있다고 대답했다. 그리고 우리는 이 활동을 다시 반복했다. 자신의 아이디어가 자랑스러웠던 로비는 소리 내어 에세이를 읽어 냈다. 자신이 지루하다고 생각한 것과 좋아하지 않은 것 그리고 그 이유까지 나열하는 것이 즐거웠던 것이다. 로비가 이해할 수 있도록 내가 도운 것은 주제가 무엇이든, 지루하고 재미없는 주제여도 얼마든지 흥미로워할 만한 내용을 찾아서 쓸 수 있다는 것이다. 그것이 왜 로비가 흥미를 못 느끼는지에 대한 이야기일지라도 말이다.

도표 작성 및 구성은 도움이 되었지만 우리의 노력의 핵심이 아니었다. 우리 활동의 핵심은 로비의 동기였다. 로비가 좋은 쪽이든 나쁜 쪽이든 본인에게 감정적인 의미를 지닌 것에 대해 글을 쓸 때면 괜찮은 에세이를 쓸 수 있었다.

얼마 뒤, 로비의 역사 교사는 200년 전 정착민의 삶을 묘사하라는 에세이를 내주었다. 로비의 반응은 "우웩."이었다. 역사책 속 그 주제를 보여 주는 장에는 주로 정착민의 집과 도구에 대한 그림이 있었고, 아동들의 집안일을 묘사했다. 이 장은 로비에게 단조로워 보였다. 정착민들의 삶은 지루했다. 아동들이 하는 것이라고는 일밖에 없었고, 그는 그 시절에 태어나지 않았다는 것에 대해 기뻐했다. 로비는 엄마에게 글쓰기에 대한 아이디어가 없다고 말했다. 이번에 엄마는 무엇을 해야 할지 알고 있었다.

근처에는 마침 식민지 시대 농장을 재현한 '살아 있는' 박물관이 있었다. 어두운 빛, 바닥이 흙으로 이루어진 작고 연기 자욱한 통나무집 안에 서있는 것은 로비에게 무미건조한 역사책이 줄 수 없었던 경험을 선사했다. 밀짚 매트리스는 벽 옆에 말려 기대어 있었다. 방금 막 담긴 양초는 서까래에 견고하게 매달려 있었다. 그는 지하실도 보고, 뒷문 밖으로 농작물과 가축들이 돌아다니는 것을 보았다. 그리고 그 당시의 아동들도 장난감을 갖고 있었다는 것을 발견했다. 고리, 공, 게임 등 종류가 많았다.

로비는 특히 대형 금속 고리를 좋아했다. 약간의 연습으로 그는 둥그런 막대기로 윗면을 막대기로 부드럽게 쓸면서 똑바로 굴러가게 하는 데 꽤 능숙해졌다. 로비가 집에 돌아왔을 때 자신이 쓰고 싶은 요점을 찾았다. 그때 아동들은 열심히 일 했지만 재미있는 시간도 있었다는 것이다. 로비는 자신의 근거와 예시를 도표로 만들었다. 아동들은 멋진 장난감을 가지고 있었고, 불을 붙이는 것을 도울 수 있었으며, 부모가 보지 않을 때 닭들을 쫓을 수 있었고, 목욕도 자주 하지 않아도 된다는 것 말이다.

박물관이 가까이 있다는 것은 정말 운이 좋았다. 하지만 그렇지 않았더라도 부모는 다른 방식으로 로비의 생각과 의견에 불을 붙일 수 있었을 것이다. 좀 더 정보 가득한 도서관 서적은 오두막집을 상상하며 어떨 것 같았는지 대화를 나눌 수 있는 토대가 될 수 있고, 혹은 방구석은 책에서 나온 것과 유사한 장면을 재연하는 세트가 될 수 있다. 또는 단순하게 부모가 로비에게 질문을 할 수도 있다. 왜 로비는 식민지 시대에 살지 않아서 기뻤을까? 그때 태어났다면 지금의 무엇이 그리웠을까? 로비는 그 당시의 삶은 모두 일 뿐이고 놀 시간은 없었다는 처음의 생각들을 더 발전시킬 수 있을 것이다. 부모는 이 방법을 아동이 관심 없어하는 다른 주제에서도 사용했고, 점차적으로 그는 정서적으로 마음에 와 닿지 않는 주제에 대해서도 기본적인 구조를 적용하기 시작했다.

로비가 갖고 있는 작문 문제는 상당히 흔하다. 에세이를 작성하는 주요 단계를 살펴보고 다른 연령대의 아동과 어떻게 연관 지을 수 있을지 살펴보자.

할 말을 생각해 내기

아동들이 자신의 아이디어를 공유하고 싶게 만들기 위해서는 먼저 경험과 의견을 가지고 있어야 한다. 많은 활동을 시도하며 피곤한 한 주를 보낸 후 당신은 아동이 끌어다 쓸 이야기가 많을 거라 생각하겠지만, 탭댄스나 수영, 농구와 같은 경험은 기술을 습득에 좋을 수는 있으나 아동에게는 정서적으로 중요하지 않을 수도 있다. 때로는 글로 쓰고 싶어 하게 하려면 신나게 해 주는, 새로운 느낌이 들게 해 주는 경험들이 필요하다.

로비를 보자. 로비는 동생과 TV 프로그램에 대해서는 생생한 반응이 있었기 때문에 두 가지 주제가 그에게 의미가 있었다. 로비는 두 가지 주제에 대한 자신의 감정과 의견을 쉽게 나눌 수 있었다. 그러나 그 두 주제를 지나면, 로비의 범위는 제한적이었다. 개인적인 차원과 연결될 수 있는 새로운 상황에 노출해 주는 것은 로비의 에세이 쓰기 능력 계발의 중요한 부분이었다.

어떤 아동들은 자연스럽게 다양한 생각을 계발한다. 어떤 친구들은 가족이 열정적으로 다양한 활동에 참여하여 마찬가지로 생각의 범위가 넓은 경향이 있으며, 어떤 친구들은 그저 조금 더 느리고 더 많은 격려가 필요하다. 어쨌든 다양하고 새로운 경험은 모든 아동의 아이디어 범위를 넓혀 준다. 아동이 이미 많은 의견과 취미 및 친구들을 갖고 있더라도 말이다.

야생 지역을 등산하는 것이나 동물원, 버스 여행, 슈퍼마켓, 해변, 농장, 지역박람회, 아동 친화적인 박물관, 당신의 사무실에 방문하는 거나 또는 동네에 새로운 지역으로 산책 가는 것은 자녀를 더 큰 세상으로 이끌어 줄 수 있다. 아동은 새로운 단어를 배우고, 동시에 이 단어에 대한 감정적인 연관성과 그 단어가 나타내는 것에 대한 개인 의견을 형성한다. 당신의 자녀는 다른 세계에 대해 더 인지하게 되고 그에 대한 생각을 만들어 간다. 책을 함께 보는 것도 아주 좋지만 장미 냄새를 맡거나 엉겅퀴를 만지거나, 새로운 종류의 음식을 먹거나, 모래성을 짓는 것은 새로운 아이디어와 호불호를 불러일으킬 가능성이 크다.

평상시에도 아동이 이미 즐기는 것에 대해 질문할 수 있다. 아동이 전에 눈치 채지 못한 것들에 대해 질문하라. "쿠키를 만들 때 쿠키 반죽을 왜 둥글게 둘까? 슈퍼마켓에 가면 왜 과자와 사탕을 계산대 근처에 놓을까?"

당연한 말이지만, 새로운 경험들은 아동을 과부하 상태로 만들어서는 안 된다. 아동의 하루를 채우기 위해 공원에서 슈퍼마켓 그리고 수영장으로, 동물원까지 뛰어다니고 돌아다니는 것은 효과가 없다. 아동의 탐험은 재미있되 아동이 새로운 단어와 아이디어들을 즐길 수 있을 만큼 충분히 차분한 상태여야 있다. 그래야 아동이 자신의 새로운 경험의 분위기까지 충분히 받아들일 수 있을 것이다.

말하고 싶어요

'말하고 싶다'는 것은 남과 공유하고 싶은 관점이 있다는 것을 의미한다. 굉장히 많은 경우에 아동에게 한 주제에 대해 물어볼 때 아동들은 단순히 사실을 역설한다. 점점 더 많은 교사가 '시험을 가르치고', 점점 더 많은 시험이 사실에 대한 지식을 얼마나 알고 있는지 시험한다. 미국의 독립선언이나 권리장전과 같은 중요한 역사적인 주제에 대한 소개는 내용의 중요성을 거의 논의하지 않고 내용을 암기하는 것을 의미할 때가 많다. 전쟁은 이데올로기와 싸우는 것이 아니라 전투, 장군 및 연대와 싸우는 것으로 간주된다. 로비는 학교에서 초기 정착민의 삶에 대해 의견을 만들어 볼 기회가 없었다. 그 시기에 대한 사실을 반복해서 말하는 것은 자신의 관점을 갖게 하지 못했고, 그 관점을 표현하고 싶게 하지도 않았다. 그럼에도 좋은 에세이를 쓴다는 것은 사실에 의해 뒷받침되는 관점을 표현하고 싶어 하는 것이다.

의견을 형성하는 아동의 첫 경험이 교실이라면 최고의 교육자들과 가장 혁신적인 프로그램들이 있다고 하더라도, 자신의 관점을 중요시하고 그것을 표현하기를 원하는 마음은 일어나지 못할 것이다. 말하고 싶은 마음은 주제에 대한 자신의 관점이나 생각이 중요하고 가치 있다고 생각하는 것에서 나온다. 그 어떤 아동이 특정 게임이 왜 필요한지, 혹은 자신이 가장 좋아하는 햄버거 가게가 집에서 요리된 것보다 더 좋은지에 대해 신나게 설명하지 않고 싶을까? 아동의 나이가 몇 살이든 상관없이 이 태도는 가장 간단한 대화를 통해서 길러 줄 수 있다. 이 모든 건 아동의 마음에 있는 것에 관심을 기울이는 데서 만들어진다. 경청해 주고, 조언해 주면서 관심을 표현해 주며, 질문을 하거나 자신의 경험을 아이와 나누고 아동이 더 자세히 말할 수 있도록 격려해 주는 것이다. 박람회에서 파이를 시식하든 수족관에 가든 상관없이 좋다고 생각하는 것과 좋지 않다고 생각하는 것이 무엇인지에 대해 아동의 의견을 물어라. 그리고 사실이나 관찰을 통해 자신의 의견을 뒷받침하도록 도전을 안겨 주어라. 세 살 때부터 많은 아동이 질문에 답하고 자신의 의견을 뒷받침할 수 있다.

에세이가 과제로 주어지기 전에 교사들은 아동들의 의견과 토론을 장려하기 위해 이런 활동을 할 수 있다. 그렇다면 아동들이 첫 번째 작문 과제를 시작할 때 이미 자기만의 관점을 갖는 것 그리고 그를 표현하는 것을 편하게 생각할 것이다.

아이디어를 표현할 수 있다는 것은 아주 강력한 재능이다. 그러나 아동이 자신의 의견을 말하고 싶게끔 아동의 의견을 가치 있게 생각하는 것은 그의 의견에 동의하거나 제재하라는 뜻은 아니다. 사람들 앞에서 아동이 화장실에서 나는 소리를 내는 것이 재미있고, 그에 대한 이유를 말할 수 있다고 해서 그 태도를 용인해 줘야 하는 것은 아니다. 그럼에도 사적인 자리에서 함께 이에 대해 이야기를 나눠 볼 수 있고, 아동에게 있어서 웃기거나 도발적인 것이 무엇인지 관심을 가져줄 수도 있다.

아이디어를 논리적으로 표현하기

아동이 흥미로워하고 새로운 아이디어를 가지며, 이를 공유하고 싶어 하기 시작하면, 이러한 아이디어들은 비눗방울처럼 한꺼번에 나온다. 때로는 그 열정과 즐거움을 손으로 잡을 수 있을 듯하다. 하지만 어떤 나이의 아동이든 가장 중요한 질문을 하는 것이 좋다. 아동이 말하는 것이 대체적으로 질서 정연하고 논리적인가? 이 문제에 답하기 위해 아이디어 사이의 연결점을 들어보아야 한다. 당신과 아동이 생각을 앞뒤로 주고받으며 교환하기 시작할 때, 각 연결이 말이 되는지를 지켜봐야 한다. 생각을 논리적으로 연결하는 것은 아동들이 보고 듣는 것을 이해하고, 그것을 표현하는 능력의 지속적인 발전에 결정적인 역할을 한다.

앞에서 살펴본 바와 같이, 약 3세가 되면 아동은 왜 질문에 대답하기 시작하며 보통 하나의 간단한 이유만으로 대답해야 한다. 그러나 아동이 "왜?"라는 질문에 대답할 수 없다면 어떻게 할까? 로비가 자신의 주말에 대한 에세이를 쓰려고 할 때처럼 아이디어가 부족할 경우 어떻게 할까? 무슨 일이 일어나고 있을까?

우리가 말했듯이 감정은 생각을 조직한다. 감정이 중심이다. 아동 또는 성인이 정서적 개입 없이 생각을 한다면, 그 사람의 생각은 연결되지 않고 무작위 한 느낌일 것이다. 4세가 넘은 자신에게 중요한 것을 논의하는 아동은, 예를 들어 왜 친구들과 소풍을 가고 싶은지, 또는 로비의 경우처럼 자신이 왜 동생보다 나은지에 대해 논의할 때 비범한 논리를 보여 준다. 그러나 어떤 교류는 강한 감정적인 끌림이 일어나지 않는다. 그러니 아동이 약간 헤맨다면, 핵심은 생각들에 대한 감정적인 연관성을 만들어 내는 것이다. 로비가 동생 문제를 제기했을 때 내가 했듯이 자녀의 감정을 끌어내라.

논리적으로 되기 위한 연습은 아동에게도, 성인에게도 지나치게 많을 수가 없다. 6세 아동이 정말로 뭔가를 원한다면 그에게 이유를 설명하도록 도전을 안겨 주어라. 토론을 권장하라. 이는 아동이 논리적으로 될 수 있는 연습일 뿐 아니라 부모인 당신 또한 인지하고 어떤 상황에서든 대비하게 도와줄 것이다. 아동이 논리적이게 되고 대부분의 시간 동안 이해가 되게 말을 한다면, 아동이 원하는 요점마다 하나보다 많은 이유를 제시할 수 있도록 도전을 이어가라.

이야기하고 싶은 아이디어가 있고 논리적으로 제시할 수 있는 아동은 에세이를 쓰고 발표를 할 좋은 기초를 갖고 있다. (에세이와 발표는 같은 기술에 토대를 삼고 있다.) 어린이집이나 유치원에서 발표하는 첫 경험은 대개 '보여 주며 발표하기(show and tell)'이다. 대부분의 경우에서 아동은 이 전통적인 발표의 주도권을 갖고 있으며 집에서 가져올 물건을 선택한다. 이것은 주제와의 감정적인 참여를 조장하고 아동이 주제를 벗어나지 않도록 도와준다. 하지만 몇 년 안에 이런 발표 상황은 덜 즐거워질 수도 있다. 2학년 교사는 학생들에게 박물관 여행이나 공휴일에 쉬게 된 이유에 대해 발표하도록 요청할 수 있다. 이러한 순간은 특히 주제가 크게 흥미롭지 않다고 생각하는 아동에게는 어려울 수 있다.

생각을 표현한다는 것은 기본 사고 단계를 통해 진화한다. 시작은 기본적인 왜 질문에서 다원적 사고, 비교하는 사고, 회색 영역 사고 단계 그리고 마지막으로 진정한 성찰적 사고 단계를 거쳐 간다. (이 단계들에 대한 세부사항은 제5장에서 제시했다.) 이러한 사고 단계가 어떻게 확장되는지를 이해하기 위해서는 한 주제에 대한 아동의 생각이 나이가 들어가면서 어떻게 변화하는지를 따라가 보면 된다. 자기의 생각을 표현하는 것을 어려워하는 6세의 몰리(Molly)의 경우에서 시작해 보자.

몰리는 여름방학 동안 한 일에 대해 학교에서 발표를 해야 했다. 우선, 몰리가 흥미를 느끼게 하기 위해 엄마는 "이번 여름에 했던 것 중 가장 재미있던 것은 무엇이니?"라고 물었다. 몰리는 해변에 대해 이야기하고 싶었다. "좋아. 그게 너의 주된 주제야. 해변의 어떤 것이 재미있던 거였어?" 몰리는 돌고래를 보고 바다에서 수영을 하고 범퍼카를 타러 가기 위해 산책로를 걸었던 것에 대해 이야기했다. 엄마는 몰리가 돌고래가 있는 바다와 수영하는 사람들, 그리고 범퍼카가 있는 해변을 그릴 것을 제안했다. 이것은 몰리가 예시를 들 것을 기억하도록 해 줄 것이다. 그림을 사용하여 해변이 왜 이번 여름에 가장 좋아했던 활동이었는지 말했던 몰리의 발표는 명확하고 체계적이며 논리적이었다.

아동들이 7~9세의 연령대로 올라가면서 아동들은 비교하는 사고를 하기 시작한다. 엄마는 이제 3학년이 된 몰리에게 이번 여름에 해변에서 무엇이 몰리를 즐겁게 했는지 물었을 때, 몰리는 "작년보다 올해 해변이 더 재밌었어요! 더 많은 놀이기구를 탈 수 있을 정도로 이제 제가 컸으니까요."라고 말했다. 몰리는 스스로 올해와 작년을 비교할 수 있었다.

비교하는 사고력을 숙달하게 되는 것은 '회색 음영(다양한 관점)'이 포함된 토론(또는 논증)으로 이어지게 된다. 예를 들어, 왜 어떤 것이 다른 것보다 더 좋은지, 중요한 것에서부터 가장 중요하지 않은 여러 개의 이유를 드는 것과 같이 말이다. 9세인 몰리의 경우 이것은 "해변이 작년보다 훨씬 더 재미있었다. 작년에는 10 중 6 정도였는데, 올해는 10 중 9였다." 나중에 이런 종류의 토론은 역사적 사건이나 허구의 사건에 대한 이유를 논의하고 미묘한 차이를 느낄 수 있는 좋은 방법이 될 것이다.

아이디어 표현의 심화 단계로 향하는 우리의 여정은 여기서 끝나지 않는다. 아동은 청소년기에 들어서면서 성찰적 사고 영역에 들어서게 된다. 발표와 작문 에세이 모두에서 아동들은 논리적이며 미세한 차이를 보여 줄 뿐 아니라 본인이 쓴 것, 말하는 것에 대해 비판적으로 분석할 수 있다. 청소년이 된 몰리는 성찰적 사고를 할 수 있게 되었다. "나는 활동적인 사람이기 때문에 해변을 좋아한다. 몇 친구들처럼 여름 내내 집에 박혀 게임을 하는 것을 좋아하지 않는다." 궁극적으로 몰리는 매우 정교한 방법으로 성찰을 표현할 수 있다. "나는 바깥에 있는 것이 좋다. 내가 모래 언덕과 웅덩이를 탐험할 때 나는 온갖 아이디어를 얻을 수 있다. 마치 내가 해양 세계의 일부라고 느껴진다. 어른이 되면 나는 해변에서 살 계획이다."

아동들이 이러한 사고 단계를 거치면서 점점 더 복잡한 주제에 대해 연구하고 글을 쓰면서 초등학교에서 배운 초기 전략으로 돌아와서 다음과 같이 자문해 볼 수 있다. "요점이 무엇인가?" "나는 어떤 이야기를 하고 싶은가?" "내 요점을 뒷받침하기 위해서는 어떤 예시가 필요한가?" 이러한 질문은 겉으로 보기에 단순하지만 언제든지 좋은 에세이를 구성할 수 있는 기초가 된다.

중요한 이차적인 문제는 "이 아이디어가 실제로 이 주제에 걸맞는가? 아니면 그저 내가 생각하기에 흥미로운 아이디어인가?"이다. 사람들은 자신의 요점과 관련이 없더라도 흥미로운 생각을 포기하는 것을 꺼린다. 어린 아동이라면 왜 어떤 종류의 맛이 다른 맛보다 더 맛있는지 설명하는 것으로 자신이 왜 아이스크림을 먹을 자격이 있는지 논쟁하는 경우가 있다. 하지만 이 생각은 아동의 논점을 지지해 주지 않는다. 대화를 계획하기 위해 그림을 그리는 아동이라면 이런 아이디어를 다른 종이에 추가할 수 있을 것이다. 글을 이용해 에세이의 틀을 짜게 된 다음에는 이런 흥미로운 아이디어들은 에세이에서 분리하여 다른 종이나 다른 단에 추가할 수 있다. 부모와 교사가 아동에게 다음과 같이 제안해도 좋다. "정말 흥미롭네. 언젠가 그에 대해 깊이 적어 볼 만한 이야기이다. 여기 다른 종이에 적어 두는 건 어때? 추가적인 아이디어로?" 그럼 아동은 필수적인 요점과 그렇지 않은 요점들을 구분하는 법을 배워 간다.

창의적 글쓰기

창의적인 글쓰기는 에세이 글쓰기와는 전혀 다른 창조물처럼 보일지 모르지만 동일한 구조를 따르고 있다. 그저 조금 더 미묘하게 따를 뿐이다. 이야기에는 흐름이 있으며, 인물의 발달과 사건이 그 흐름에 기여한다. 소설은 주로 주제가 있고 각 등장인물이 그 주제의 다른 측면을 대표하고 돋보이게 한다. 소설의 다양한 요소는 테마의 측면을 반영한다. 일부 소설가들은 무의식적으로 구조를 만든다. 다른 사람들은 복잡한 줄거리의 개요를 먼저 짜낸다. 이런 개요가 더 진화할지라도, 소설가들은 보통 글을 써 가면서 머릿속에 이야기 흐름의 시각적인 지도를 갖고 있다. 작곡가, 배우 및 화가와 같은 다른 예술가들도 동일한 방식으로 작업한다. 의식적이든 무의식적이든 그들은 작품의 모든 요소가 주요 주제를 지지하는 구조를 만든다.

에세이보다 이야기나 시 또는 연극을 쓰는 것이 자녀에게 더 쉬울 수도 있다. 그러나 영감에 구조를 부여하는 도전이 있다. 아동들은 상상력이 흐르고 자유롭게 연상하여 써야 하지만, 그 작업은 논리의 규칙을 만족시킬 필요가 있다. 에세이 글쓰기에 대한 우리의 접근법을 경험하면 창의적인 글쓰기에 도움이 될 수 있다.

역학

자녀의 아이디어 범위와 표현 능력, 감정적인 연결을 느낄 수 있는 능력은 정리된 에세이를 작성하고 좋은 보고서를 작성하는 데 도움이 된다. 그러나 아이디어와 욕망이 있어도 두 가지 결함이 생길 수 있다. 즉, 발화(articulation)와 소근육 제어(fine motor control)다.

이러한 문제를 해결하는 것은 굉장히 중요한데, 다른 문제로 이어지거나 다른 문제를 악화시킬 수 있기 때문이다. 아동의 멋진 아이디어들이 글씨체나 말하기가 힘들어서 좌절될 수 있다. 이것은 마치 6차선에 있는 모든 차가 1차선에 있는 하나의 터널로 모여 들어가는 것과 같다. 즉, 교통 체증이 일어나는 것이다. 그 아동은 자기가 말하고 쓰고 싶은 것을 잊어버리거나 낙담하거나 불안해하거나 화가 날 수 있다. 어느 쪽이든 아동은 시도를 포기하거나 다른 활동에 정신이 팔리게 될 수 있다. 이는 아동들이 좌절감에 대응하는 전형적인 방법들이다.

발화

제8장에서는 소리에 대한 초기 언어적 표현에 대해 논의했다. 한 단어는 대화를 통해 점차적으로 구문과 문장으로 확장된다. (그와 연관된 기술인 소리와 문자 사이를 연결하는 것은 음소 인식의 일부분으로, 이 또한 제8장에서 설명되어 있다.) 우리가 논리적으로 생각을 말하려는 목표를 향해 작업 중에 있다면 명확하게 말하는 것이 첫 번째 단계임은 당연하다. 아동이 만약 언어적 문제가 있다면, 아동의 학교 상담사나 소아과 의사는 아마 당신에게 언어 병리학자나 언어치료사를 추천할 것이다.

소근육 운동 기술 향상

나중에 오는 역학적 단계는 생각을 종이에 물리적으로 써 보는 것이다. 아동은 자신의 아이디어를 서면으로 표현하기 시작하려면 소근육 운동 기술을 계발해야 한다. 발화 및 작문 기술은 당연히 연속으로 오는 단계들이 아니다. 이 두 가지 단계와 함께 표현의 핵심인 아동의 사고 능력은 주목할 만한 방식으로 발전한다.

어떤 아동은 연필을 조작하고 글자를 올바르게 작성하기 위해 많은 연습이 필요하다. 흥미롭게도 어떤 아동은 아름다운 글씨체로 글을 쓰지만, 각 글자를 만드는 데 힘을 쏟는다. 마치 글자를 인쇄하거나 쓰는 것이 아니라 그림을 그리는 것과 같다. 그들 또한 더 많은 연습을 해야 한다.

아동의 학급을 상담하든 당신에게 직접 상담을 하든, 작업치료사는 연필을 잡는 적절한 기술을 설명해 줄 수 있으며, 많은 재미있는 활동에서 이 기술을 연습할 수 있다. 제10장에서 아동들이 다양한 색과 자유로운 형태의 도형을 끄적이는 것부터 시작해서 기하학적인 도형, 객체를 그리는 것과 재미있는 디자인까지 그리게 되고, 마침내 글자까지 가며 처음에는 페이지에 한두 개의 글자를 쓰는 방법을 설명했다.

소근육 기술이 느리게 발달되는 아동들도 자신의 아이디어를 종이에 적어 낼 수 있다. 필기보다 일반적으로 쉽게 입력할 수 있는 방법은 컴퓨터 타이핑이다. 하지만 타이핑이 글쓰기와 똑같이 아동을 좌절하게 하고 생각을 차단한다면, 아동은 받아쓰기 프로그램을 사용할 수 있다. 아동은 자신의 생각을 말로 표현하고, 그것을 들은 다음 시간을 갖고 글로 써 내는 것이다. 혹은 아동이 글씨를 더 빨리 쓰는 연습을 하고 있다면, 아동의 받아쓰기를 해 줄 수 있다. 아동이 글씨체를 먼저 완전하게 숙달하도록 한다면, 득보다는 실이 크다. 아동은 일관성 있게 자신의 이야기를 표현하는 연습을 하지 못하게 되기 때문이다.

관련된 신경체계는 소근육 운동체계를 간접적으로 지원한다. 균형, 협응, 눈과 손 협응을 강조하는 활동은 뇌의 각기 다른 부분(소뇌와 전두엽)을 발달하게 하고 계획하기와 순서화 기술을 강화한다. 이런 활동에는 던지기, 잡기, 차기, 걷기, 눈 감고 한 발로 서 있기, 오르기, 장애물 달리기, 혹은 이 활동들을 서로 합친 것 등(모두 제10장 참조)이 포함될 수 있다. 다시 말하지만, 이런 활동은 좋은 작업치료사의 지도하에 실행해야 한다.

기본적인 원칙은 이렇다. 근본적인 운동 능력(소근육 운동 제어와 같은 뿌리 체계의 한 측면)이 약한 경우, 아동이 기술을 연습하는 동안은 무한한 인내심을 가져야 한다. 한 번에 짧게 진행되고 유의미하고 재미있는 방법으로 진행하여 아동이 회피하고 부정적이게 되지 않도록 해야 한다. 대부분의 사람처럼 아동들은 쉬운 일을 선호하고 힘든 일은 피한다. 청소년 또는 성인이 되어서야 목표를 달성하기 위해 어려운 일을 의식적이고 정치적으로 하게 된다. 어린 아동들은 장기적인 미래에 대해 생각하지 않는다.

질 vs 양

우리가 아동에게 에세이를 쓰는 법을 가르칠 때 저지르는 실수가 있다. (이미 말했듯이, 많은 아동이 대학에 진학하지만 여전히 일관된 에세이를 쓸 수 없다.) 그건 바로 품질보다는 양을 추구하는 것이다. 필요하다면 하나의 짧은 에세이를 일주일 간 들이면서 아동이 에세이의 구성을 잡고 관련이 없는 자료와 관련 있는 자료를 구분할 줄 알며 구조를 이해하도록 하는 게 낫다. 그런 이해 없이 여러 개의 에세이를 자꾸 쓰게 하는 것보다는 말이다. 만약 아동이 기본사항을 이해하지 못한다면, 교사에게 말하고 과제를 완료하기 위해 더 많은 시간이 필요하다고 설명하라. 초등학생은 에세이를 쓸 때 한 번에 한 시간 이상 써서는 안 된다. 만약 과제를 끝내는 것이 4시간이 걸리는데 바로 다음 날이 마감일이라면 교사에게 미완성을 내도 괜찮은지, 혹은 더 늦게 제출할 수 있는지 물어보아라. 시간을 더 갖는 것에 대한 한 가지 해결책으로는 아동이 실제로 구조를 이해할 때까지 다른 모든 에세이 과제를 수행하는 것이다. 아동이 종이에 무언가를 써서 채우기만 할 마음을 느끼거나 압력을 느낀다면, 대학교 학업을 할 준비가 안 된 채 고등학교를 졸업할 것이다. 이 단계에 와서 고등학교 혹은 대학 수준의 과제를 하지 못하게 되는 것보다는 아동이 5, 6학년 때 숙제를 완성하지 못해 안 좋은 점수를 받는 것이 낫다. 제대로 에세이를 쓰는 법을 배우고 있는 중이라면 말이다. 중학교 때의 성적은 크게 중요하지 않더라도 고등학교와 대학교는 그렇지 않다. 수많은 직업에서도 논리적인 에세이나 보고서를 작성하는 것의 중요성을 느끼게 되는 만큼 아동들은 이 근본적인 기술을 탄탄하게 배울 필요가 있다.

아동이 열정적으로 가지고 있는 믿음이나 소망에 대한 활발한 토론은 요점을 증명하는 것이 얼마나 자연스러운 일인지를 알려 줄 수 있는 첫걸음이다. 케이크 한 조각을 더 먹어야 한다거나 놀이공원에 가야 한다는 아동의 욕구는 논리적으로 요점을 만들고 증명할 연습을 제공해 준다. 우리가 짚어 냈듯이, 부모와 다른 사람들이 키워 낸 이 능력은 아동이 나이를 들어감에 따라 더 복잡한 토론을 유도한다. 에세이를 쓸 시간이 되면, 아동은 자신의 생각을 서류상이나 머릿속에 순서대로 빠르게 정리하여 더 빨리 논증을 만들 수 있다. 이 재능은 모든 아동에게서 키울 수 있으며, 가장 재능 있는 토론가와 작가들에게도 더 향상될 수 있는 것이다.

19

수학적 사고와 추론

정서적으로 의미 있는 학습과정에 대한 우리의 주된 메시지는 수학적 사고와 추론에서도 무엇보다 더 중요하다. 이 영역은 경험에 기반을 두고 있으며, 경험에는 감정이 관련되어 있다. 제13장에서 논의했듯이, 아동들은 1, 2, 3을 셀 수 있게 되기 전보다도 감정을 사용해 양에 대한 감각을 얻는다. 2세인 경우 '많이'는 예상보다 조금 더 많은 것이고, '조금'은 그들이 원하는 것보다 적은 것이다. 아동들은 큰 쿠키와 작은 쿠키 중 하나를 선택해야 할 때 대개 큰 쿠키를 원한다. 결과에 감정적으로 투자했기 때문에 자동으로 비교를 한다. 이것은 큰 것과 작은 것에 대한 감각을 계발하는 방법이다.

수학 능력 또한 모든 사고 단계, 즉 초기 단계의 주의력과 조절뿐만 아니라 패턴 인식을 포함하는 복잡한 문제 해결 단계까지 이 모든 사고 단계에 의존하고 있다. 그것은 인과관계에 대한 근본적인 감각(논리적 사고 및 다원적 사고)과 비교/회색 영역 사고의 발달에 크게 의존한다.

기억은 어떤가? 만약 아동들이 구구단을 쉽게 읊어 낼 수 있다면, 그것이 실제로 무엇을 의미하는가? 좋은 기억력을 갖고 있고 구구단을 전부 말할 수 있다는 것이 수학적 감각을 가지고 있다는 뜻은 아니다. 다시 말해, 아동들이 실제로 그와 관련된 경험을 하지 않았다면 진정한 수량과 크기의 감각을 가지고 있지 않을 것이다. 암기된 사실은 기본 개념을 토대로 만들 수 있지만 주요 성분은 아니다.

그럼 아동이 이런 기본 개념을 어려워한다면 어떻게 가르쳐야 할까? 우리는 다시 다중 감각적이며 정서적으로 투자가 된 운동 기반의 경험으로 돌아간다. 우리는 아동들의 연령에 맞는 발달보다는 발달 단계에서부터 시작하여 덧셈, 뺄셈, 곱셈, 나눗셈, 그 어떤 개념이든 아동에게 어려움을 주는 단계로 돌아간다.

어렵게 들리더라도, 우리는 우리가 말해 온 경험들을 통해 전형적으로 학교의 첫 4년 동안 가르치는 이 모든 개념을 가르칠 수 있다.

양

수학적 사고는 시각적 공간 처리 능력(또는 시각장애 아동의 경우 촉감)에 크게 의존한다. 그 이유는 이 둘 모두 수량과 시간을 이해해야 하기 때문이다. 아동들은 점토, 쿠키, 블록 또는 장난감 자동차로 놀이를 하면서 양을 이해하기 시작한다. 여기서 그들은 즐겁게 놀면서 '많은'이냐 '적은'이냐, 그리고 '큰'이냐 '작은'이냐의 개념을 배우게 된다. 아동이 자동차 장난감으로 2개의 열을 만들었다고 생각해 보자. 한 열은 차가 4개고, 한 열은 2개다. 아동에게 어느 열의 차가 더 많은지, 어느 열이 차가 적은지(혹은 어느 열이 크고 어느 열이 작은지)를 물어볼 수 있다. 아동이 그 질문에 대답할 수 없다면, 어떤 열을 갖고 싶은지 물어보라. 아동이 자동차를 좋아한다면 의심할 여지없이 4개의 자동차 열을 고를 것이다. 아동에게 4는 2보다 많기 때문에 그 열에 차가 더 많다는 것을 설명해 준다. 이번에는 자동차를 재배열하여 한 열에는 5개가, 한 열에는 1개만 있도록 만든다. 다시 아동에게 물어본다. 어느 것이 더 많고 어느 것이 더 적은가? 이번엔 아동이 더 많은 차와 더 적은 차로 재배열하게 해 보자. 물론, 자동차는 하나의 예에 불과하다. 모든 종류의 놀이는 아동이 가진 양의 개념을 강화한다. 탑 세우기, 과자 굽기, 그림 그리기 또는 모래 성 만들기와 같은 놀이에서도 말이다.

일반적으로 아동들은 아이디어 여러 개를 연결 짓는 단계, 즉 나무 몸통의 6단계가 될 때까지는 이 개념을 온전히 이해하지는 못한다. 즉, 기본적인 왜 질문에 대답할 수 있는 3, 4세 즈음까지 말이다. 그렇지만 이 단계 전의 아동들도 자신이 원하는 것에 대해 더 많이 혹은 더 적은 선호도를 표현할 수 있고, 수량 개념을 조금씩 보여 줄 수 있다.

덧셈과 뺄셈

아동이 더 많은 것과 적은 것에 대한 기본적인 감각이 생겼다면 2단계인 덧셈과 뺄셈으로 넘어간다. 아동이 덧셈과 뺄셈을 어려워한다면 블록을 이용해서 놀아 보는 것도 좋다. 4개의 블록으로 만든 '기차' 하나와 5개로 만든 것을 놓고 어느 것이 더 큰지 물어본다. 아동이 블록 5개로 된 기차를 고른다면, 4개로 만들어진 기차에 블록 2개를 더해 "이젠 어느 것이 더 커?"라고 물어보는 것이다. 아동은 아마 답에 맞는 것을 고를 것이다. 그렇지 않았다면 이번에는 더 적은 단위로 다시 시작해 보면 된다. 1개의 블록으로 만들어진 기차와 3개의 블록으로 만들어진 정도의 단위로 말이다. 아동이 제대로 대답할 수 있게 되면 물어보자. "어떻게 이게 더 큰 기차가 됐지? 내가 뭘 한 걸까?" 그럼 아동은 당신이 블록을 더했다는 것을 보여 줄 것이다. 그럼 다섯 개의 블록이 있는 기차를 가리키며 물어볼 수 있다. "그럼 이 기차도 저 기차만큼 크게 만들어 줄 수 있어? 더 크게 만들어 줄 수 있어?" 그럼 아동은 더 크게 만들기 위해 더 많은 블록을 추가할 것이다. 탑 또는 다른 형태의 모양으로 같은 과정을 거쳐 보아라.

아동이 덧셈에 대한 이해를 하기 시작할 때, 이제는 우리가 만든 탑이나 기차에서 블록을 빼며 더 작게 만들어 볼 수 있다. "얼마나 작게 만들 수 있나 보자!" 이제 아동들은 덧셈, 뺄셈이라는 용어를 사용하지 않고도 덧셈과 뺄셈을 실험해 보게 된 것이다. 궁극적으로 아동이 주도권을 갖게 하는 것이 좋지만, 과정을 보여 주기 위해 먼저 해 보면서 보여 주어도 좋다.

숫자

이 시점에서 많은 아동이 숫자를 세기 시작했겠지만, 숫자를 특정 대상과 연결시키지 못할 수도 있다. 그들은 '하나'와 '둘'을 하나의 블록과 두 개의 블록으로 조직화하지 않았다. 이것이 쉽게 되지 않는다면, 하나, 둘, 셋으로 간단하게 시작하라. "이것은 블록 한 개, 이제는 두 개, 이제 세 개야." 물체를 다양한 모양으로 배열해 보고, 더해 보고, 빼되 숫자를 사용하라. 만약 2개의 블록으로 만들어진 탑이 있다면 아동에게 물어보라. "이 두 개 위에 하나를 더하면, 이제 블록은 몇 개야?"

그러면 당신의 아동은 "하나, 둘, 셋"을 센다. 그러면 이번에 다시 물어본다. "만약 우리가 여기서 하나를 빼면, 얼마나 있지?" 아동은 계산을 한다. "하나, 둘." 이제 아동은 숫자를 이용해 덧셈과 뺄셈을 하는 것이다. 아동이 4개의 블록으로 탑을 만들게 하고, 자기가 더하거나 빼서 몇 개가 있는지를 말하게 한다. 탑의 지속적인 변화가 아동의 흥미를 지속시킬 것이다.

아동에게 숫자의 이름을 알려 주면서 5까지, 다음엔 10, 심지어는 20까지도 진행할 수 있다. 숫자 1부터 10까지가 어떻게 생겼는지 알 수 있게 숫자를 써 주자. 그러면 아동은 숫자를 보고 듣고 말하며 본인이 좋아하는 그 어떤 물체든 이용하여 조작할 수 있다. 일부 아동의 경우, 얼마나 어려워하고 부모가 얼마나 시간을 들이냐에 따라 며칠이 걸릴 수도 있고 몇 주가 걸릴 수도 있다. 아동의 관심이 사라진다면 흥미를 끌 물체를 고르자. 공룡이든 동전, 과자나 건포도 등으로 열, 탑 혹은 다른 모양으로 쉽게 배열될 수 있는 것을 이용하자. (쉬는 것도 도움이 된다. 다음에 다른 물체를 고르자.) 약간의 보상을 더해도 아무런 문제가 없다. 건포도를 몇 개 먹게 하며 몇 개나 남았는지 세어 보는 것처럼 말이다. 이런 방식으로 아동이 덧셈과 뺄셈에 더 정서적으로 투자하게 할 수 있다.

질량 보존의 법칙

아동이 수량의 기초에 대해 알게 되면 질량 보존의 법칙의 개념으로 나아갈 수 있다(제13장 참조). 이것은 예를 들어, 한 덩이의 점토가 뱀같이 뻗든 작은 공 모양으로 되어 있든 같은 양의 점토라는 것을 이해하는 것을 의미한다. 모양을 변형할 수 있는 물체와 노는 거나 각자 다른 모양의 잔에 물이나 주스를 따르는 것, 솜을 공 모양으로 만들어 굴리거나 수염처럼 펼치며 노는 것도 가능하다. 긴 잔과 넓은 잔에 같은 양의 액체를 따르는 것에서 시작하라. 계량컵을 이용해서 내용물을 재 보아라. 아직 컵이나 밀리리터에 대해 아직 이야기할 필요는 없지만, 계량기에 있는 선을 세어 보며 아동이 액체에 숫자를 적용할 수 있게 해 줄 수 있다. 이건 나중의 수학적 추론의 기반을 놓아 줄 수 있다. 그런 다음에는 긴 잔의 액체를 조금 버린다. 질량 보존을 잘 이해하지 못하는 아동들은 늘 당연히 긴 잔에 액체가 더 많다고 생각한다. 아동에게 물어보자. "어느 잔에 마실 게 더 많을까?" "어느 잔에 마실 게 더 적을까?" 다시 계량컵을 이용하여 긴 잔의 액체가 더 적다는 것을 보여 준다. 아동들이 공식을 배우거나 사실을 외우기 전에 실험을 통해 이런 개념을 이해하는 것이 중요하다. 아동이 질량을 바꾸지 않은 채 모양을 바꿀 수 있는 물체를 이용해 실험하고 발견하게 해 주어라. 혹은 같은 양의 액체가 서로 다른 모양의 잔에서는 달라 보인다는 것을 실험해 보게 하라.

아동이 이러한 기본사항을 파악하기 시작하면 무게에 대한 아이디어를 소개할 수 있다. 공 모양의 점토와 뱀 모양의 점토를 저울에 올려놓고 서로 같은 무게라는 것을 보여 주어라. 그런 다음 공 모양 점토에 점토를 더하고 뱀은 둥글게 말하 서로 다른 무게가 되도록 한다. 그런 뒤 아동에게 물어보자. "어느 것이 더 무거울까?" 아동이 둘 다 들어 올려 무게를 재어 보게 하자. 이는 '더 가벼운' 그리고 '더 무거운'의 개념을 아동에게 소개해 준다.

나눗셈과 곱셈

나눗셈과 곱셈에 대한 감각을 얻는 것은 블록이나 점토 파이를 갖고 놀 때로 돌아간다. 큰 쿠키 피자를 4개의 똑같은 조각으로 잘라낸 것도 좋다. (어쩌면 피자가 아동의 관점에서 볼 때 더 좋을 수도 있다). "좋아, 여기에 '피자'가 있어. 너도 먹고 싶고 나도 먹고 싶어 해. 우리는 둘 다 똑같이 먹고 싶은 거야. 그런 어떻게 해야 할까?" 아마 아동은 중간을 자르는 것이 서로에게 같은 양을 준다는 것을 알아낼 것이다. 조각이 동일하지 않다면 아동에게 서로에게 이 조각들이 같은 크기인지 물어본다. 이제는 '절반'이라는 단어를 가르쳐 줄 때이다. 엄마는 아동에게 말한다. "좋아. 나는 이제 전체의 절반을 받았고, 너도 절반을 받았네. 반이라는 것은 두 개의 같은 크기로 나눌 때 쓰는 말이야."

다음은 네 조각으로 나눈다. 아동에게 똑같이 나누어 달라고 부탁하라. 아동이 세 조각을 갖고 엄마에게 하나만 주었다고 하자. "잠깐만! 같지가 않은데? 누가 더 받은 거야?"

아동은 조각을 본 후 말한다. "내가 더 갖고 있어요. 나는 더 갖고 싶어요!"

엄마는 아동이 정말로 그 조각들을 똑같이 나눌 수 있는지 알아보기 위해 말할 수 있다. "좋아. 하지만 단지 재미를 위해서 말이야, 아주 잠깐만 서로 같은 양을 갖고 있을 수 있을까? 그런 다음 네가 더 가져가도 돼."

몇몇 아동들은 이를 바로 이해할 것이다. 특히 이미 숫자를 셀 수 있다면 말이다. 그렇지 않아도 결국에는 아동은 스스로 알아내거나 우연히 동등하게 나눌 것이다. 그런 다음엔 아동이 블록이나 아동이 좋아하는 다른 것으로도 절반을 나눌 수 있는지를 확인하라.

나눗셈에 대해 더 이해하게 하기 위해 피자를 먹고 싶다는 다른 캐릭터도 데리고 와도 된다. 동물 인형이나 다른 가족 구성원이어도 좋다. "너와 나와 곰돌이와 아빠가 같은 양을 먹으려면 어떻게 해야 할까? 각자 얼마나 먹을 수 있는지 보여 줘."

아동은 모두가 동등한 조각을 받을 때까지 블록이나 날이 둔한 칼로 피자에 선을 그어 보는 것으로 실험해도 좋다.

여기서부터라면 한 개가 네 조각으로 나뉘어 모두가 한 조각씩 받았을 때, 모두가 4분의 1을 받았다고 설명하는 것은 쉽다. 아동이 바로 이런 용어를 활용할 필요는 없다. 우리가 원하는 것은 이 개념에 대한 맛보기를 실험을 통해 알게 하는 것이고 '나눗셈'이라는 단어를 배우도록 하는 것이다. 아동은 자신이 직접 해 보았기 때문에 '나눈다'는 것이 무엇인지 이해하게 된다. 이 개념을 다양하게 놀면서 활용할 수 있다. 다양한 음식과 같이 다른 물체를 사용할 수 있다. (어쩌면 저녁식사 때 아동이 음식을 나눠 주는 역할을 할 수도 있다.) 되도록이면 아동이 개념을 이해할 때까지 숫자는 적게, 즉 5 밑으로 두는 것이 좋다.

곱셈을 배우는 것도 같은 과정을 거친다. 아들과 일하는 엄마가 있다고 생각해 보자. 아동은 이미 10까지 쉽게 셀 수 있기 때문에 엄마는 물었다. "좋아. 지금 너와 내가 있고 우리는 둘 다 쿠키를 한 조각 먹고 싶어 해. 조각은 몇 개가 필요할까?"

아동은 쉽게 답한다. "두 조각이요."

엄마는 다시 묻는다. "좋아. 하지만 이제는 우리가 각각 두 조각을 원해. 이제 조각 몇 개가 필요할까?"

아들이 모르겠다고 말했다고 가정해 보자. 그렇다면 엄마는 "그럼 우리 각자에게 두 개씩 주고 나서 몇 개나 남는지 보자."라고 말할 수 있다. 아들은 하나, 둘, 셋, 넷을 센다. 다음으로 엄마는 곰돌이와 공룡을 가져오고 다시 시작한다. 엄마와 아들 각각 두 조각씩 얻고 다시 합계는 4개가 된다. 이제 엄마는 곰돌이를 추가하여 총 3명이 있도록 만들었다. 엄마는 각자에게 한 조각씩을 주고, 두 조각씩 주고 그 다음엔 3개씩 주었다. 아들이 이걸 이해할 수 있게 되었을 때 엄마는 설명한다. "우리가 지금 하고 있는 것을 의미하는 단어가 있어. '곱셈'이라는 단어야. 우리는 지금 3명이 있고, 3명이 각자 3조각씩 받고 있어. 이걸 우리는 '삼 곱하기 삼'이라고 해." 이 맥락에서 '곱하기'라는 단어는 어린 아동에게 처음 들어보는 단어일 수 있다. 아직 온전히 이해는 못할지라도 아동은 곱셈의 경험을 하게 된다. 특정 수의 사람에게 특정한 양을 주는 것 말이다. 3명의 사람에게 3개의 물체를 주는 것은 언제나 9개의 물체가 되는 것이다.

우리가 이러한 곱셈과 나눗셈 연습을 지속하면서 우리는 '백분율(퍼센트)'과 같은 용어를 끌어와도 좋다. 아동이 언어가 빠른 편이라면, '50%' '25%' 혹은 '100%'와 같은 용어를 쓸 수 있다. 다시 말하지만, 아동이 이 시점에서 백분율이나 분수를 이해하게 하려는 것이 아니라 단순히 이 단어들을 들어 보고 어떤 느낌인지 보게 하는 것이 목표다. 시드웰 유치원의 아동들이 음식 영양성분표를 읽고 나트륨과 단백질의 양을 비교했을 때 일일 섭취량은 모두 정수와 백분율로 표시되어 있다. 아동들은 백분율을 계산하는 법을 몰랐겠지만, 어느 제품에 나트륨이 더 많이 있다면 나트륨의 백분율이 더 높다는 것을 보았을 것이다. 이 간단한 인과관계는 논리적 사고의 일부이다.

물론 이 과정은 몇 주 동안 진행될 것이다. 아동이 간단한 덧셈과 뺄셈, 질량 보존의 법칙과 수를 세는 것을 시각적 · 청각적인 형태로 이해하게 되면 아동이 좋아하는 실제 물체를 이용해서 곱셈과 나눗셈을 더할 수 있고, 앞서 설명한 것처럼 분수와 백분율을 조금씩 놀듯이 집어넣을 수 있다. 이 이해가 확립되면 아동은 손가락을 사용하지 않을 수 있게 구구단이나 간단한 수학적 사실을 외울 수 있다. 하지만 초반이라면 충분히 이해할 때까지는 손가락이나 블록과 같은 물체를 쓰는 것이 더 낫다.

시각적 · 언어적 수학 기술

어떤 아동은 숫자를 쉽게 더하고 빼는 법을 배우고, 심지어는 쉽게 나누고 곱하기도 하지만 언어나 순서화 문제 때문에 단어 문제를 겪는다. 그들이 듣는 것을 보는 것, 즉 단어를 숫자로 옮기는 데 어려움을 겪는다. 어떤 아동들은 정반대이다. 단어 문제는 더 낫지만 시각적인 상징을 다루는 데 더 힘든 시간을 갖는다. 아동들이 이와 같이 경험적 맥락에서 기초를 습득하게 되면 수학의 언어적 · 시각적 형태 모두에 적응하는 것이 중요하다.

언어적 · 시각적 수학 사고를 오고 가며 생각할 수 있게 하기 위해서는 연습이 중요하다. 만약 아동이 언어적 문제가 있다면 놀이로 풀어 내면 된다. 아빠가 수지와 폴리라는 이름의 인형 두 개를 가져와 (피규어로 해도 효과적이다) 간단한 언어 문제를 글로 쓰고 아이와 함께 읽을 수 있다. "우리가 수지에게 두 개의 조약돌을 주고 폴리에게도 두 개를 줬다면 우리는 총 몇 개의 조약돌이 필요할까?" 아빠는 조약돌 두 개가 그려진 종이를 수지 앞에 두었고, 폴리에게도 똑같이 했다. 그런 다음 글로 '2 + 2 = ?'라 적었다. 그런 다음 물었다. "몇 개가 필요해?" 아동은 '4'라고 쓸 수 있었지만 만약 그렇지 못했더라면 아빠는 아동에게 여러 선택지를 줄 수 있다. 예를 들어, 숫자 4, 5 그리고 3을 써 놓고 알맞은 것에 동그라미를 그리라고 하는 것이다. 이런 식의 연습 활동은 아동이 질문을 가장 기본적인 논리적 부분 단위로 쪼개어 보고 이런 부분에서부터 이어 나가며 답을 구할 수 있게 한다.

중요한 것은 이런 언어적인 글을 시각적으로 살아나도록 만들고 종이에 글로 그 문제를 대변해 보는 것이다. 순서화가 잘 되지 않는 아동은 집행 기능 기술이나 운동 계획과 순서화에 대한 연습을 더 해야 할 수도 있다(다음 장의 설명을 참조하라). 수학에 대한 언어적 · 시각적 측면을 처음부터 시작한다면 수학이 언어를 강화하고 언어가 수학을 강화할 수 있다. 또한 수학은 시각적 처리능력을 강화할 수 있고, 그 반대도 마찬가지이다.

마지막으로, 언어 기술과 마찬가지로 수학적 사고와 추론을 연습하는 것은 아동이 도전을 받을 때 적어도 70%의 성공률을 경험하도록 개별화되어야 한다. 필요하다면 과정을 늦추거나 더 이전의 단계로 돌아가서 각 단계를 숙달하게 하라.

20

조직화 기술

많은 아동이 '조직화 학습장애' 진단을 받는다. 이것은 수많은 도전 과제를 낳지만, 본질적으로 주의, 순서화 및 체계화와 관련된 문제를 낳게 된다. 이런 능력들은 함께 모여 집행 기능을 구성하게 된다(제11장에서 간략하게 설명했다). 탄탄한 집행 기능이 있다는 것은 숲과 나무를 둘 다 볼 수 있고, 한 프로젝트를 완수할 때까지 꿋꿋이 가져 나갈 자기제어력이 있다는 뜻이다. 또한 큰 그림을 보고 내가 더 노력해야 할 세부사항을 파악할 수 있고, 해결을 위한 단계적 조치를 계획하며, 성공적으로 계획을 이행할 때까지 그 과제를 붙잡고 있는 것을 의미한다. 이 분야에 어려움을 겪는 아동들은 이에 필요한 기술 하나 혹은 그 이상의 영역에서 아직 미숙한 상태이다.

집행 기능은 아마 다른 어떤 기술보다 더 나무 몸통의 강도에 의존한다. 아동의 사고 단계가 높을수록 집중하고, 순서화하고, 조직하고, 과제를 지속하는 능력이 좋아진다. 만약 아동이 더 높은 단계의 사고에 들어서게 되었다면, 예를 들어 아동이 과제를 끝내기 전에 TV를 봐야 하는지, 과제를 완료하기 위한 단계가 무엇인지를 생각해 볼 수 있다. 만약 아동이 TV를 켜고 과제를 무시하기로 결심했다면 그건 의식적인 결정이지, 조직화 능력이 부족하기 때문이 아니다. 성찰적 사고 단계에서 있는 이 아동은 자신의 행동과 그 내면에 있는 감정과 동기에 대한 책임을 진다. 아동은 찬찬히 돌이켜 보며 본인 선택에 대한 결과를 충분히 이해할 수 있다.

반면, 아동이 만약 조직화 능력이 부족하다면 과제의 양을 전혀 고려하지 않은 채 재빠른 판단을 내릴 것이다. 그리고 스스로에게 다음과 같이 말할 것이다. "30분만 놀 거야. 문제없어. 과제는 밤새 할 수 있어." 여기서는 다른 가지들과 마찬가지로 아동의 관심과 정서적인 투자의 정도가 정말 중요하다. 특권이나 간식과 같은 특혜를 갖고 싶어 하는 아동이 그걸 요구할 때 전혀 조직적이지 않은 모습을 보이는 경우는 거의 없다. 얻을 것이 크다면 대부분의 아동이 집중할 수 있고 자기 제어를 할 수 있다. 하지만 삶의 대부분은 강력한 욕구로 돌아가지 않는다. 우리 모두에게는 참 안타깝게도, 평범하고 지겨운 것에도 주의와 자기제어력을 요구한다.

문제는 어떻게 우리 아동을 흥미롭지 않은 것에 주의를 기울이게 만들고 체계를 잡게 만드냐는 것이다. 다음에는 실용적인 제안이 몇 개 나와 있다. 보다시피, 집행 기능은 어느 정도까지는 우리가 이 책 내에서 이야기한 기술과 능력 대다수의 아말감이다. 아동의 초기의 사고 단계들이 비교적 탄탄해야만 효과를 볼 수 있다. 만약 아동이 관심과 참여하기 단계나 상호작용의 리듬감 있는 흐름에 참여하는 단계나 기본적인 문제 해결 단계를 아직 어려워하고 있다면, 그 문제들을 잘 지켜보고 그 단계를 더 발달시킬 수 있도록 이 책의 앞 장들로 돌아가는 것이 좋을 것이다. 그러고 나서 다음에 서술된 아이디어들을 사용해 아동의 집행 기능을 개선하도록 하자.

감각에 대해 이야기했던 앞선 장에는 필요한 기술을 개선하기 위해 많은 게임을 소개했다. 예를 들어, 시공간적 처리 능력에 대해 논한 제13장은 기본 사고 단계에서 세부사항을 관찰하는 게임을 제안했고, 그를 기반으로 문제 해결을 하는 더 높은 단계에서는 패턴을 인지하는 게임을 제안했다. 그런 다음 정서적인 무게를 게임에 더하기 위해 아동이 보는 것에 대해 큰 흥미를 보일 수 있었고, 아동이 어떤 구슬을 가장 좋아하는지 또는 어떤 것을 안 좋아하는지를 물어보며 열정적인 반응을 해 줄 수 있었다.

복잡하고 리드미컬한 움직임을 수행하는 것은 순서화 기술을 개발하는 데 도움이 된다. 앞에서 설명한 것처럼(제10장), 인터넥티브 메트로놈(IM치료)이라는 제품은 손뼉을 치거나 발을 움직이는 것과 같은 리듬 활동에 대한 컴퓨터 피드백을 제공한다. 우리의 연구는 이것이 학업능력과 주의력을 향상시키는 것으로 나타났다. 소리를 숙달하는 제9장에는 시각적 읽기에 어려움을 겪었던 가수 이사벨이 순서화 기술 속도와 손재주를 개선하는 여러 게임을 소개받았다. 그녀는 패턴이 바뀌었을 때 깜박이는 빛을 보았다. 그리고 시각적 기호와 언어적 지시, 상징도 매칭했다.

더 높은 단계의 사고인 비교, 회색 영역, 성찰의 단계는 토론을 시도하는 데 토론 참여자가 각자 자신의 관점을 설명하는 짧은 시간이 주어진다. 이 과정은 토론을 할 큰 주제가 무엇인지 아동이 정하는 것에서 시작한다. 그런 다음 각 참여자들에게 준비 시간 2분, 발표 시간 1분이 주어진다. 시간은 참여자들이 합리적이라고 생각하는 정도로 바꿀 수 있다.

요약하자면, 집행 기능을 계발하기 위해선 더 촉진해 줘야 할 아동의 기술(들)을 연습할 수 있도록 도와라. 아동이 학교에서 마주할 실제 상황과 가장 비슷하게 활동을 준비해 주는 것(에세이 시험, 수학 문제와 토론)과 함께 아동의 토대도 작업한다. 아동의 기본적인 사고 능력이 탄탄해질수록 조직화 능력은 더 탄탄해질 것이다.

사람은 단순히 뭔가를 듣거나 읽는 것으로 실제 지식을 습득하는 것이 아니다. 주어진 정보를 받아들이고 조직화하기 위한 정신이 있도록 기본적인 사고 단계들, 즉 발달 과정이 제자리에서 잘 기능하고 있어야 한다.

큰 그림 보기

학교 작업을 조직하는 것에 어려움을 겪고 있는 아동의 경우, 첫 단계는 자녀의 저녁시간에 그것을 끼워 넣는 것이다. 과제는 매우 일반적인 예시이다. 큰 그림이란 아동이 그날 저녁에 해야 할 일이며, 그중 하나는 과제이다. 집에서 사용할 수 있는 유용한 도구는 칠판이나 종이, 분필이나 보드 마커와 같은 여백의 공간이 있는 도구로, 아동이 지도를 만들 수 있는 것이면 된다. 그 종이나 여백에 아동이 저녁에 무엇을 할지를 적게 한다. 예를 들어, 집안일, 가족 시간, 저녁식사와 과제를 쓸 수 있다. (감사하게도 인터넷이 있어 상당히 많은 학교가 숙제나 시험 과제를 알림으로 전송해 준다.)

아동이 작성한 목록의 각 항목 옆에 이제 그 활동을 얼마나 하고 싶은지에 대해 0에서 10까지의 숫자를 이용해 표시한다. 그리고 그 옆에 혼자 스스로 그걸 할 가능성을 쓴다. '할 것이다, 하고 싶지 않다, 물리적인 도움이 필요하다, 지지가 필요하다, 혹은 사실이나 리서치 도움이 필요하다' 이 중에서 쓰면 된다. '하고 싶지 않다'에 대한 반응은 보통 그 과제에 대한 불안하고 확신 없는 마음을 반영하며, 이걸 완료할 본인의 능력에 대한 걱정과 연관이 될 수도 있고, 어쩌면 단순히 설거지처럼 지루한 과제라서 그럴 수도 있다. 만약 부모가 아동과 과제에 대해 대화를 나누면 이런 감정과 이유가 드러날 것이며, 둘이 함께 아동의 자신감을 상승하는 것이나 왜 이것을 해야 하는지 명확하게 할 수 있다.

마지막으로, 아동은 각 과제의 소요 시간을 추정하면 된다. 가끔 여기서 부모가 현실성을 개입해 주어야 한다. ("아니, 에세이를 15분 안에 쓰고 싶다고 해도 지난 과제가 얼마나 걸렸는지 기억해 봐.")

그런 다음 부모와 아동은 활동의 우선순위를 매기고 완료할 순서를 협상할 수 있다. 아동이 A(집안일)와 B(수학 과제)를 다하면 E를 해도 된다는 보상을 줄 수 있다. 이때 E는 일정 시간 동안 친구와 이야기를 하는 것일 수 있을 것이다. 아동이 F(독서 과제)와 G(강아지 산책시키기)를 완료하면 H의 보상을 줄 수 있다. H는 일정 시간 동안 게임을 하는 것일 수 있다.

목록을 작성하는 것도 좋은 연습이다. 아동은 큰 그림을 보고 과제가 어디에 들어가야 할지 봤을 것이다. 자신의 업무, 관심도 그리고 그 일의 가능성에 대해 설명했다. 이 분석은 자신을 알아야 가능한 것이며, 성찰적 사상가가 되도록 도와준다.

자녀가 스스로 더 많은 성취를 할수록 좋지만, 이건 점진적인 과정이 될 수 있다. 처음에는 부모는 아동이 목표에 도달할 수 있도록 필요한 것을 도와준다. 처음에 아동이 스스로 진행하면서 부모에게 보고를 하는 식이나 부모가 아동에게 가서 확인을 해 보는 식으로 해 보아도 좋다. 아동의 '가능성' 반응에 따라 특정 과제를 할 때는 부모가 함께 앉아 있어야 할 수도 있다. 할 일 차트를 만들었기 때문에 아동의 선택은 이제 모두 의도적이다. 더 이상 '잊어버렸다'는 것은 통하지 않는다. 물론 처음에는 자꾸 다른 곳으로 샐 수도 있지만 말이다. 친구에게 전화를 할 수 있게 마지막 수학 문제 3개를 풀도록 따뜻하게 지지해 주는 것은 아동에게 필요했던 촉진제일 수도 있다. 혹은 아동이 가장 싫어하는 업무를 끝내기 위해서는 좋아하는 활동을 할 수 있는 시간을 늘려 주는 것과 같은 추가적인 보상이 필요할 수도 있다. 이런 방식이면 원하는 활동에 대한 아동의 긍정적인 감정이 하고 싶지 않은 활동으로 전이되고 융합될 수 있다. 부모의 역할은 아동이 목록에 써 둔 일의 즐거운 부분을 해낼 수 있도록 집중하고, 조직된 상태를 유지하도록 도와주는 것으로 볼 수 있다.

조직화를 연습하는 것은 과제만이 아니라 모든 종류의 업무에 유용할 수 있다. 순서화 기술, 주의 집중, 자기 조절이 필요한 일이라면, 특히 아동으로부터의 동기까지 있는 경우라면 어떤 일에든 도움이 될 것이다. 아동은 선물에 대한 감사 노트나 피아노 연습 혹은 반려동물 돌보기에 필요한 단계들이 뭔지 목록을 만들 수 있다. 아침에 늦지 않게 준비해서 나가는 것은 체계가 잘 안 잡힌 아동들에게는 큰 어려움일 수 있다. 여기서의 큰 그림은 너무 스트레스받지 않고 시간 맞춰 학교에 가도록 아침을 구성하는 것이다. 이 큰 그림에는 기상시간, 아침에 먹을 것, 입을 옷과 가방을 쌀 시간이 포함될 수 있다. 아동은 이 목록에서 일부는 '원하는 것', 일부는 '질질 끌기'로 구분해서 세분화할 수 있다. 이렇게 되면 아침이 덜 분주해지고 스트레스도 덜할 뿐 아니라 계획하기가 어떻게 이루어지는지를 아동이 볼 수 있다.

해야 할 일의 각 단계를 적고 조직하는 것을 충분히 연습하게 되면 아동은 큰 그림에 대한 주도권을 더 느끼게 될 것이며, 이 과정은 아동의 새로운 천성이 될 것이다. 숙제를 할 때와 같이 계획을 짜는 습관은 언젠가 더더욱 자동으로 할 수 있게 될 것이다. 이 접근법은 점차적으로 다른 과제와 해야 할 일을 일반화하게 해 준다.

동기부여와 연습

어떤 활동이 쉽게 느껴지면 우리는 보통 언제든지 그것을 할 의향이 생긴다. 만약 어렵다면 그 일을 피하려 한다. 아동들은 특히 이 원칙에 따른다. 쉽고 재미있는 것을 하고 그렇지 않은 것은 회피한다. 이건 '좋은 학생'과 '나쁜 학생'의 분류가 아니다. 어떤 친구들은 읽기와 글쓰기를 쉽게 배우며 학교를 즐거워하고, 어떤 아동들은 이런 활동들을 더 어려워하여 학교를 좋아하지 않는다. 그렇기에 우리의 목표는 아동의 관심과 기술을 증진시켜 학업 활동이 자전거 타기와 친구들과 노는 것만큼은 아닐지라도, 최소한 회피하고 싶지 않도록 쉽게 느끼게 해 주는 것이다.

아동들은 각자 다른 순서화 능력과 조직화 능력을 갖고 시작한다. 일부 아동은 한 감각체계나 운동체계가 다른 부분보다 강할 것이다. 어떤 아동은 언어 순서화에 능숙하며 좋은 에세이를 쓰지만, 운동 순서화는 약해서 새로운 춤이나 스포츠를 쉽게 배울 수 없을 것이다. 다른 아동은 그 반대 성향을 가지고 있을 것이다. 따라서 핵심은 아동이 가장 약한 부분을 집중해서 연습하게 하는 것이다. 약한 부분의 개선은 아동의 전반적인 순서화 능력과 조직화 능력의 향상을 도와주며, 따라서 그의 집행 기능과 학업 프로젝트 수행 능력을 강화한다.

앞선 장(제10, 17, 18장 참조)에서는 아동들이 글쓰기나 말로 아이디어를 표현하는 것이든 수학 문제를 푸는 것 등의 기술을 연습할 때 어떻게 정서적으로 의미 있는 주제로 시작하는지에 대해 말을 나눴다. 우리는 모두 중요한 주제라면 조직화된 경향이 있다. 이 원칙을 따르는 전략에는 아동이 공감할 수 있는, 혹은 교사의 의견과 같이 자신이 논쟁할 수 있는 관점을 찾도록 해 주는 것이다. (본인이 동의하지 않는 의견에 논쟁하게 하는 건 반대를 자주 하고 부정적인 아동에게 자신의 감정을 끌어올리고 집중하며 조직화하게 할 좋은 방법이다.)

만약 그 영역이 수학이면 관심사를 중심으로 수학을 구성하라. 스포츠는 점수와 숫자가 포함되어 있기 때문에 예시로 쓰기 좋다. 하지만 우리는 단순히 3점 슛을 쏘았기 때문에 3점을 총 점수에 더하는 것을 말하는 것은 아니라 더 큰 목표에서 시작해야 한다. 예를 들어, 자녀가 농구 팬이라고 하면 자녀와 함께 경기를 보고 가장 중요한 선수가 누구인지 결정 내리는 과정을 함께 짤 수 있다. 가장 중요한 MVP를 뽑는 과정은 아동이 원하는 만큼 간단할 수도 복잡할 수도 있으며, 산술적으로 처리할 수 있다. 어쩌면 아동은 점수, 어시스트 및 블로킹(방어)을 얼마나 했는지를 보고 결정하겠다고 할 수도 있다. 점수는 평소처럼 축적되고 어시스트와 블로킹은 각자 1.5점이 되는 것이다. 가장 점수가 높은 선수가 이기는 것이다. (아동이 이미 알고 있다면 여기서 분수로 더 깊이 들어갈 수 있다.) 아동은 큰 차트에 선수들의 이름을 한쪽에 적어 두고 점수 기준을 위쪽에 적어 둘 수 있다. 각 경기를 아동이 어떻게 기록할 것인지(예: 경기 중에 얻은 점수를 기록할 것인가, 혹은 공기 골에 들어간 만큼으로 기록할 것인가?), 그리고 누가 무엇을 하는지를 어떻게 기억할 것인지에 대한 기준은 명확해야 한다. 경기가 끝나면 점수를 더해 보고, 승자를 결정하고 나면 아동과 함께 심판이 판단을 잘했는지 함께 이야기해 볼 수 있다. 아동과 심판 모두 아동이 고른 선수가 가장 잘했다고 생각하는가? 생각하지 못한 다른 중요한 요소도 있었을까? 그럼 결과가 바뀌었을 수 있었을까? 다음에도 아동은 자기가 만든 체계를 똑같이 구성하고 이행할까? 이건 집행 기능 연습을 재미있게 할 수 있는 하나의 방법일 뿐이다. 큰 그림을 계획하고, 집중하고, 세부사항을 살피고 사건을 순서화하고, 수학적인 계산을 하고, 그런 다음 과정을 평가하거나 성찰을 하는 것이다.

지시를 따르는 연습

학교에서 하는 대부분의 활동은 연습할 수 있다. 하지만 그 활동들을 학교에서만 연습한다면 그것을 어려워하는 아동들은 충분한 연습을 하지 못할 것이다.

지시사항을 따르는 것부터 이야기해 보자. 이는 순서화를 못하는 아동이 학교에서 겪을 만한 문제지만 쉽게 눈에 띄는 문제는 아니다. 아동들은 본인이 이런 문제를 겪고 있다는 것을 모르거나 알더라도 부모에게 말하고 싶지 않을 것이다. 아동에게 단순히 어떤 지시사항과 과제가 따르기 어려운지, 예를 들어 과제가 뭔지 아는 것, 책상을 깔끔하게 유지하는 것, 긴 나눗셈이나 곱셈 문제에 맞춰 숫자를 나열하는 것(이건 수학적 단계를 기억하는 것뿐 아니라 소근육 운동 기술을 필요로 한다) 등 무엇이 어려운지를 물으면 아동은 자신이 무엇을 잘 못하는지 말하지 않으려 하거나 문제라고 생각하지 않았을 가능성이 높다.

이런 문제가 있다고 생각하거나 교사가 이런 문제를 알아챘다면, 다음 몇 주간 아동과 '내일은 무엇을 할까(What's up for tomorrow game)?' 놀이를 할 수 있다. 이건 내일 각자 무엇을 해야 하는지를 나누는 것에서 단순하게 시작할 수 있다. 두 사람은 리듬을 타면서 내일 할 일 중 재미있을 일, 끝내야 하는 일로 시작해서 마침내 문제가 되는 일까지 간다. 빌리는 쉬는 시간에 피구를 한다는 것, 본인이 중앙에 있으면 어떤 애가 공을 정말 잘 던지는지 눈치 채서 그 친구로부터는 멀리 자리 잡는다는 이야기를 하고 있다. 그리고 엄마는 빌리가 좋아하는 특별한 스프를 포함한 먹을거리를 사러 퇴근하고 장보러 가는 것에 대한 이야기를 한다. 그런 다음에 빌리는 현장학습에 가기 위해 엄마가 서명한 종이를 내일 제출해야 한다고 이야기한다. 엄마는 중요한 일을 잊어버리지 않으려면 어떻게 해야 하냐고 물어보고, 내일 꼭 기억해야 하는 중요한 전화가 있다고도 덧붙인다. 처음에 내일 일어날 일들에 대해 이야기를 할 때 아동은 자신이 어떤 문제를 겪고 있다는 말을 하지 않을 것이다. 예를 들어, 미술 프로젝트를 위한 지시사항을 다 따르지 못하겠다고 하지 않겠지만, 놀이를 하다보면 마침내 말을 꺼낼 것이다. 그럼 문제 해결의 시간이 오게 된다.

어떤 종류든 지시사항과 관련된 문제가 일어나면 그걸 연습할 수 있는 즐거운 방식을 만들어 낼 수 있다. 예를 들어, 미술 프로젝트에서 주어진 지시사항을 쪼개어 보는 활동은 칠판이 필요할지도 모른다. 아동이 각 단계를 다 적어 보는 것이다. 작업복, 페인트, 붓, 종이 준비하기, 붓 씻기, 완성된 그림을 걸어서 말리기. 이 단계 중 빌리가 하기 싫어할 만한 작업이 있는가? (하고 싶지 않은 것은 쉽게 잊힌다.) 작업복을 잊었거나 책상 위에 붓을 놓고 나올 때 ("세상에, 정리가 안 됐네.") 어떤 일이 일어날지 놀이로 풀어 보면 이런 지시를 따를 이유에 감정적인 동의를 더하게 된다.

아동이 이 게임을 즐거워한다면, '가라사대'와 같은 고전 게임은 지시를 따르는 좋은 연습 기회를 제공해 줄 것이다. 먼저, 하나의 지시사항으로 시작한다. "가라사대, 발가락을 만지세요." 그런 다음에는 연달아 두 개의 지시사항, 그다음엔 세 개, 네 개 그리고 다섯 개의 지시사항까지 가는 것이다. "가라사대, 발가락을 만지고 팔꿈치를 만지고 코를 만지고 열 걸음 걷고 뒤로 다섯 걸음 돌아온 다음 옆으로 두 걸음 가시오." 처음에는 천천히 할 수 있는 것을 지시하고 나중에 빠르게 할 것을 말하라. 아동이 감을 잡기 시작하면 친구나 형제를 참여시켜 경쟁이 되게 해 줘도 좋다. 그리고 몇 번은 아동이 가라사대를 말하는 사람이 되게 해 주어라.

독해력이나 쓰기 능력의 순서화가 문제라면 제9장의 책을 기억하라. 아동은 처음에 두 가지 아이디어가 있는 질문에 답하는 연습을 한다. 예를 들면, "독립전쟁 기간에 벤자민 프랭클린을 제외하고 누가 최고의 과학자였는가?" 당신은 아동이 그 질문을 올바르게 해석할 때 마다 점수를 주고 점수를 얼마나 많이 모았느냐에 따라 보상을 제공해 줄 수 있다. 에세이 전체를 작성하는 것보다 아동은 주제에 대한 윤곽을 잡을 수도 있다. 예를 들어, "왜 이 게임이 저 게임보다 나은가?"처럼 말이다. 아동은 구조에 대한 감을 잡기 위해 이에 대한 이론을 만들어 내고 논쟁을 위한 근거 목록을 작성할 수 있다. 궁극적으로 아동은 이 모든 것을 단 몇 분 안에 완료할 수 있을 것이다. 거기서부터 아동은 완전한 문장과 문단을 갖추며 에세이에 살을 붙이는 과정을 글로 써 낼 수 있게 된다.

앞선 장에서 설명한 것과 같이, 언어적 지시와 시각적인 지시를 결합한 보물찾기는 정신 또한 이런 기술을 연습하기에 아주 좋은 활동이다. 그리고 정신적 순서화와 운동 순서화 기술을 발달시키기엔 장애물 코스가 있다. 또한 부모가 약간 '정신이 없다'거나 '게으른' 것처럼 행동하는 것도 방법이다. 예를 들어, 아동이 근처 수영장에 데려다 달라고 한다면, 아동에게 수영장에 갈 준비가 되려면 무엇이 필요한지 묻는다. "음…… 뭘 가져가야 하더라?" 아동이 스스로 생각해 내게 하라. 수영장 운영 시간, 수영복, 물안경, 수건, 선크림 등을 기억해 낼 것이다. 아동이 사고를 확장하도록 도전을 주는 이 순간은 나이가 조금 더 있는 아동에게 사용할 수 있는 플로어타임의 소크라테스식 순간의 반복이다. 자신의 관심사로 동기부여가 된 아동은 순서화를 잘 해내기 시작할 것이다. 즐거움의 척도에 조금 더 낮게 자리 잡은 것으로는 집안일이 있을 텐데, 이 또한 가족의 '시민권'을 가르치는 동시에 순서화와 조직화를 가르쳐 주기에 좋은 활동이다.

아동이 잘 조직화되었는지를 알아볼 수 있는 방법은 아동이 그 활동을 당신에게 가르쳐 줄 수 있는지를 보는 것이다. 에세이를 쓰는 방법이든, 수학 문제를 푸는 것이든, 테니스를 치든 다른 활동에 참여하든 말이다. 아동이 당신을 가르칠 수 있을 때면 정말 그것을 숙달한 것이다. 나의 아들인 제이크(Jake)는 특수 아동들과 함께 일하는데, 아동이 좋아하는 게임을 부모에게 가르쳐 주는 아이디어를 생각해 내어 활용한다. 아동이 만들어 낸 게임일지라도 말이다. 이 상황에 있는 아동은 순서화 기술을 발달할 동기가 있다. 아동이 주도권을 잡고 있는데다 그 활동을 아동이 좋아하기 때문이다. 이 기술에 대한 보완적인 부분으로는 아동에게 본인이 집안의 가장이었다면 어떻게 했을지 물어보는 것이다. 집안 규칙은 어떻게 할 것인가? 저녁시간을 어떻게 보내게 할 것인가? 엄마 아빠가 늘 이거 저거 하라고 하니 이번엔 아동이 엄마 아빠에게 뭘 시킬 것 같은가? 아동의 생각에 놀랄 뿐 아니라 그 과정에서 아동이 순서화를 얼마나 잘하는지 보게 될 것이다.

21

학습나무 결론: 시드웰 프렌즈의 미국 원주민과 식민지 프로젝트

리처드 로디시(Richard Lodish, Ed.D.) & 수전 손더스(Susanne Saunders)

더 높은 단계의 사고능력이 학습을 어떻게 받쳐 주는지를 보여 주는 좋은 예시는 시드웰 프렌즈 학교의 3, 4학년 친구들 사이에서 일어났다. 이 예시에서 특히나 중요한 것은 이 과정에서 일어날 정서적인 투자, 성찰과 기획이었다. 이 학생들은 참으로 어려운 도전을 마주했었다. 그들의 교사인 수전 손더스(Susan Saunders)가 말했듯이, "비구조적인 수업, 극단적인 상황과 다음에는 무슨 일이 일어날까 생각하게 만드는 어느 정도의 예측 불가함에 익숙함"에도 불구하고 아동들은 마주한 상황을 전혀 예상하지 못했을 것이다.

다양한 자원을 이용하여 3, 4학년 아동들은 몇 달간 다양한 미국 원주민 민족과 관습에 대해 공부했다. 아동들은 스웨이드 가죽과 구슬들로 복잡한 요람 판자를 만들었고, 손으로 뚫고 엮은 가죽 파우치와 말들이 끌었던 도구인 트라보이스(travois)도 만들었다. 교실 책꽂이들은 아동들이 열심히 만든 작품과 실제 미국 원주민의 공예품들이 전시되었다. 실제 원주민들의 문화적 물체와 아동들이 만들어 낸 물체를 보며 아동들은 이런 기념적인 물품들을 올바르게 다루는 법을 배웠다. 더 섬세한 물건은 '만지지 마시오' 정책을 따르며 존중했다. 손으로 조각한 카키나 인형, 새 날개로 만든 부채 그리고 버팔로의 번식력과 부족의 번영을 기리며 가장 존경받는 공예품인 아름다운 화살까지 말이다.

어느 날 아침, 교장이 교실에 들어와 학교의 다른 구역에서 수도관이 터졌다고 말한다. 미안한 마음으로 교장은 이 교실이 학교 내에서 가장 크기 때문에 일부 공간을 큰 상자를 둘 응급 창고로 써야 한다고 말했다. 학생들, 교사들과 교장은 의자와 책상을 옆으로 밀어 임시로 여기에 둘 상자들을 놓을 공간을 마련했다. 아동들은 더 좁아진 공간에 다시 자리를 잡았다.

얼마 뒤 다른 교사가 교실 문으로 다가와 그와 관련된 공지를 했다. 수도관을 고치기 위해 이 반은 교실을 비워야 한다는 것이었다. 교사와 반 학생들은 아주 중요한 수업을 끝내야 하는 상황이었고, 교실의 일부 공간을 사용해도 되는지 물었다. 원래 반에 있던 학생들은 마지못해 책상을 양보하고 바닥에 모여 수업을 했다. 다시 학생들은 그 공간에 자리를 잡았다. 하지만 아침 간식이 왔을 때 방문한 다른 학급과 간식을 나눠야 한다는 말에 불평이 조금씩 돌기 시작했다. 그럼에도 많은 학생이 간식을 기꺼이 나누었다. 임시로 온 반 아동들이 친구였기 때문이다.

오전이 지나가고 있었다. 마찬가지로 미국 원주민에 대해 공부하고 있던 방문 학생들은 전시된 문화적 물체들을 보고 갑자기 흥미를 느꼈다. 그리고 참 놀라운 일이 일어났다. 방문객들이 아주 무례한 방식으로 기념적인 물체들을 들어 올릴 뿐만이 아니라, 더 소중한 것들을 골라 바구니에 넣으며 본인들의 교실로 가겠다 말하는 것이다. 교실 책꽂이에서 신성한 부채, 섬세한 카키나 인형 그리고 숭배받던 화살까지 사라져 버렸다. 교사는 이 모두가 학교의 소유물이며 양쪽 학급을 위해 만들어졌기 때문에 반대하지 않았다. 잔뜩 놀란 아동들은 교사를 바라보며 이 상황을 지도해 주기를 바랐다. 이러는 와중에, 방문한 다른 학급의 교사들은 아동들이 손수 만든 작품을 보고 자기 학급의 학생들에게 그것을 만져 보게 했다. 아동들은 마치 그걸 보호하기라도 할 것처럼 그 작품의 근처에 섰다. 어떤 아동들은 항의하듯 주먹을 들어올렸다. 방문객들은 새로 얻은 이 트로피가 자랑스러워 서로를 축하해 주듯이 등을 두드려 주었다. 바로 그 순간 교장이 돌아와 수도관을 다 고쳤으며 모든 학생은 줄을 서서 교실로 돌아가라 말했다. 교실을 사용하던 학생들에게는 안타깝게도 완벽한 타이밍이었다. 아동들의 보물은 약탈자들에 의해 냉담하게 빼앗겼고, 아동들은 상자가 가득 놓여 비좁은 교실에서 벙찐 채 남아 충격을 받은 모습이었다.

아동들은 즉시 시끄럽게 요구하기 시작했다. 작품을 훼손하는 일에 모두가 화를 냈지만, 앞으로 할 일을 놓고 논쟁을 벌였다. 어떤 아동들은 참아야 한다고 말하며 교실을 청소하기를 바랐고, 어떤 아동들은 몹시 화가 났으며 작품을 당장 돌려받기를 바랐다. 하지만 피해는 여기서 끝나지 않았다. 아동들이 학급의 기분을 전달해 줄 대표단을 보낼 것을 고려하는 사이, 다른 교사들이 찾아와 아동들이 직접 만든 것의 조각과 가장 가치 있는 유물 중 하나를 전해 주었다. 이것들은 입장문과 함께 왔다. 그들이 강제로 가져간 작품들을 교실에 가져가 놓을 때, 소중한 카키나 인형이 떨어져 팔 하나가 깨진 것이다. 완전한 사고였다. 부서진 인형은 다른 물품들과 함께 상자 안에 놓여 있었다.

일부에게 이는 이제 선을 넘었다. 문이 닫힌 순간 눈으로 봐도 화가 난 남자 아동들 한 무리가 쉬는 시간에 다른 교실로 쳐들어가 그들의 물품을 망칠 것을 계획하기 시작했다. 전쟁이 시작될 예정이었다.

교사는 아동들에게 진정하고 앉아서 아주 중요한 정보를 경청해 줄 것을 부탁했다. 교사 중 한 명이 자백했다. 사실 부서진 수도관부터 작품을 빼앗긴 것까지 전부 기획되었다는 것이었다. 이는 최대의 효과를 내기 위함이었다. 교사는 아동들이 느끼는 분노와 혼란에 대한 비난을 다른 반에 할 것이 아니라 자신을 원망하라 말했다. 그런 다음 아동들을 왜 이런 언짢은 상황에 놓았는지를 생각해 보라고 요청했다.

아동들은 금방 답을 알아챘다. 아동들의 다음 진도, 즉 북미에 온 유럽 정착민들의 이야기인 것이다. 아동들은 금세 가장 큰 괴로움의 요인에 동의했다. 교사는 다음과 같이 묘사했다.

아동들은 한 집단으로서 투명인간이 된 기분이었고, 방문객의 거만함에 아주 혼란스러워했다. 권력을 가진 이들을 두려워했다. 아동들은 우리의 전통과 금기에 대한 명백한 무시에 경악했다. 특히나 의미 있는 물품을 무례하게 다루는 것을 예방할 수 없어 무력감을 느꼈다. 소중한 물체들을 빼앗기는데 그걸 막을 수 없어 무력했다.

그들은 아침에 일어났던 사건과 식민지화되었던 제국들 사이에서 유사점을 이끌어 내었다. 처음에 다른 반 친구들을 환영했던 것과 좁아진 교실 그리고 나눠 먹어야 했던 과자에서, 그들이 아끼는 것을 약탈당했던 감정을 기억해 냈다.

학생들의 코멘트와 반응을 활용하여 교사들은 그들 사이에서 평화를 유지하기 원했던 아동들과 반항하기를 원하는 아동들, 중립을 지키려는 아동들을 구분하는 것을 도왔다. 그들은 성별에 따라 다른 접근법에 대해 논의했다. 교사들은 아동들에게 아침에 있었던 상황에서 이제 어떻게 감정적인 거리를 둘 수 있는지, 그리고 그 시뮬레이션을 학습 이해에 사용할 수 있는 방법을 물었다. 아동들은 이 경험을 역사적인 관점에서 기록했고, 개개인의 반응을 기록했다. 교사들은 아동들에게 이 사건을 경험하며 감정적인 시점에서는 어떤 느낌이었으며, 이런 사건들을 처리하기 위해서는 무엇이 필요한지를 물었다. 대다수의 대답은 '침략자가 되는 것'이었다.

협력을 통해 교사들은 이번에 아동들이 아까 교실을 방문했던 약탈 학생들의 교실을 빌릴 수 있도록 논리적이고 계획적인 딜레마를 만들었다. '공격'이 시작되기 전, 새로운 침략자들은 약탈하러 왔던 친구들이 무엇을 했고 어떤 것이 효과적이었는지 분석했다. 아동들은 계획에 대해 아주 정확하게 알고 있었다. 그리하여 고조된 기분이 어느 정도 가라앉도록 몇 주가 지나자 아동들은 약탈을 왔던 반에 찾아가 본인들이 겪은 것과 같은 행동을 했다. 결과적으로 침략을 당한 교실은 이들의 책략을 꿰뚫어 보았음에도 불구하고 워낙 성공적이라 결국 화가 나게 되었다.

새로운 침략자 상황에 놓이게 된 아동들은 이제 생각해 볼 반대의 상황과 감정들을 갖게 되었다. 행동에서 드러나는 공정성, 정의, 폭력과 신뢰체계와 권력의 과시에 대한 기나긴 논의와 함께 아동들은 역사적 사건과 본인들의 반응에 대해 더 깊이 이해하게 되었다. 그 반응이 저항하는 것이든 협상하는 것이든 말이다. 교사는 다음과 같은 글을 썼다.

> 근본적으로 불공정한 우리의 거래는 많은 학생의 내면 생각을 울렸고, 맞닥뜨린 사건을 통해 그들이 얼마나 이익을 얻었는지 볼 수 있었다. 그들은 그 '희생자'들에게 조금의 연민을 느끼기는 했지만, 대부분의 경우 그 마음이 행동을 제재하게 두지는 않았다. 그들이 희생양이 되어 본 경험이 있기 때문에 어떤 면에서는 동정하고 공감하기는 했지만, 그들에게 냉담하게 대하는 것을 스스로 합리화했다. 아동들은 개인 간의 차이에 대해 이야기했고, 개인적인 이익을 위해 얼마나 선을 넘을 수 있는지에 대해 이야기했다. 아동들은 명확한 목표를 가져 현재 일어나고 있는 일에 대해 '더 지식이 많고' '더 힘 있는' 기분의 즐거움을 탐구해 보았다.

학습에 문제가 있는 학생이든 없는 학생이든 상관없이 누구나 이 경험을 통해 배울 수 있었다. 그러나 이 경험은 모든 학생을 위한 것이 아니다. 중요한 요소는 학생들의 감정 정도다. 아직 그 정도로 정교화되지 못한 학생들에게 '가지는 것, 가지지 못한 것'에 대한 비슷한 상황을 제공했을 때 학생들은 그저 그들이 다른 학생들에게 학대를 당한다는 느낌을 받았다. 그들은 한발 물러나 상황을 성찰할 수 없었고, 이는 단지 시뮬레이션이라는 것을 이해할 수가 없었다.

더 읽을거리

Ayres, A. J. (2005). *Sensory Integration and the Child: 25th Anniversary Edition*. LA: Western Psychological Services.

참고: 에이레스(Ayres)의 감각적 차이에 대한 임상 관찰은 감각체계를 조직하기 위한 전정체계의 가치에 중점을 두는 것이기 때문에 구분해서 보는 것이 중요하다. 에이레스의 조직 이론에 동의하지 않는 사람들조차도 그녀의 매우 기민한 임상 관찰을 활용하면 좋을 것이다.

Brazelton, T. B, & Joshua, S. (2001). *Touchpoints* 3-6. Cambridge, MA: Da Capo Press (A Merloyd Lawrence Book).

Escalona, S. (1968). *The roots of individuality: normal patterns of development in infancy*. Chicago: Aldine Pub.

Fraiberg, S. (1996). *The Magic Years*. New York: Scribner's.

Furth, H. G., & Wachs, H. (1974). *Thinking goes to school: Piaget's theory in practice*. New York: Oxford University Press.

Greenspan, S. I., & Lewis, D. (2005). *The Affect-Based Learning Curriculum*. 2nd ed. Bethesda, MD: Interdisciplinary Council on Developmental and Learning Disorders.

Greenspan, S. I., & Wieder, S. (2006). *Engaging autism: Using the floortime approach to help children relate, communicate, and think*. Cambridge, MA: Da Capo Press (A Merloyd Lawrence Book).

Greenspan, S. I., & Benderly, B. L. (1997). *The growth of the mind and the endangered origins of intelligence*. Cambridge, MA: Da Capo Press.

Greenspan, S. I., & Greenspan, J. (2009). *Overcoming ADHD: Helping Your Child Become Calm, Engaged, and Focused, Without a Pill.* Cambridge, MA: Da Capo Press (A Merloyd Lawrence Book).

Greenspan, S. I., & Lewis, N. B. (1999). *Building healthy minds: The six experiences that create intelligence and emotional growth in babies and young children.* Cambridge, MA: Da Capo Press (A Merloyd Lawrence Book).

Holt, J. (1967). *How Children Learn*. Cambridge, MA: Da Capo Press (A Merloyd Lawrence Book).

Piaget, J. (1952). *The origins of intelligence in children.* New York: Oxford University Press.

찾아보기

인명

내용

저자 소개

Stanley I. Greenspan, M.D. (1941~2010)

이 책을 완성한 지 얼마 지나지 않아 고인이 되었다. 조지 워싱턴 대학교 의과대학의 정신의학과 및 소아과 임상교수였고, 발달학습장애에 관한 학제 간 협의회(Interdisciplinary Council on Developmental and Learning Disorders)의 의장이었으며, 소아정신과 의사였다. 영아·유아·아동을 위한 국가기관인 'Zero to Three: The National Center for Infants, Toddlers, and Families'의 창립 학회장이었으며, 워싱턴 정신분석협회의 아동 정신분석가였다. 초창기에 정신건강연구센터와 국립 정신건강연구소의 임상 영아발달 프로그램의 관리자였다.

Nancy Thorndike Greenspan

작가이자 이전엔 경제학자였다. 이 책은 그녀와 남편 그리고 Stanley Greenspan과 함께 만든 네 번째 책이다. 그리고 그녀는 원조 플로어타임의 어머니였다. 또한 노벨 수상자이자 양자물리학의 선구자인 Max Born의 전기 『The End of the Certain World』의 저자이기도 하다.

역자 소개

정희승(Jung Hee Seung)

연세대학교 작업치료학과 박사

전 광주여자대학교 작업치료학과 교수

현 백석대학교 작업치료학과 교수

한국 최초 플로어타임 국제공인 트레이너 및 전문가

(주)한국기능적정서발달연구소 대표

플로어타임클래시스 대표

어펙트쎄라피 대표

한국디아이알플로어타임치료 학회장

한국플로어타임치료협회 협회장

〈주요 역서〉

플로어타임: Floortime Strategies(공역, 학지사, 2018)

놀이활동분석: 임상 현장에 딱 들어맞는 놀이 만들기(공역, 정문각, 2017)

〈주요 논문〉

DIRFloortime® 치료가 고기능 자폐스펙트럼 장애 아동의 자기조절기능, 기능적정서발달수준, 회복 탄력성에 미치는 효과(한국신경인지재활치료학회지, 2019)

DIR/Floortime® therapy가 자폐스펙트럼 장애 아동의 놀이성과 자기조절에 미치는 효과(영유아아동정신건강연구, 2019)

국내 자폐스펙트럼장애 영유아의 조기선별 및 지원 체계 고찰(공동, 자폐성장애연구, 2015)

플로어타임 학습교육과정으로
발달장애아동 학습문제 극복하기
-학습나무 접근법-

The Learning Tree:
Overcoming Learning Disabilities from the Ground Up

2023년 2월 25일 1판 1쇄 인쇄
2023년 3월 1일 1판 1쇄 발행

지은이 • Stanley I. Greenspan · Nancy Thorndike Greenspan
옮긴이 • 정희승
펴낸이 • 김진환
펴낸곳 • (주) 학지사
04031 서울특별시 마포구 양화로 15길 20 마인드월드빌딩
대표전화 • 02)330-5114 팩스 • 02)324-2345
등록번호 • 제313-2006-000265호

홈페이지 • http://www.hakjisa.co.kr
페이스북 • https://www.facebook.com/hakjisabook

ISBN 978-89-997-2587-6 93180

정가 20,000원

역자와의 협약으로 인지는 생략합니다.
파본은 구입처에서 교환해 드립니다.